Les rivages asiatiques du Pacifique

Collection Prépas

Série Géographie
dirigée par Robert Cheize

N. Badia-Lloveras, *Le Tiers Monde.*
L. Carroué et V. Oth, *L'Europe médiane.*
R. Cheize, *La France.*
R. Cheize et J.-P. Rousseau, *Le Monde en cartes.*
J. Marcadon, É. Auphan, A. Barré, M. Chesnais, *Les transports.*
J. Mauduy, *Les États-Unis.*
Ph. Pelletier, *Le Japon.*

Série Philosophie
dirigée par Jacqueline Russ

F. Braunstein et J.-F. Pépin, *L'héritage de la pensée grecque et latine.*
F. Dagognet, *L'essor technologique et l'idée de progrès.*
J. Lefranc, *L'esprit des Lumières et leur destin.*
R. Misrahi, *Les figures du moi et la question du sujet depuis la Renaissance.*

Série Histoire
dirigée par Fabrice Abbad

F. Abbad, *La France de 1919 à 1939.*
B. Bruneteau, *Histoire de l'unification européenne.*
F. Marcard, *La France de 1870 à 1918.*
H. Néant, *La Ve République.*
J. Portes, *Les États-Unis depuis 1929.*

Série Économie
dirigée par Bernard Simler

A. Beitone et coll., *Analyse économique et historique des sociétés contemporaines,* tomes 1 et 2.

Série Préparation aux concours

L'Épreuve de français, 1997-1998
F. Braunstein, J.-F. Pépin, *Humain, inhumain.*

Les cartes ont été conçues par Jacques Mauduy,
les graphes et schémas par Richard D'Angio.
Leur réalisation est de Jean-Pierre Rousseau.

RICHARD D'ANGIO
JACQUES MAUDUY

Les rivages asiatiques du Pacifique

ARMAND COLIN

ISBN : 2-200-01587-9

Masson & Armand Colin Éditeurs – 34 bis, rue de l'Université – 75007 Paris

Sommaire

Avertissement

Dans cet ouvrage, l'appellation Malaysia recouvre l'État souverain fédéral de Malaysia constitué de la Malaisie, du Sabah et du Sarawak. On utilise ici l'appellation Taiwan pour Taipeh chinois (dénomination OCDE) ou Formose (appellation portugaise). Les appellations Chine populaire, Chine continentale, Chine communiste, Chine du « socialisme de marché »* désignent la République populaire chinoise.
En juillet 1997, l'ASEAN a admis le Laos et le Myanmar en son sein.

Sauf indications contraires, le dollar utilisé dans les statistiques est celui des États-Unis ($ US ou US $)

Les statistiques de cet ouvrage proviennent de sources diverses dont :
– *Conjoncture 1997*, Bréal-CEDIME-*Les Échos*.
– *Cyclope*, 1995 et 1996.
– *Far Eastern Review*, Hong Kong.
– *Images économiques du monde 1996-1997*, SEDES.
– ministère des Finances japonais.
– Organisation mondiale du commerce, Focus.
– *Sisyphe*, « Le Japon », 1995, ERC (Éditions Recherche sur les civilisations), Maison franco-japonaise.
– Sites internet sur l'Asie comme :
http ://www. oocl. com/ooclsvr/country/taiwan. htm#kao ou http :// www. singaport. gov. sg/portterm/portstats. htlm.

Les mots suivis d'un astérisque font l'objet d'un développement dans les **Clés et repères** du chapitre correspondant.

Correspondances terminologiques retenues dans l'ouvrage				
Nouveaux Pays Industrialisés = NPI				
NPI d'Asie = NPIA				NPI du reste du monde
Dénominations génériques		**Pays**	**Typologie** (carte p. 210)	**Pays**
NPIA 1	Dragons Vieux Dragons	Corée du Sud Hong Kong Singapour Taiwan	NPI de 1re génération	Brésil Chili
NPIA 2	Petits Dragons Bébés Tigres Tigres NECS	Malaisya Thaïlande	NPI de 2e génération	Venezuela Maurice
		Indonésie Philippines Brunei	NPI de 3e et 4e générations d'industrialisation	Maroc
NPIA 3	Périphéries des NPIA	Vietnam Laos Myanmar		
Non NPI		Cambodge		Afghanistan

Introduction

cf. *carte* p. 19

L'irruption des Européens en Asie la transforma irrémédiablement. Espagnols, Portugais, Néerlandais, Anglais, Français, Américains, tous s'y taillèrent des concessions. En 1853, une grande flotte se présentait devant Edo et, en un an, imposait l'ouverture du Japon, provoquait l'effondrement du Shogun et la venue au pouvoir d'un empereur éclairé. L'Asie avait fait son entrée dans l'histoire de l'Occident et du monde. De 1868 à 1942, le développement japonais et l'expansion du premier État asiatique industrialisé ont complété ces bouleversements.

cf. *synthèses* p. 18

Depuis, l'aire du Pacifique, active pendant les deux guerres mondiales, a constitué l'un des fronts principaux de l'affrontement entre communisme soviétique, asiatique et capitalisme pro-américain. C'est en Asie que la guerre anticommuniste a été gagnée, non par l'effort militaire américain, mais bien par la bataille économique.

cf. *chapitre 2*

cf. *chapitre 3*

La réussite est due à un ensemble de modèles économiques originaux, disparates et nationaux. On peut parler d'une extraordinaire réédition modernisée du système vénitien* système fondé sur la mer, le commerce et des élites soucieuses d'investir et de réinvestir. Ces élites ont utilisé les hasards de l'histoire, la bonne volonté américaine puis nipponne, l'ardeur travailleuse et la solidarité familiale des populations afin de construire une multitude d'emporia* industrialo-portuaires surproductives. À la différence de l'Europe où l'État doit, au moins, entretenir la fiction de « l'État arbitre » entre les intérêts des groupes sociaux, l'État a été, en Asie, le bras armé, législatif et judiciaire de l'entreprise.

cf. *chapitre 4*

Les rivages asiatiques du Pacifique sont, aujourd'hui, le siège d'une intense activité. Une croissance forte des productions provoque des transformations sociales, géographiques, politiques et, finalement, culturelles. Certains pays d'Asie de l'Est connaissent actuellement une crise de maturité qui impose des orientations nouvelles. Il ne s'agit plus de se développer, mais de devenir et rester un nouveau pays riche industrialisé. Bien entendu, l'aisance n'est pas encore venue pour tous ces peuples et pour toutes les couches sociales de ces mondes. Mais encore vingt ans de croissance à un rythme identique (et même moins soutenu) placeront les rivages asiatiques du Pacifique au cœur de l'économie planétaire.

cf. *cours 2* p. 66

Cependant il serait inconvenant de faire du miracle asiatique un « mirage ». Ces économies dépendent trop, encore, du capital extérieur pour que la stabilité boursière financière et la permanence de la croissance soient assurées.

Chapitre 1

Le Pacifique en mouvement

Sujets

Les États riverains du Pacifique : disparités, pôles et périphéries.
Les riverains du Pacifique.
Le Pacifique, trait d'union ?

cf. *plan* p. 176

La Chine maritime.
La diaspora chinoise.
La démographie en Asie de l'Est.

cf. *synthèse* p. 39

La maîtrise démographique en Asie de l'Est.
Politiques démographiques et développement en Asie de l'Est.
Les politiques démographiques de la Chine depuis 1945.
La diaspora chinoise, chance pour l'Asie, chance pour la Chine ?

cf. *synthèse* p. 31

Les religions et le développement en Asie ?
Les atouts des sociétés asiatiques face au développement.
Le Pacifique, océan ouvert ?

cf. *carte* p. 209

Les ententes et associations économiques du monde Pacifique.
Le Pacifique peut-il devenir une Méditerranée ?
Après la Méditerranée et l'Atlantique, le Pacifique ?

cf. *plan* p. 44

Le riz en Asie.

cf. *plan* p. 75

La guerre froide, facteur du développement économique.
Communisme et capitalisme : l'affrontement économique en Asie.
Idéologie et économie en Asie de 1945 à nos jours.

cf. *synthèse* p. 26 et p. 69

Le rôle de l'agriculture dans le développement asiatique.
Réformes capitalistes et révolutions agraires en Asie.

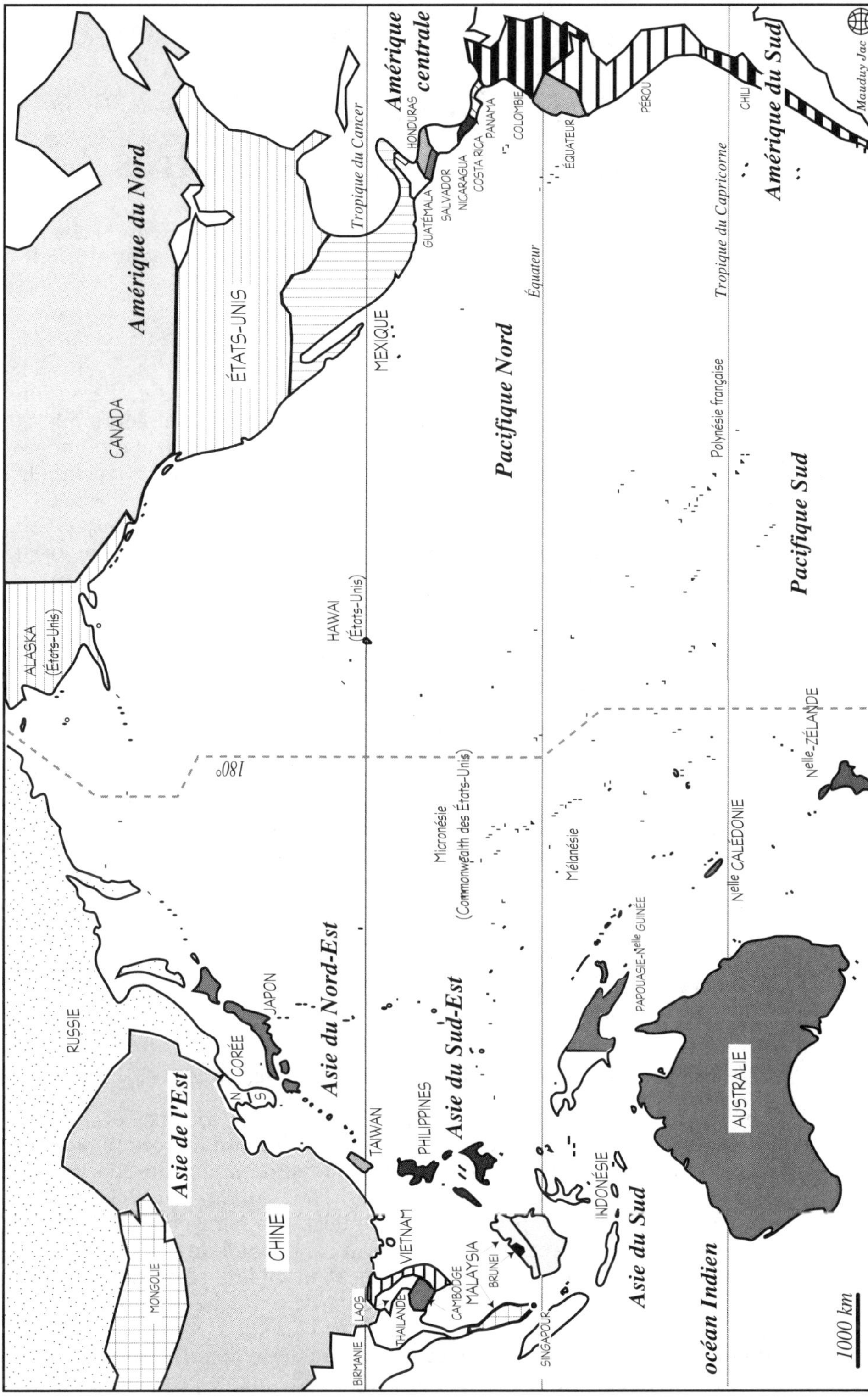

Les États riverains du Pacifique.

Cours

Une « Méditerranée » aux dimensions planétaires ?

« Une parcelle de poussière contient tout l'Univers. »
Les Brindilles, proverbe chinois du XVe siècle.

Introduction

L'océan Pacifique est un monde complexe à appréhender. La vision réductrice d'un seul monde Pacifique n'est pas recevable. Alors que la croissance économique est un facteur puissant d'intégration et d'homogénéisation, il n'existe pas encore de « lac Pacifique ». Cependant, malgré le débat en Asie sur la « réasiatisation* », les intérêts économiques actuels devraient reléguer les affrontements anciens pour faire du Pacifique non plus un lac impérial (sous la tutelle américaine, japonaise et chinoise) mais une « Méditerranée économique ».

cf. *cours* p. 147

1. Le plus grand océan du monde

1.1. Un monde vaste et liquide

La superficie (166 millions km^2 et 181 avec les mers bordières, soit 362 fois la France ou encore 20 fois les États-Unis), l'immensité, les distances considérables (17 120 km entre Panama et Mindanao aux Philippines) impressionnent. C'est l'océan le plus profond du monde avec une profondeur moyenne supérieure à celle des autres océans (3 940 m). L'extension Nord-Sud (15 850 km), les courants froids et chauds diversifient les climats : froids, tempérés, tropicaux, de mousson, équatoriaux. La faune est abondante là où le contact des puissantes dérives maritimes, chaudes et froides qui s'affrontent (par exemple, au large du Japon), crée les conditions idéales pour le développement du krill et donc des poissons.

1.2. Fonds sous-marins et bordures marines actives

Les fonds sous-marins sont complexes et dissymétriques : des fosses profondes (4 000 m : fosse des Aléoutiennes) au Nord, encore plus abyssales vers le continent asiatique (10 000 m : fosse du Japon, des Mariannes, des Philippines, des Tonga), des chaînes (Hawaii), des dorsales (dorsale du Chili), des rides (ride des Îles Australes), des bombements (Alaska), des plateaux (les Tuamotu) et un plateau continental du coté du Sud-Est asiatique. Ces fonds sont particulièrement instables : surrection du coté andin, subduction du coté de la « ceinture de feu ». Les plaques océaniques et continentales jouent sans cesse car l'Océan se réduit de presque un km^2 chaque année. Ce rétrécissement modeste apporte pourtant une activité volcanique intense. Les tsunami, raz de marée provoqués par les tremblements sous-marins, sont dévastateurs ; ce qui remet en question la vision paradisiaque répandue à propos des îles océaniennes.

1.3. Un lieu de développement

Longtemps vide d'échanges transversaux, le Pacifique était, bien sûr, utilisé par des commerçants sur ses bordures. Les échanges locaux sont généralisés depuis des lustres : commerce de la mer de Chine, commerce de la mer du Japon. Du Pacifique vers l'océan Indien, circulaient les commerçants cinghalais, indiens et arabes, porteurs de produits mais aussi de civilisation : hindouisme, bouddhisme, islam. Les explorateurs européens se sont tardivement affrontés à cette immense superficie liquide. Certes, dès le XVIe siècle, les Portugais et surtout les Espagnols s'y installent, contestés par les aventuriers hollandais, anglais et français. Mais ce n'est qu'au XVIIIe siècle que sont résolues les questions scientifiques et techniques de la navigation transpacifique et seulement au XIXe siècle que s'achève l'exploration méthodique de cette immensité. On retiendra qu'il a fallu 350 ans à Mendaña de Neyra, Magellan, Van Schouten, James Cook, Bougainville, Marion-Dufresne, Kerguelen et Dumont D'Urville pour découvrir les 184 atolls et 83 îles hautes du Pacifique.

Aujourd'hui, les courants d'échanges sont multiples et au long cours.

- Le courant Est-Ouest est déjà ancien, reliant les États-Unis au Japon, à la Chine et à la Corée. Il est l'héritier des routes de l'époque impérialiste lorsque les États-Unis vinrent, à leur tour, « ouvrir » la région à leur commerce.
- Le courant Nord-Sud est plus récent entre le Japon et les pays ASEAN, entre le Japon et l'Australie. Esquissé lors de la phase d'industrialisation Meiji, accentué lors de la phase expansionniste, ce commerce avec l'Asie du Sud et l'Océanie s'est renforcé alors que le Japon s'est réindustrialisé après la Deuxième Guerre mondiale.

Mais le Pacifique est loin de constituer, comme la Méditerranée, un pôle et un facteur d'unité civilisatrice ; il n'est pas encore un Atlantique qui, quant à lui, permit à l'Europe de s'expatrier aux Amériques et de fonder les temps modernes sur la croissance du commerce triangulaire entre Europe, Afrique et Amériques. Pourtant, il n'est plus seulement une immense barrière liquide opposée aux explorateurs et aux armadas : les flottes commerciales y transportent plus de produits que sur l'Atlantique et ses rivages s'équipent de ports gigantesques exportant les marchandises fabriquées sur les zones industrielles adjacentes aux quais.

cf. *cours* p. 95 et 147

2. Deux rivages différents

2.1. La bordure américaine : un rivage continu

Du détroit de Behring à celui de Magellan, le rivage est constitué d'une côte continue (sauf dans l'isthme centre-américain) bordant de vastes territoires continentaux et la longue ligne de montagnes courant de l'Alaska à la Terre de Feu (Rocheuses, Cordillères centre-américaines et Andes).

2.2. *La côte asiatique : une guirlande d'archipels*

Les archipels du Japon, de Taiwan, des Philippines et d'Indonésie sont des ensembles insulaires (14 000 îles pour l'Indonésie inscrites dans un triangle de 2 000 km de base et de 1 000 km de hauteur ; 7 100 pour les Philippines) bien installés dans la réalité maritime. Mais les pays riverains asiatiques n'appartiennent pas tous exclusivement au monde pacifique maritime : la Sibérie, la Chine, les pays du Mékong (Vietnam et Cambodge, Thaïlande) sont des débouchés littoraux de constructions politiques continentales (Russie, Chine, Vietnam, Cambodge ont eu et ont encore des prétentions à contrôler leur région continentale). Entre ces entités continentales, les États péninsulaires (Corée, Malaysia) paraissent entretenir une relation à la mer plus forte. La présence de rivages ne fait pas les navigateurs : les gens d'Osaka étaient de hardis pirates, comme ceux de Canton ou de Malacca ; les gens de Edo (Tokyo) et de Pékin étaient des terriens.

2.3. *Les pays « océaniens » : terres éparpillées à travers l'Océan*

Quelques grandes îles : Nouvelle-Zélande, Papouasie, un continent : l'Australie, et une poussière d'îles de Micronésie, de Mélanésie et de Polynésie constituent l'Océanie. Des migrations anciennes ont permis à ces peuples de se déplacer. Ainsi, les Polynésiens semblent avoir peuplé Hawaii. La population n'y est pas très dense (2,4 hab./km^2 en Australie) si on la compare à celle du delta vietnamien (500 hab./km^2).

3. Rencontre de civilisations brillantes, contrastées et antagonistes

3.1. *Une coupure entre civilisations*

cf. *Les États-Unis*, collection « Prépas », Armand Colin

cf. *synthèse* p. 18

cf. *synthèse* p. 31

Cette coupure sépare un monde jaune asiatique d'un monde blanc d'origine européenne. La colonisation et l'expansion européenne comme la volonté américaine de contrôler les rivages du Pacifique mettront en contact ces civilisations asiatiques avec le mercantilisme des Blancs. Avant la Deuxième Guerre mondiale, les Japonais proposèrent d'expulser les Occidentaux et de réunir les Asiatiques sous leur houlette dans ce qu'ils baptisèrent la « sphère de coprospérité asiatique ». Curieusement, l'influence du bouddhisme et du chamanisme asiatique s'est répandue aux États-Unis *via* la Californie : le transcendantalisme et le mouvement hippy leur sont redevables. D'autres clivages séparent encore ces pays : appartenances et vocations continentales ou maritimes, échanges entre civilisations locales : civilisations indianisées, sinisées, ou hindouistes, bouddhistes, islamisées ou océaniennes…

3.2. *Une coupure géographique*

La délimitation est assez simple mais pas seulement géographique :
Il s'agit d'une coupure entre Amérique du Nord, Amérique centrale et Amérique du Sud comme du partage entre Asie du Nord-Est, Asie du Sud-Est, Asie du Sud et Océanie. Apparemment géographique, cette coupure est aussi économique.

cf. *carte* p. 16

L'Amérique du Nord est industrialisée et riche (globalement). L'Amérique centrale et l'Amérique du Sud sont plutôt pauvres et disparates : les NPI comme le Brésil, l'Argentine, le Mexique côtoient des pays comme le Guatemala, le Nicaragua, la Bolivie classés respectivement aux 117e, 127e et 133e rangs pour leur IDH. L'Asie du Sud-Est et du Nord-Est ont assuré leur décollage, mais les Philippines ont raté, jusqu'à présent, toutes les vagues d'industrialisation, alors que Singapour en est à la tertiairisation de son économie...

3.3. *Une coupure idéologique*

Une coupure idéologique partage l'Asie riveraine du Pacifique entre les pays communistes obstinés dans leur modèle stalinien (Corée du Nord), les pays pseudo-communistes ayant abandonné le littoral à un « socialisme de marché » (Chine), les pays communistes hésitant sur l'ouverture (Vietnam, Laos), ou les pays anciennement communistes mais ne se relevant pas de la folie génocidaire des Khmers rouges (Cambodge) ou de la transition vers le capitalisme (province russe de l'Asie), les pays ayant choisi très tôt le capitalisme et l'ouverture sur la division internationale (Corée du Sud, Taiwan, Singapour), les pays ayant choisi tardivement l'ouverture et une politique de promotion des exportations (Malaysia, Indonésie) et enfin le pays de l'oligarchie foncière (Philippines) interdisant l'insertion franche dans cette même division internationale du travail.

cf. *cartes* p. 16 et 17

Ce monde est aussi partagé par la pauvreté et la richesse.

Conclusion

« Le Pacifique, proclamaient les Californiens pendant la Deuxième Guerre mondiale, est le centre du monde » ! Ce qui était alors une exagération habile pour attirer les investisseurs, l'aide et les commandes fédérales est en passe de devenir une réalité.

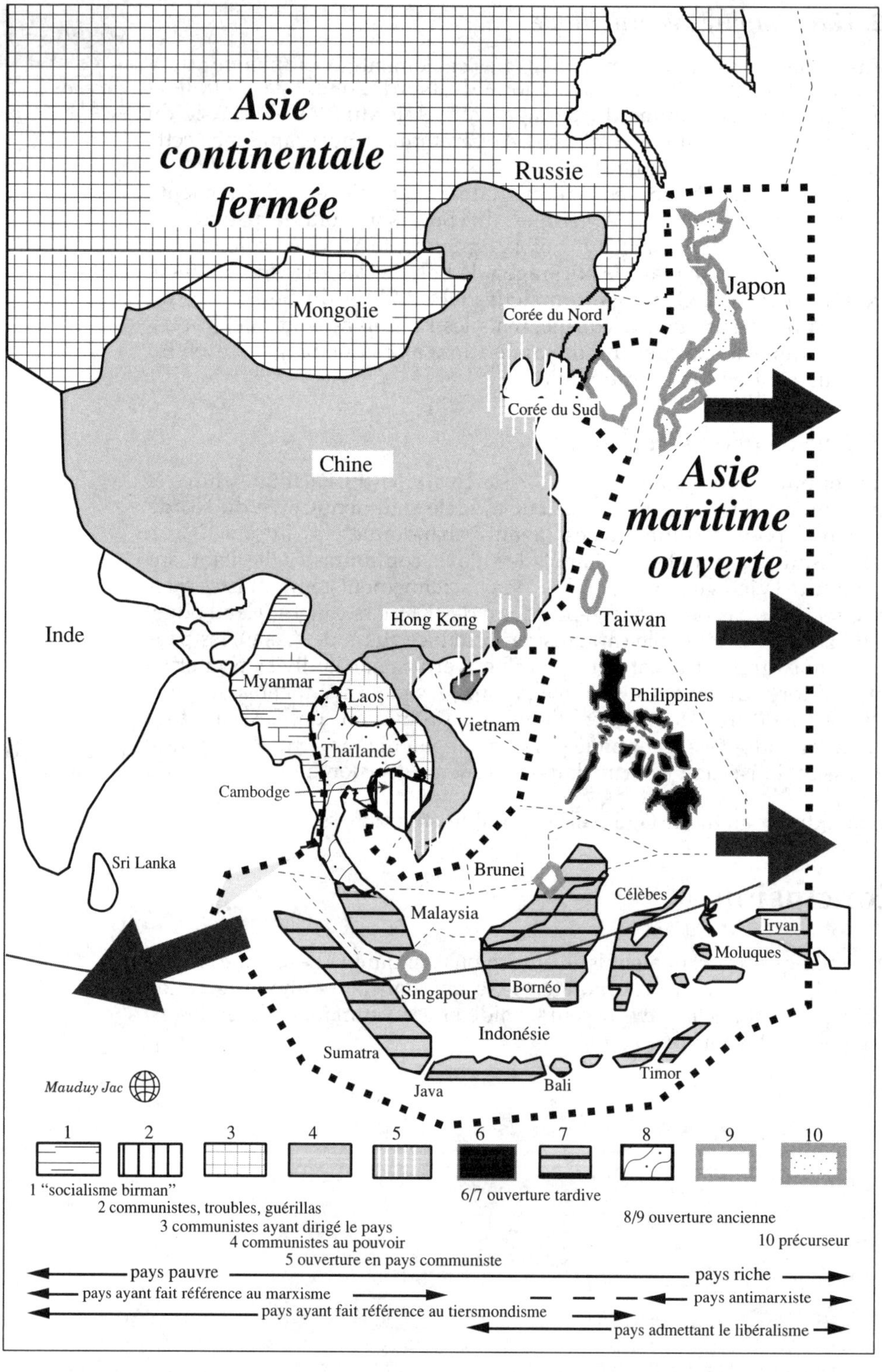

Le partage de l'Asie avant l'ouverture de la fin des années 1980.

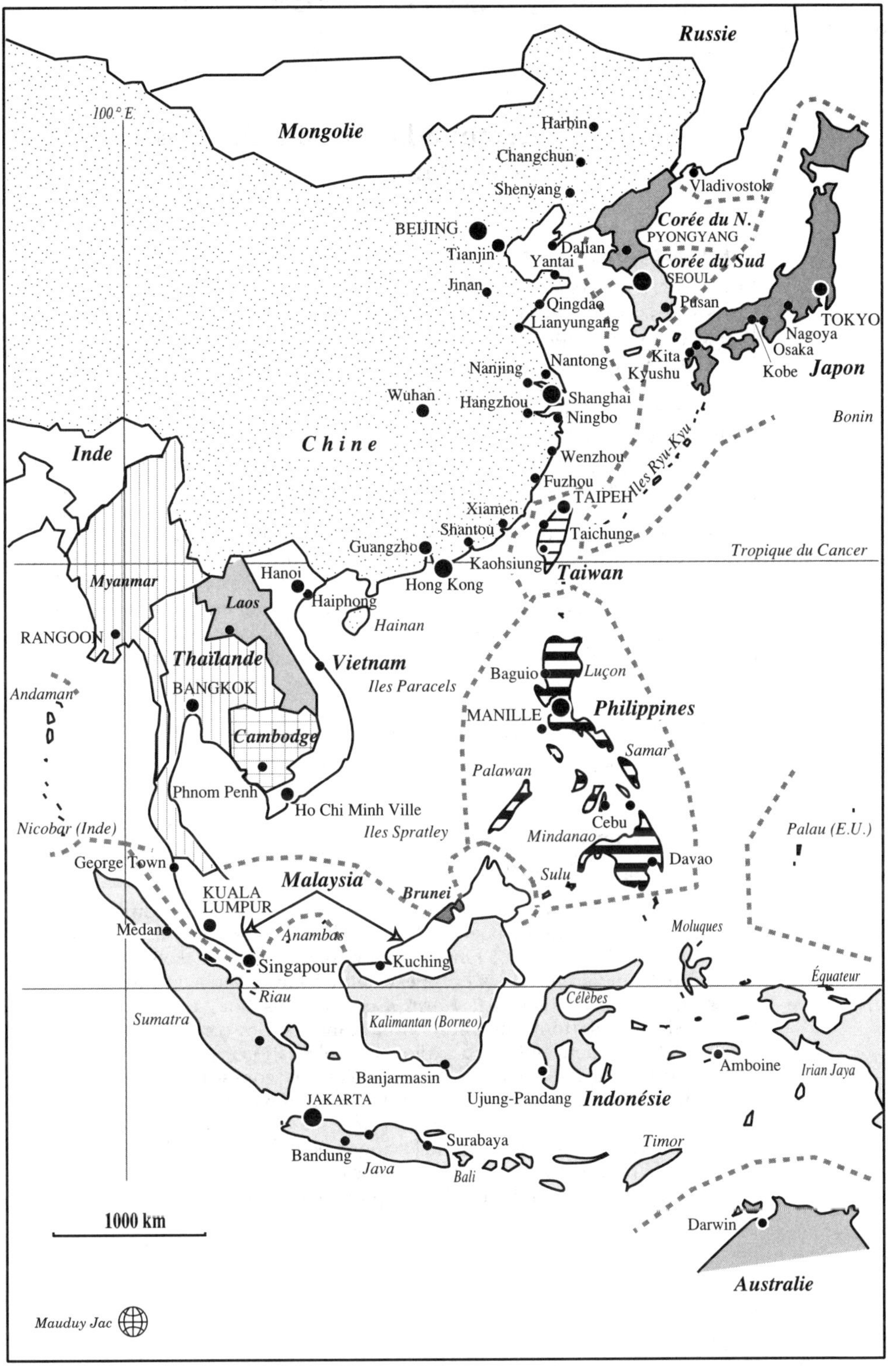

Les pays de l'Asie de l'Est, riverains du Pacifique.

Synthèses

1. Du déclin à la réussite de l'Asie : la violence de l'histoire

Introduction

Les civilisations asiatiques sont très anciennes : elles avaient élaboré des systèmes sociaux complexes. Leur retour au premier plan mondial se fait après une longue phase de déclin. Les antagonismes internes, les colonialismes (européens, américain et nippon) affaiblirent ces vieilles civilisations parfois figées. L'ouverture du Pacifique aux puissances occidentales suscita les réactions japonaises, nationalistes ou communistes. Ce sont les Japonais qui ont déstabilisé définitivement l'Asie par leurs conquêtes, la modernisation et les sentiments anticoloniaux qu'ils apportèrent. En 1945, les Américains vainqueurs tentèrent d'éradiquer le militarisme japonais, mais la peur du communisme, l'endiguement, le « rideau de bambou », le moteur américain puis le moteur japonais firent de l'Asie un rempart économique face au communisme.

cf. *cours* p. 53 et 61

cf. *synthèse* p. 28

Cependant, ce sont les élites (plus que les peuples eux-mêmes) qui, face aux atouts exogènes, ont su opter pour des solutions propres à contribuer au développement. Ce n'est point un hasard si les dirigeants des pays où l'oligarchie terrienne avait été écartée ont choisi la voie de l'industrialisation.

L'absence d'atouts naturels fut le plus grand atout de la réussite.

1. Les mécanismes du déclin

Ils sont historiques, endogènes et exogènes.

1.1. L'irruption des Européens

Elle fragilise des civilisations en conflit.

■ *Les antagonismes sont puissants en Asie.* Les royaumes, empires locaux, avaient des vocations hégémoniques (Thaïs contre Khmers ; Vietnamiens contre Chinois, Thaïs, Khmers ; Indonésiens contre Malaysiens ; Coréens contre Chinois, etc.) et les Européens utilisèrent ces antagonismes.

■ *Les Européens colonisent l'Asie.* Cette colonisation, commencée dès le XVIe siècle, a surtout une vocation mercantile et les comptoirs situés sur le littoral n'ont pour but que d'exploiter les plantations, les mines et les forêts ; les ports sont reliés par des voies ferrées aux zones de prédation où l'on prélève coton, latex, thé, jute, coprah, riz, étain ou cuivre.

■ *Les Américains rêvent de faire du Pacifique un « lac américain ».* Au XIXe siècle, les Américains imaginent que le Pacifique peut devenir la « Méditerranée du nouvel Empire romain » : les États-Unis chassent les Européens d'Amérique et récupèrent les dépouilles de l'Empire espagnol en Asie de 1898 à 1941.

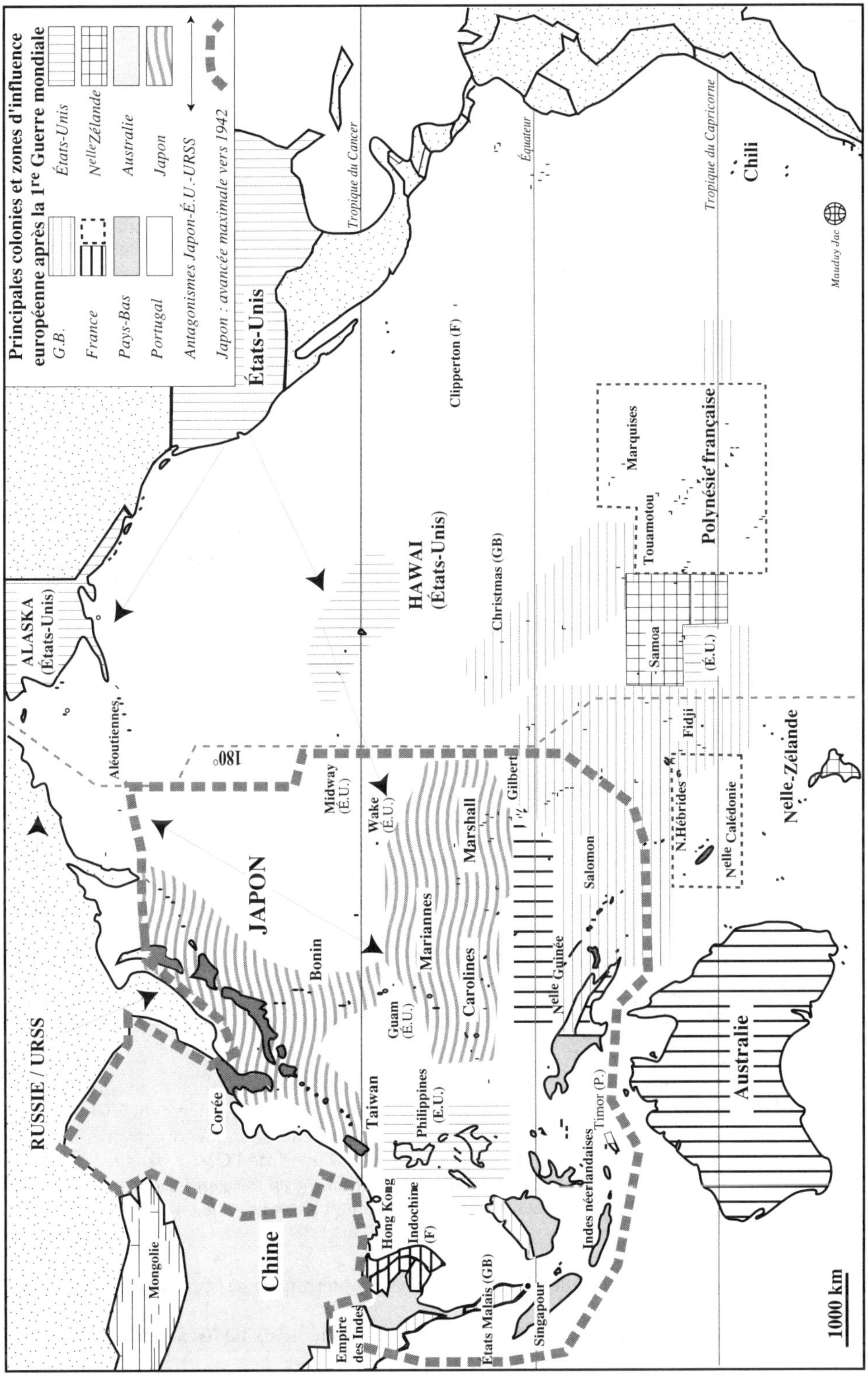

Colonies et zones d'influence européennes en Asie après la Première Guerre mondiale.

1.2. Les défis expansionnistes du Japon

Les défis expansionnistes du Japon vont déstabiliser le Pacifique.

■ La tentation impérialiste s'empare du « petit » Japon qui ne possède ni matières premières, ni énergie, ni main-d'œuvre. Les premières escarmouches portent sur Formose, les Riou Kiou, les Bonins et concurrencent la Chine. Les Japonais obtiennent l'ouverture coréenne (1876) ; la Corée devient peu à peu une zone d'influence japonaise et se modernise contre la volonté chinoise.

cf. *chronol.* p. 81 à 90

■ La confrontation avec la Chine et la Russie tourne à l'avantage des Japonais (1894-1905). La première guerre sino-nipponne fut une guerre profitable (1894-1895). Avec le traité de Shimonoseki, Formose et les Pescadores deviennent japonaises. La défaite russe est la première infligée à une armée « blanche » par un peuple « jaune ». C'est une première leçon que le Japon donne à l'Asie : les Blancs ne sont ni parfaits ni invincibles. L'annexion de la Corée (1910) scelle la première phase d'expansion nipponne. Partout dans leurs colonies, les Japonais imposent une modernisation agraire forcenée, irriguent, ouvrent des mines, électrifient, créent des lignes de chemin de fer et des ports pour assurer la mobilité de leurs troupes et des produits qu'ils prélèvent au profit de leur métropole.

■ Le Japon domine l'Asie en subjuguant la Chine et en repoussant les « barbares occidentaux » (1914-1942). La Première Guerre mondiale permit au Japon de supplanter provisoirement les Occidentaux. À partir de 1929, les Japonais perdirent toute prudence et revendiquèrent leur droit à un « Empire asiatique » capable de chasser les « Blancs ». Avec la crise, dès 1931, les conflits expansionnistes rebondirent en Asie : le Japon envahit la Mandchourie. En 1937, le début de la guerre sino-japonaise (1937-1945) impliqua les Américains qui ne pouvaient admettre un Japon maître de l'immense Chine. Victorieux, le Japon contrôlait alors rapidement une grande partie de la Chine puis, en décembre 1941, l'Indochine, les Kouriles, la Malaisie et les Tarawa. La flotte américaine du Pacifique anéantie (7 décembre 1941), les Japonais volèrent de succès en succès (Sumatra, Birmanie, Aléoutiennes, Guam, Wake). Les Américains avaient alors bien des raisons de redouter la transformation du Pacifique en « lac nippon ». La contre-offensive alliée commencée en 1942 se termina par la reddition du 2 septembre 1945. La résistance japonaise et la poussée soviétique incitèrent Truman à utiliser la bombe atomique. La capitulation sans condition du Japon signait la fin du militarisme japonais. Le « proconsulat »* de MacArthur organisa alors une démocratisation.

2. La peur du communisme

cf. *cours* p. 153

La peur du communisme va conduire les Américains à intervenir et à restaurer la puissance économique de leurs alliés asiatiques.

2.1. La « théorie des dominos »

La « théorie des dominos » convainc les Américains d'endiguer le communisme par le fer. La victoire de Mao en Chine, la première guerre du Vietnam (Indochine), la guerre de Corée remirent en cause la politique américaine. Les Américains intervinrent en Asie (Corée sous couvert de l'ONU), puis remplacèrent la France dans la péninsule indochinoise ; au Moyen-Orient aussi ils intervinrent, ce qui augmenta considérablement leurs besoins en :

- matières premières, énergie,
- véhicules, uniformes,
- entretien et ravitaillement des flottes américaines « remparts du monde libre »,
- bases pour permettre aux navires de relâcher, aux flottes aériennes de se rapprocher des théâtres d'opérations,

– villes de loisirs pour le « repos du guerrier » américain.

Avec la « pactomania »* américaine, les dollars américains pleuvent sur l'Asie : aide, investissements, brevets, outillages, achats et commandes se multiplient en faveur des États qui acceptent de signer les pactes militaires américains et qui sont convaincus que le communisme est leur ennemi.

2.2. *La misère : l'atout du communisme*

Les Américains étaient persuadés que la misère était le principal atout du communisme. Ils ne se contentèrent pas de porter leurs troupes sur le « rideau de bambou » et de faire la guerre face à la poussée du communisme (on remarquera, d'ailleurs que cette voie militaire a été un échec).

Un autre volet de la politique américaine était économique et réformateur. Le Japon devint la vitrine du monde occidental en Asie face à la poussée communiste. Comme en Allemagne, les Américains renoncèrent à abaisser le Japon au rang de puissance agricole. La menace, la peur de la contamination, les besoins matériels américains encouragèrent, au contraire, les vainqueurs à laisser se développer le pays : c'est le *Jimmû Boom* qui commençait. Moteur américain et moteur japonais allaient faire de l'Asie un rempart économique face au communisme.

2.3. *Les grandes réformes agraires*

cf. *synthèse* p. 26

Elles furent encouragées par les Américains.

Au Japon, en Corée, à Taiwan, qu'ils occupent et qui leur doivent tout, les Américains imposent des réformes agraires, ce qu'ils n'arrivent pas à réaliser aux Philippines ou en Amérique latine pour les mêmes raisons (héritages économiques et culturels identiques, relations passionnelles avec les « Yankees »).

Ces réformes agraires visent à la fois à éliminer la grande propriété (souvent collaboratrice des Japonais) et à créer une classe de petits et moyens paysans propriétaires capables de résister idéologiquement aux sirènes du communisme agraire asiatique. Les élites, souvent réfugiées aux États-Unis du temps de l'occupation japonaise (comme Syngman Rhee, le premier dictateur coréen au Sud), armées par les États-Unis (comme les nationalistes de Taiwan) ont volontiers souscrit à ces réformes. Mais, ce faisant, la réforme produisait la rupture, décisive, des élites d'avec la rente foncière.

cf. *clés* p. 82, 86, 88 et *synthèse* p. 26

cf. *synthèse* p. 61

En effet, les dirigeants coréens ou taiwanais n'ont plus d'intérêts directs dans l'agriculture. À la différence des dirigeants philippins ou latino-américains qui vivent (en ville et dans le luxe de produits importés des pays riches grâce à des monnaies fortes) en exploitant des ouvriers agricoles dans leurs latifundia, les chefs coréens ou taiwanais peuvent organiser l'exode rural, investir dans l'industrie, encourager une politique de monnaie faible (qui favorise l'exportation).

3. Des réussites également dues à des qualités nationales

3.1. *Le complexe de l'absence de ressources*

cf. *clés* p. 82, 85, 87, 88

Comment financer les importations de matières premières, d'énergie ou d'aliments ? Ni la Corée, ni Singapour, ni Hong Kong, ni Taiwan qui ont pris les premiers position pour le camp occidental ne disposent de ressources naturelles (elles sont en Corée du Nord, en Malaisie, en Chine communiste) si bien que, au-delà de l'aide américaine sous toutes ses formes, après une courte période de politique de substitution des importations* (on n'échappait pas, alors, à l'idéologie anticoloniale et anti-impérialiste), ces États, sous la pression américaine, vont privilégier les politiques de promotion des exportations*, l'extraversion, l'insertion dans la division internationale du travail*, la remontée des filières et les *sweatshop* mettant en valeur leur dotation naturelle.

Tableau 1. Les grandes options politiques face à la question du développement				
Pays	**Politique face à la question agricole**	**Politique face à l'extérieur**	**Politiques monétaires**	**Politique industrielle**
URSS jusqu'en 1991	Taxes Épargne obligatoire Prix bas Agriculture pressurée	Isolement COMECON	Isolement jusqu'à 1991 Rouble inconvertible	Priorité à l'industrie lourde Combinats Étatisation
Russie	Privatisation	Appel aux capitaux étrangers et au FMI	Rouble convertible et faible	Privatisation
Chine	Taxes Épargne obligatoire Agriculture pressurée	Isolement Exportation de l'idéologie maoïste	Isolement jusqu'en 1980	Industrie lourde puis communes populaires
Chine depuis 1980	Privatisations	ZES et ouverture	Monnaie convertible et faible	PPE Appel au capital étranger dans les régions littorales Dualisme privé et entreprises d'État
Corée du Nord	Agriculture pressurée	Isolement jusqu'en ?	Monnaie inconvertible	PSI Industrie lourde Combinats
Vietnam	Taxes Agriculture pressurée	Isolement COMECON	Isolement jusqu'en 1987 Zone rouble jusqu'en 1991	PSI Industrie lourde Combinats
Vietnam du Doi Moi	Privatisation des récoltes	Insertion dans la DIT	Zone bath	PPE Capital étranger accepté
Cambodge Khmer rouge et communiste	Agriculture pressurée	« Lutte tiers-mondiste »	Isolement jusqu'en 1992	PSI
Cambodge actuel	Privatisation ?	?	?	PPE ?
Japon depuis 1950	Protection du marché national Aide de l'État Prix garantis Prix élevés	Exportation PPE Accueil réticent des industries étrangères Sous-traitance	Monnaie faible sous-évaluée	Reconquête industrielle Protection des Industries en enfance Remontée des filières Remontée des technologies Capitalisme privé (zaïbatsu)

Corée du Sud	Prix élevés Prix garantis Protection du marché	Exportations PPE Aide extérieure Accueil réticent des industries étrangères	Monnaie faible Endettement	Grands combinats lourds Industrie légère + sous-traitance Remontée des filières. Remontée des technologies Capitalisme privé et étatique Conglomératique (*cheabols*)
Taiwan depuis 1949	Priorité agricole Modernisation Prix élevés	Exportations PPE Capitaux étrangers Entreprises étrangères Ventes à l'exportation et nationales encouragées FTZ et EPFZ	Monnaie faible	Filière agro-industrielle Industrie légère Chantiers navals Capitalisme privé encadré
Hong Kong jusqu'en 1997	Sans objet	FTZ EPFZ PPE Débouché commercial de et vers la Chine Pas de restrictions face aux firmes étrangères	Monnaie faible Zone dollar	Industrie légère Capitalisme familial
Singapour depuis 1965	Sans objet	FTZ EPFZ PPE Accueil planifié	Monnaie faible	Sous-traitance Place pétrolière Remontée des technologies Capitalisme familial
Brunei		Exportations pétrolières	Monnaie forte	Esquisse d'industrialisation
Thaïlande	Modernisation tardive mais réelle	Extraversion tardive mais achevée PPE	Monnaie forte Endettement Crise 1997	Industrie légère + sous-traitance Capitalisme privé et étatique
Malaysia	Taxes puis laisser-faire récent	PSI puis PPE Extraversion tardive Réticences nationalistes	Monnaie forte	Industrie légère Capitalisme privé et étatique
Indonésie	Taxes	PSI Extraversion tardive inachevée Réticences des industriels nationaux	Monnaie forte	Industrie lourde Industrie légère Sous-traitance Forte étatisation en cours de privatisation
Philippines	Pas de réformes Pas de modernisation	Extraversion réelle tardive	Monnaie forte	Industrie légère Sous-traitance

3.2. *Le génie propre à la région*

cf. *synthèse* p. 31

cf. *plan* p. 44

On a expliqué la réussite par le confucianisme, (un demi-siècle auparavant, on expliquait la déconfiture asiatique par ce même confucianisme), par le bouddhisme, par la copie du modèle japonais (confusion entre modèle économique* et exemple que l'on suit) mais aussi par les exigences de la riziculture. La boucle du riz, les nécessités de la riziculture ont été souvent mises en avant comme activités industrialisantes.

Toutes ces explications sont pour une part recevables mais ne sont ni universelles, ni suffisantes. Les élites des pays qui ont réussi à s'industrialiser sont loin d'être parfaites. Mais, encore une fois, si l'on compare avec les Philippines, les dirigeants des futurs Dragons n'avaient aucun intérêt dans l'agriculture et la rente foncière. Ils ont donc constamment encouragé l'industrialisation, qu'ils soient des dictateurs (comme à Taiwan) violents, putschistes et corrompus (comme en Corée), plutôt vertueux (comme à Singapour) ou démocrates libéraux conservateurs sans grands pouvoirs (comme à Hong Kong).

3.3. *Une population pauvre et nombreuse : source de la réussite ?*

cf. *chronol.* p. 82, 85, 87, 88

Il ne faudrait pas écrire que sa démographie et son âme furent vouées à la réussite nationale. Si la population fut mise au service de l'économie et de la nouvelle oligarchie (bureaucratie militaro-étatique en Corée et à Taiwan ; bureaucratie technocratique à Singapour, dictature invisible des Laopan et des Triades à Hong Kong), ce ne fut pas sans résistance. En Corée du Sud, les mouvements de réarmement moraux ou la violence de la dictature furent tels que, durant l'été 1996, la justice coréenne condamna à mort un ancien président coréen pour le massacre d'un nombre inconnu d'étudiants en 1981. Ainsi, dictature politique et libéralisme économique allèrent de pair.

Conclusion

Cette croissance extravertie avait donc des limites :

– des régimes politiques autoritaires et brutaux,

– une forte intervention de l'État,

– des conditions de travail souvent difficiles,

– des inégalités sociales criantes et des services collectifs (santé, loisirs, logements, etc.) souvent sacrifiés au profit de la seule croissance économique.

Mais c'est la croissance qui impose aujourd'hui (depuis 1990) des adaptations face à des difficultés externes :

– la montée du protectionnisme dans les pays industriels,

– la concurrence des « pays de la deuxième génération du produit »,

– la dépendance technologique,

– la dépendance énergétique.

Tout ceci conduit à élever les niveaux technologiques des produits fabriqués, à éduquer des techniciens et des cadres, à évoluer vers les services, à délocaliser des activités (voir Daewo en Europe et en France).

Avec la réussite des exportations et la montée des excédents commerciaux, les monnaies locales se sont évaluées alors que le dollar était plutôt à la baisse ; il fallait s'adapter à l'évaluation des monnaies, donc produire dans des pays à faibles salaires, exporter des produits sophistiqués et de qualité.

Face à l'éducation et à l'esprit revendicatif des populations trop longtemps sacrifiées, il faut améliorer le niveau de vie. La formation généralisée de la population pour permettre les mutations assurant le passage d'une société industrielle à une société techno-servicielle a été poursuivie massivement. La population demande à consommer, à participer au jeu politique ; une société civile se constitue, les étudiants revendiquent.

cf. *clés*
p. 81 à 90

Il faut importer des produits de luxe, permettre de consommer, ce qui déséquilibre les balances commerciales (les excédents commerciaux se réduisent ou disparaissent), réduire l'épargne donc la capacité d'investissement, ce qui favorise l'endettement qui, lui-même, affaiblit l'attraction financière de certaines places asiatiques.

De plus, cette croissance a exigé de forts investissements ; la réussite a provoqué une certaine euphorie, voire de la suffisance, tout ceci s'étant concrétisé par des dépenses immobilières pharaoniques et hasardeuses, comme la course aux gratte-ciel (Kuala Lumpur s'enorgueillit de posséder les immeubles les plus hauts du monde). La crise monétaire de l'été 1997 est venue sanctionner ces errements. Toutes les monnaies asiatiques ont été affectées par la tourmente. Seule l'intervention massive du FMI, des États-Unis et du Japon (qui confortent leur rôle primordial dans la région) évite que l'effondrement des monnaies ne tourne à la catastrophe économique. L'été 1997 est, en ce sens, un tournant : rappel à l'ordre quant à l'orthodoxie financière et économique, remise en cause des politiques monétaires, ralentissement généralisé de la croissance et rappel à une nécessaire modestie. Une fois encore, ce sont les fonds de pension américains qui dictent la loi. Mais cet affaiblissement monétaire peur relancer les exportations, d'autant que le dollar s'évalue...

2. L'agriculture en Asie : blocage ou atout de l'industrialisation ?

Introduction

L'agriculture occupe une place humaine, commerciale et économique essentielle dans ces pays. Employant encore de très nombreux actifs, elle représente souvent le revenu essentiel des États exportateurs de denrées agricoles. Les cultures d'exportations souvent implantées et imposées par les colonisateurs sont nombreuses et alimentent un marché international dissymétrique. Ce commerce a longtemps constitué un véritable handicap pour les pays qui, paradoxalement, disposaient d'un « atout » agricole. En effet, la rente foncière procurée aux élites propriétaires foncières leur permettait de détenir le pouvoir et d'orienter le pays vers une économie d'exportation de produits primaires incapable de provoquer le développement. Dans les pays moins doués sur le plan agricole, ou ayant, pour des raisons historiques diverses, organisé une réforme agraire et retiré le pouvoir politique aux propriétaires fonciers, la modernisation agricole a permis l'industrialisation.

On peut écrire que les réformes agraires capitalistes anciennes et les « trêves agricoles » récentes des pays d'Asie sont aux sources des réussites industrielles.

1. Agriculture exportatrice et colonialismes

Agriculture exportatrice et colonialismes ont modelé l'organisation spatiale des pays asiatiques.

1.1. Les exportations agricoles, créatrices d'une dissymétrie territoriale

Les exportations de produits tropicaux et de riz imposées par les colonisateurs ont favorisé les littoraux, les plantations et les fronts pionniers reliés par un réseau de transports à l'extérieur.

cf. *synthèses cartographiques* p. 115 à 141

Ce sont les littoraux qui ont été mis en valeur de façon préférentielle par les colonisateurs et par les compagnies étrangères implantées dans les pays tropicaux. Les plantations sont installées dans les lieux propices à une exploitation profitable ; les axes intérieurs sont construits pour mettre en valeur un front pionnier agricole (ou minier) (Malaisie, Chine, Corée, Taiwan) et relier la zone de production à un exutoire maritime... Le système des voies ferrées britanniques (Malaisie), françaises (Indochine) ou japonaises (Corée) l'atteste. Si bien que les pays asiatiques demeurent aujourd'hui encore des régions dissymétriques avec des littoraux comportant des ports d'exportations (Shanghai, Singapour, Pusan, Ulsan, Taipeh) ou des façades maritimes sommaires.

1.2. Les sociétés rurales asiatiques oubliées par le colonisateur

Par ailleurs, les sociétés rurales asiatiques oubliées par le colonisateur se heurtaient a un environnement mal maîtrisé... Même après la phase coloniale, le sentiment d'une malédiction pesant sur l'agriculteur asiatique était répandu. Les explications déterministes rappelaient la médiocrité du sol : les sols tropicaux sont apparemment pauvres. Mais le rapport sol-climat-densités n'est pas évident. En effet, de nombreux exemples montrent qu'une motivation suffisante permet de s'affranchir du milieu : en Malaisie, les déblais de lavage des exploitations de cassitérites (remblais miniers stériles que personne ne se disputait) ont été mis en valeur par les Chinois qui y plantèrent des bananiers, enrichissant les sables avec les déjections des porcs nourris des végétaux hachés, ce qui leur permit ensuite de passer sur ces mêmes remblais aux cultures légumières. En Malaisie, toujours, les hévéas sont cultivés dans les zones marécageuses et de sols pauvres car les exploitations d'étain limitrophes sont reliées à un réseau de routes et voies ferrées ce qui permet d'exporter aussi le latex.

À Java, les plus fortes densités se trouvent sur les sols médiocres du rivage nord, et non sur les riches sols volcaniques de l'île.

1.3. Des disparités agricoles dues aux choix de développement

Les choix stratégiques des États ont joué un très grand rôle dans les réussites ou les échecs agricoles de certains pays asiatiques. Les mauvais choix stratégiques et la crise des cours internationaux ont ruiné de nombreux projets. Les politiques d'industrialisation sont devenues à la mode après l'apparente réussite soviétique stalinienne (1930-1953) et avec la décolonisation. En Asie comme dans l'ensemble du tiers monde en décolonisation, le développement par l'industrialisation est apparu comme la solution. Mais, pour financer cette industrialisation coûteuse en capitaux, les solutions étaient limitées : seule l'agriculture paraissait capable d'apporter les capitaux si nécessaires.

cf. *cours* p. 56

Les politiques d'exportation de produits agricoles censées rapporter des devises et donc permettre des achats d'équipements industriels ont été néfastes. Les cultures d'exportation, souvent implantées et imposées par les colonisateurs, alimentaient un marché international dissymétrique (ventes de produits à faible valeur et importations de produits de luxe pour les élites foncières). Les cultures d'exportation ont longtemps concurrencé les cultures vivrières (donc la nourriture manquait et, au lieu d'importer des machines, il fallut importer des aliments). Les encouragements à l'exportation ont favorisé les planteurs, grands propriétaires fonciers, au détriment des cultivateurs vivriers. Ces grands propriétaires redoutaient l'industrialisation plus qu'ils ne la souhaitaient : l'industrialisation risquait de vider les campagnes, sources de leur pouvoir économique et politique ; l'industrialisation faisait apparaître une bourgeoisie urbaine qui voulait exporter (avec une monnaie faible) et désirait accéder au pouvoir, ce qui remettait en cause le luxe (grâce aux achats permis par une monnaie forte) et le pouvoir ancien des propriétaires terriens. Les devises reçues des exportations ont été gaspillées dans des équipement industriels inadaptés ou des dépenses somptuaires (celles des dictateurs philippins, par exemple). De toute façon, la disproportion entre les revenus des produits primaires et les coûts des machines et technologies rendait impossible cette politique d'industrialisation par les exportations de produits agricoles (surtout si l'on voulait une industrie lourde et dotée des technologies récentes).

À l'intérieur, l'agriculture a aussi été sacrifiée pour réussir cette industrialisation. Le financement de l'industrialisation reposait sur les taxations de l'agriculture. Les gouvernements prélevaient des taxes sur les produits agricoles pour financer les budgets d'industrialisation. Ces taxes lourdes dont le rapport était toujours insuffisant ont découragé les producteurs paysans.

Pour permettre l'industrialisation au moindre coût, les prix des produits vivriers étaient arbitrairement maintenus par le pouvoir à un niveau très bas ce qui permettait de payer des salaires urbains peu élevés puisque la nourriture était censée ainsi être peu coûteuse. En réalité, ceci aussi décourageait les agriculteurs vivriers et alimentait l'exode rural vers les villes qui finissaient par manquer de nourriture faute de producteurs incités à produire.

L'industrialisation rapide et les politiques de priorité à l'industrie n'ont pas permis l'équipement agricole par manque de crédits, ceux-ci allant en priorité à l'industrie. Des aménagements agricoles pharaoniques (les grands barrages et digues de la Chine maoïste) et des tentatives folles et meurtrières d'industrialisation forcée des campagnes (petits hauts fourneaux de la « révolution culturelle ») ont mobilisé des trésors de main-d'œuvre, alors que cette population, encouragée à produire des aliments, aurait évité les grandes famines maoïstes. La baisse des productions vivrières et la croissance démographique (tiers-mondisme nataliste de la Chine maoïste) imposaient des importations de denrées alimentaires !

Pour financer l'industrialisation, les États ont encadré les paysanneries par des bureaucraties issues des partis uniques et se réservant le monopole des commercialisations. Ces politiques (internationalistes ou tiers-mondistes) ont échoué pratiquement partout. Les modèles néostaliniens ou chinois, tiers-mondiste (Birmanie, Malaysia) ou prétendu tel (philippin) ont pressuré les agricultures. Ils n'ont abouti qu'à la démotivation des paysanneries et à la baisse de la production. Ils ont été contraints d'augmenter les importations de nourriture, les dettes pour l'achat d'aliments se sont accumulées et l'insuffisance de l'investissement a bloqué le développement...

Seules les réformes agraires sincères et créant une paysannerie propriétaire et responsable ont réussi.

2. Une « priorité réelle » à l'agriculture

2.1. L'exemple de la Corée du Sud et de Taiwan

cf. *synthèse* p. 69

De nombreux pays ont accordé une « priorité réelle » à l'agriculture. La Corée du Sud comme Taiwan ont réalisé des réformes agraires originales. La terre a été remise aux agriculteurs de manière à constituer une couche stable de paysans propriétaires intéressés aux résultats de leurs exploitations. À Taiwan, la réforme a fait des « paysans capitalistes ». Les agriculteurs sont devenus de petits producteurs industriels. L'agriculture a provoqué « l'industrialisation des campagnes ». On parle de « modèle flamand ».

2.2. Un modèle suivi par d'autres pays

À l'exemple de Taiwan, les pays communistes et tiers-mondistes (Chine, Vietnam, Laos, Malaysia, Indonésie, Philippines) observent maintenant la « trêve agricole »

■ Les politiques de trêves alimentaires permettent aux agriculteurs de jouer sur les cultures vivrières et les cultures de rente. La fin des prélèvements, des taxations abusives, des monopoles étatiques, des encadrements bureaucratiques (Chine, Indonésie, Vietnam), les nouvelles politiques de crédits, autorisent les paysans à intensifier les productions rentables et recherchées sur les divers marchés (Indonésie autosuffisante en riz, progrès des régions littorales chinoises).

Aujourd'hui, dans les pays qui ont consenti les premiers la trêve alimentaire (Asie du Sud-Est), l'intensification est déjà dépassée et l'on passe à la diversification des productions (en Thaïlande : ananas, maïs, canne à sucre, manioc, replantation des hévéas, cacao, huiles).

En Chine, l'abandon de la politique maoïste et la récente remise des terres se traduisent par un essor fulgurant de la production agricole chinoise. Il en est de même au Vietnam.

Mais, avec le changement politique, la conjonction de facteurs favorables est indispensable.

– L'existence d'une solide infrastructure de transports est nécessaire (exemple : le Nord-Est thaïlandais où un réseau stratégique a été mis en place par les Américains et le réseau routier créé de 1960 à 1970). L'importance actuelle du réseau ferré et routier malais permet de produire à la fois pour les villes et pour l'exportation.

– L'existence d'un marché international et local est aussi une condition du développement agricole. Par exemple, les producteurs malais ont su proposer des produits de substitution des céréales pour les marchés européens de nourriture pour bétail, car les taux de douanes étaient très bas pour l'entrée du manioc dans la CEE (6 %). Les commerçants chinois qui avaient détecté ce marché ont servi de relais locaux aux initiatives extérieures : des sociétés allemandes en Thaïlande introduisirent le manioc. Elles furent vite relayées par les commerçants chinois, leur réseau d'affaires et leur maîtrise du crédit, qui ont bien rémunéré les paysans thaïs ; les paysans ont vite adopté cette plante : sa culture est assez simple sur des sols médiocres et son calendrier cultural est très flexible : on peut continuer à exploiter le riz et

jouer sur les cours internationaux du manioc (la terre peut faire office de grenier).
– Il faut aussi, une réelle volonté politique : la stabilité politique, des élites capables de faire partager leurs projets et ayant une vision nationale et non plus compradore*, le souci de partager équitablement les gains, l'encadrement souple par des spécialistes et non par des bureaucrates, un budget exceptionnel (en Malaysia, 20 % du budget fédéral pendant les années 1970 et 18 % pendant les années 1980 ont été consacrés à l'agriculture qui avait été sacrifiée dans les budgets de la décennie 1960), la protection du marché intérieur (Taiwan, Indonésie), une fiscalité légère et incitatrice.
Les « révolutions vertes » ne réussissent que si elles sont épaulées par une politique des prix qui soutient la motivation : seul l'espoir de gains importants permet la mise en place d'un système de crédit et d'un esprit d'entreprise.

■ Les paysans et les ruraux s'enrichissent, s'équipent et modifient les campagnes. Partout où les rémunérations sont justes, les paysanneries se laissent convaincre par la nouveauté et adoptent de véritables stratégies économiques.
Les paysans thaïs jouent sur les cours du manioc ; les agriculteurs des haricots de contre-saison, des laitues ou des fraises s'adaptent à la demande urbaine ; les anciens agriculteurs sont devenus des éleveurs spéculateurs laitiers.
Le développement agricole crée des emplois ruraux et favorise l'expansion rurale : tôles, charrettes, chevaux, mobilier domestique sont achetés par des paysans qui disposent de revenus.
En Thaïlande, les emplois péri-agricoles se sont multipliés : collecteurs de manioc, fabricants de cossettes *(chips maker)*, de granulés *(pelletizer)* de manioc.
Le développement agricole se fait en relation avec l'agro-industrie (capital de la bourgeoisie urbaine et capital étranger) ; l'emploi non agricole s'accroît de 5 % par an en Thaïlande ; le développement de routes permet la multi-activité ; les gros exploitants agricoles investissent dans les transports, le commerce, les industries agro-alimentaires, afferment des terres à des paysans moyens ; un marché foncier se constitue.

■ Ces mutations transforment la totalité des territoires. Ceci renforce les points forts hérités mais le développement pionnier est souvent frénétique, minier et destructeur.
Les agricultures commerciales productives bien reliées aux marchés internationaux par l'intermédiaire des grands emporias (*cf.* Thaïlande, Malaysia) permettent le regain des activités dynamiques industrielles et tertiaires. Partout où les États construisent des routes, des ports, des aéroports (Malaysia : Sabah, Corée du Sud, Taiwan, Chine littorale), les exportations progressent et les paysans s'enrichissent (on observe l'apparition d'une couche de paysans moyens au détriment d'une petite paysannerie en difficulté). Les villes portuaires ou détentrices de capitaux améliorent leurs activités. Le contre-exode urbain provoque une onde concentrique de recolonisation rurale ; dans les villes, l'élévation du niveau de vie entraîne l'intensification agricole des périphéries et l'ouverture de fronts pionniers où se réfugient les exploitants chassés des périphéries urbaines. Les urbains qui réussissent investissent dans les campagnes. Ces ceintures vertes sont encouragées par les États.
Alors que de larges fractions de territoire étaient abandonnées ou laissées aux agricultures de subsistance, des régions à maillage urbain dense se sont multipliées, caractérisées par l'insertion dans une économie agricole marchande spécialisée et à revenus monétaires en hausse.
La modernisation actuelle renforce les axes intérieurs, si bien que ces pays demeurent aujourd'hui encore des régions avec des littoraux comportant des ports d'exportations ou des façades maritimes sommaires, des capitales

macrocéphales dont le dynamisme actuel se renforce encore aux dépens d'une mise en valeur intérieure. Mais cette tendance générale aux pays circum pacifique (Amérique latine comprise) est cependant déjà dépassée en Asie par le développement de fronts pionniers dans des régions qui pouvaient être particulièrement médiocres (par exemple, le Nord-Est thaïlandais).

Ainsi, les fronts pionniers se généralisent (aux Philippines, en Indonésie, en Malaisie et en Thaïlande), organisés par les États comme en Malaisie par le Federal Land Development Authority ou FELDA, ou spontanément, comme en Thaïlande, en Indonésie et aux Philippines. Ces fronts pionniers remplacent l'essartage en voie de disparition (ce qui permet aux États de mieux contrôler leurs territoires). Ils permettent une progression de la propriété foncière urbaine. En effet, les petits paysans défricheurs ne pouvant résister à l'épuisement des sols et au besoin d'intensification mécanique et chimique, cèdent leurs lots aux entrepreneurs financés par des urbains et... partent repousser plus loin les fronts pionniers.

Conclusion

De graves risques liés à l'intensification se multiplient :

- faim de terre qui s'explique par les succès et par le décalage démographique (la transition démographique n'est pas aussi rapide que les transformations agricoles et l'élévation du niveau de vie provoque, pour le moment, une croissance démographique) ;
- défrichement, déforestation, usure rapide des sols, mentalités minières favorisent l'ouverture inconsidérée de fronts pionniers ;
- refus de la jachère mais restitution d'engrais limitée sont à l'origine d'une érosion des sols, du lessivage et du ruissellement qui ruinent des régions entières.

La menace écologique étant considérée comme secondaire par les pays tropicaux (on se souvient de la violente réaction du Premier ministre malaysien au sommet de Rio), ces économies continuent d'évoluer vers une agriculture dévastatrice mais lucrative.

3. Les grandes religions : une réalité sans grande signification économique

Introduction

Les hommes asiatiques partagent l'idée forte que toute chose a sa raison d'exister. Ainsi, l'accueil de religions multiples dans la même population est courant. Un fidèle mêle dans son âme le taoïsme philosophique, le confucianisme moral, le bouddhisme spirituel. Associées dans l'esprit des habitants du monde sinisé, ces spéculations intellectuelles ont donné naissance à des pratiques religieuses qui réalisent un large syncrétisme.

Le bouddhisme, le confucianisme, le taoïsme et l'islam sont les religions ou philosophies dominantes de cette Asie. Sont-ils facteurs de développement ? La question paraît presque incongrue. Hier, nombre d'auteurs expliquaient que les blocages de ce monde asiatique provenaient des « religions passéistes » et de la « paresse de ces peuples contemplatifs et bornés par les lois de l'obéissance confucéenne ». Le bouddhiste est un homme qui tend à se détacher des biens de la terre, le confucéen pratique la solidarité familiale et respecte l'ordre établi, mais c'est en Chine confucéenne que la révolution marxiste puis la révolution culturelle ont mobilisé les foules. Il faut chercher ailleurs des explications à la croissance. Ni l'islam malais, ni les bouddhismes, ni le taoïsme, ni le chamanisme ne sont propices ou défavorables à l'industrialisation ; leurs préoccupations sont autres. Ainsi, en Corée du Sud, la renaissance actuelle du chamanisme, et la multiplication des sectes témoignent seulement, mais clairement, de l'héritage historique colonial, des difficultés de la vie urbaine et des exigences des *cheabols** à l'égard de leurs employés qui trouvent une certaine paix de l'âme dans la pratique religieuse.

1. Les bouddhismes, une influence décisive sur le plan spirituel

Le Bouddha est celui qui a réalisé l'Éveil (de *boddhi* qui signifie « l'éveil, l'illumination, la connaissance, l'accès à la sagesse »). C'est le prince Siddhârta Gautama, fondateur du bouddhisme, qui a reçu ce nom de Bouddha. Il avait développé une pensée, sans rien écrire, sans Dieu, sans dogme, sans culte, sans rituel et sans âme humaine. Mais ses disciples le déifièrent dès sa mort. Devenue religion, sa pensée éclata en sectes (véhicules) et chacun des continuateurs du Bouddha apporta ce qui avait été refusé par le fondateur : un enfer et un ciel peuplés de démons et de saints, un culte enrichi d'encens, de cierges et d'eaux bénites…

Résumons bases, fondements, expansion et diversifications du bouddhisme en dix mots essentiels.

■ *Bodhidharma*. Fondateur légendaire du bouddhisme chan qu'il répand en Chine où, venu de l'Inde il se serait installé au début du VIe siècle.

Chan : école bouddhique chinoise. C'est par l'intermédiaire des routes des oasis que le bouddhisme serait parvenu en Chine (en + 65 ?).

■ *Bouddha, buddha, boddhisattvas*. Termes utilisés pour désigner le Bouddha Shakyamuni Gautama, né en 550 av. J.-C. à Kapilavitsu (au pied de l'Himalaya, au nord de l'Inde), le fondateur mais aussi tous ceux qui, par leur comportement, arrivent à l'illumination spirituelle ; à coté du Bouddha, il existe donc, et il existera, une multitude de *buddha* ou *boddhisattvas* (éveillé en adoptant la voie du *Buddha Shakyamuni)* comme, par exemple, *Maitreya*, l'amical, personnage céleste révéré dans les cultes bouddhiques populaires qui est le *bodhisattva* du futur, le Messie (?), le Sauveur qui viendra 5 656 000 000 années après la mort du Bouddha.

Mauduy Jac

Au centre, le Bouddha en parure monastique, avec une position des mains dite *Dharmachakra mudra* fait tourner la roue de la loi. Cette *mudra* rappelle aux fidèles le Sermon de Bénarès, premier prêche du Bouddha ; la posture assise à l'européenne est une posture royale. Les lobes des oreilles sont immenses (suivant la mode des anciens nobles Indiens aux oreilles étirées par les bijoux). Une protubérance crânienne, *l'ushnîsha* évoque le chignon de cheveux du sage et la puissance spirituelle. Une touffe de poils blancs l'*urna* d'où est censée émerger la Lumière est symbolisée par une tache sur le front. L'auréole de tête, un pétale de fleur de lotus, est assimilée à une Roue avec huit rayons (l'Octuple Voie). Le Bouddha repose sur un socle de lotus dont la corolle est convertie en roue (de la Loi) encadrée par les Lionnes et les Gazelles (le sermon de Bénarès se déroula dans le Parc des Gazelles). La tige du lotus issu du fond de l'Océan est, à la fois *linga* et *stupa*. Le Bouddha a une taille supérieure à ses disciples : *Shariputi* (chasse-mouches), *Shubhuti* (sceptre religieux en forme de lotus), *Katyâna,* mains jointes, *Purna* tenant à deux mains une cassolette d'encens , etc.

Le Bouddha Shäkyamuni Gautama et ses attributs.

■ *Chronologie légendaire de la vie du Bouddha.* Bien que l'historicité du Bouddha soit aujourd'hui établie, les bouddhistes se réfèrent à une chronologie qui est à la fois légendaire et historique.
– **558** : date de la naissance du Prince Siddhârta Gautama dans le clan des *Shakyas*. Fils de roi, c'est un guerrier.
– **545** : à 14 ans, quittant son palais, il rencontre un vieillard, un malade, un cadavre et un ascète qui lui révèlent le caractère impermanent de la vie.
– **521-518** : Gautama mène une vie de privations ce qui le conduit aux portes de la mort sans profit intellectuel. Il désespère de trouver la vérité.
– **516** : il s'assied à Bodhgaya au pied d'un grand banyan (le figuier, banyan, abri de Bouddha, l'arbre de la *Boddhi*, de l'éveil, de la révélation, de la sagesse, est l'arbre sacré des bouddhistes). Il se lance dans une nuit de méditation où il est assailli par tous les stratagèmes du démon Mara. Le Nâga, cobra, roi des nâgas, génie des eaux, sauve et abrite le *Buddha* de ses sept têtes déployées. La *Bodhi* est cette expérience religieuse du *Buddha Shäkyamuni*, l'éveil à la vérité, à la véritable nature de toute chose.
– **515** : dans le sermon de Bénarès, devant ses cinq premiers disciples, le Bouddha professe les Quatre Nobles Vérités.
– **478** : Le Bouddha Shäkyamuni entre dans la paix du *pari nirvana* (*pari nirvana* : entrée du Bouddha dans le néant, symbolisée en statuaire par la pose du Bouddha couché, *nirvana, nibhana* : anéantissement final et suprême, libération définitive de la réincarnation).
« *Tout ce qui est créé est périssable ; ne relâchez pas vos efforts* », déclare-t-il à ses disciples.

■ *Doctrine du Bouddha : les Quatre Nobles Vérités.*
Première Noble Vérité : la vie est *duhkha*, souffrance comme l'os qui sort de sa cavité. C'est le paradoxe bouddhique : rien n'existe sauf la douleur universelle qui est seule réalité.
Seconde Noble Vérité : la cause de la souffrance est la *tanka* (soif, désir) qu'éprouve l'individu de se réaliser. L'individu est mû par son *karma*. Le devenir de l'homme se résume à naître, vieillir, mourir, naître. Le *Samsara*, le tourbillon des renaissances provoqué par le *karma* (symbolisé par la roue de l'existence), fixe un seul but à l'humain : tous les êtres vivants transmigrent sans fin passant d'une existence à l'autre dans des états d'homme, de dieu, de fou, d'animal, d'affamé en fonction des actes antérieurs qui permettent de renaître sous de bons ou mauvais auspices.
Troisième Noble Vérité : la cessation de la souffrance est possible en surmontant la passion que l'on éprouve pour la vie personnelle.
Quatrième Noble Vérité : le chemin qui conduit à la cessation de la souffrance est l'Octuple Chemin ou Voie du Milieu, chemin de l'effort ascendant conduisant au *nirvana*.

■ *Expansion du bouddhisme.* Le bouddhisme s'éteignit peu à peu en Inde alors qu'il se répandait en Asie. Il gagna l'Iran, Ceylan, l'Asie du Sud-Est, l'Asie centrale, puis la Chine, la Corée et le Japon, ceci du IIIe siècle av. J.-C. au VIIe de notre ère.
En Asie du Sud-Est (Java, Bali), le bouddhisme s'étendit sous l'influence des « missionnaires et marchands de la mer ». En Indonésie, le bouddhisme fut peu à peu éliminé. Par contre, le bouddhisme cinghalais s'est implanté définitivement en Birmanie, en Thaïlande, au Laos puis au Cambodge où il est aujourd'hui religion nationale. En Chine, les grands pèlerins introduisirent un bouddhisme emprunté au Cachemire. Il fut peu à peu contaminé par le taoïsme, le confucianisme, donnant naissance à des « écoles » bouddhistes : « l'école de la Terre Pure », « l'école de la méditation » (*chan*) et « l'école des secrets ». Les persécutions de 843-845 ont provoqué la ruine des centres bouddhiques. Le bouddhisme a introduit en Chine la croyance en la renaissance animale des corps, à la rétribution des actes lors de la transmigration des âmes ou encore, plus prosaïquement, les pratiques commerciales et techniques financières (le prêt sur gage) hindoues et la médecine.

synthèses • 1

Du IVe au XIVe siècle, le bouddhisme prospéra en Corée mais fut par la suite persécuté laissant la place au confucianisme d'État imposé par les Chinois, ce qui poussa nombre de Coréens à se réfugier par sentiment national dans le chamanisme, la religion chrétienne et le sectarisme (aujourd'hui les avatars de sectes comme celle de Moon témoignent de la vigueur de cet héritage). Le bouddhisme n'est pas dominant et se partage en plusieurs sectes (voir le *wonbulgyo*). Passé de la Corée au Japon, le bouddhisme s'y installera définitivement mais on lui opposera constamment le *shintô*. Le bouddhisme et le *shintô* furent obligés de cohabiter. Le bouddhisme *zen* (*chan* en chinois), les sectes *Tendain*, *Jôdo* ou *Shingon*, sont très actives et très influentes au Japon.

■ *Symbolique bouddhique : les surnoms. Siddhârtha* : nom propre de Gautama (nom de la lignée), le *Bouddha* fondateur du bouddhisme. C'est un prénom qui signifie « celui qui accomplit, celui qui atteint son but ». *Shäkyamuni*, ou « l'ascète des *Sakyas* » ou « le sage d'entre les *Sakyas* » (la famille de Gautama appartient à un clan du nord de l'Inde, les *Sakyas*) est peu usité. *Buddha* ou l'Éveillé à la Vérité ou « celui qui éveille » à la vérité et à la Connaissance est, évidemment, le plus employé. *Tathâgata* ou « Celui qui est authentiquement venu » et *Bhagavad* ou « le Bienheureux » sont largement cités.

■ *Symbolique bouddhique : les représentations.* Le *Buddha* fut conçu au cours du rêve de sa mère qu'un éléphant blanc, sacré, toucha au flanc gauche. La lumière inonda le monde, les aveugles virent, les sourds entendirent, les boiteux et les estropiés coururent vers l'enfant qui fit alors sept pas vers chacun des points cardinaux et déclara : « Voici ma dernière naissance, désormais je ne renaîtrai plus. » Et dans ses minuscules empreintes jaillirent des lotus en fleur. Cinq jours après sa naissance miraculeuse, les devins prédirent que cet enfant deviendrait l'empereur universel. Pour éviter à son fils les affaires du monde, le père de *Gautama* l'isola dans son palais où il vécut à l'écart des soucis humains mais, un jour, se promenant en voiture (symbole du chariot) aux portes de la ville, il reçut les signes. C'est sous le banyan qu'il découvrit la Vérité et parvint à l'Éveil. Par le sermon de Bénarès, il mit en mouvement la Roue de la Loi qui symbolise son enseignement. Le disque (comme le siège vide) sur un siège au-dessous de l'arbre signifie que le Bouddha est parvenu à la sagesse parfaite.

■ *Véhicule,* Mahayana *(grand Véhicule) et* Hinayana *(petit Véhicule). « Par quel vaisseau arriver au nirvana ? » Yana* est le Véhicule, le vaisseau symbolique, qui permet au bouddhiste d'atteindre le *nirvana.*

Pour le grand Véhicule, *Maha*yana, l'idéal humain est le *boddhisattva* (futur bouddha) qui fait vœu de ne pas entrer au nirvana tant que l'espèce humaine ne sera pas entièrement sauvée avec lui.

Pour le petit Véhicule, *Hina*yana, l'idéal est de devenir saint (*Arhat*) en atteignant l'illumination pour soi seul.

Les Cambodgiens, les Siamois et les Birmans sont influencés par le petit Véhicule alors que les Vietnamiens, Chinois, Coréens, Japonais et Tibétains le sont par le grand.

Le lamaïsme est le bouddhisme tibétain qui croit en la réincarnation du Bouddha en la personne du Dalaï Lama ; la religion tibétaine puise son inspiration dans les *Tantras* (IVe siècle) d'où le nom de bouddhisme lamaïque et tantrique avec ses pratiques magiques et l'hommage aux exploits du *yoga.*

■ *Wonbulgyo.* Bouddhisme récent (1916) créé par un Coréen illuminé qui reçut l'idée que « tous les êtres de l'univers sont de même nature ». Cet Unique est symbolisé par un cercle parfait (le *won*) qui est, à la fois, le corps cosmique, l'esprit « éveillé » du Bouddha, le *tao* (la voie du taoïsme) et le *taichi* (grand élément fondamental) du confucianisme. Cette nouvelle religion syncrétise les trois pensées fondamentales hantant l'esprit des peuples sinisés.

■ *Zen.* Forme du bouddhisme chan introduit dans le monde japonais vers le IXe siècle et qui se répandit à partir du XIIe siècle dans l'archipel. Souvent confondu avec la méditation assise (posture du lotus), le zen enseigne « qu'il n'est aucune chose à enseigner, ni aucun sens à exposer ». Le bouddhisme zen entend seulement aider le fidèle à se débarrasser plus ou moins durablement d'obstacles aveuglants, ceux du corps ; l'Occident confond la méditation zen avec les pratiques du yoga comme la position du lotus et tous les exercices de maîtrise des muscles ou des désirs. La doctrine fut fortement simplifiée par les prêtres japonais et réduite à la simple évocation du nom de Bouddha et à quelques préceptes. Ces pratiques se renforcèrent et s'étoffèrent des pratiques et des croyances du shintô, si bien que jusqu'à l'ère Meiji, les deux religions sont confondues et s'enrichissent mutuellement. En difficulté, le bouddhisme, menacé de disparition, se régénère dans des sectes et des mouvements politiques qui prennent de l'importance actuellement. Certaines de ces sectes apocalyptiques défrayent la chronique.

2. Une religion ancienne : le chamanisme ou les contradictions d'une renaissance dans une Corée industrialisée et éduquée

Le chaman est un personnage religieux qui entre en transe et bondit lors de son entrée en contact avec les esprits. Cette relation avec les êtres surnaturels lui permet de remplir des fonctions sociales essentielles : soigner, protéger, obtenir la fécondité, la pluie, la chance. Chargé d'assurer le passage des âmes et leur réincarnation perpétuelle, le chaman ou la chamanesse dans les sociétés en crise sont des partenaires créatifs : ils rendent rationnel l'aléatoire, jouant aussi le rôle des voyantes de nos civilisations. Cette religion, sans dogme, sans clergé, sans liturgie est pourtant universelle. Elle est présente aussi bien au Pérou, en Océanie, en Asie, en Amazonie, en Birmanie actuelle, que dans la Grèce antique. Le mouvement américain hippy dans les années 1960 l'utilisa en le réduisant à des apparences techniques : le tambour, la danse, les hallucinogènes. Le chamanisme demeure un fond important des pratiques religieuses de l'Asie. Mais, c'est en Corée qu'il est resté le plus puissant et le plus significatif ainsi que dans les régions sibériennes et extrême-orientales russes. Son maintien et sa renaissance actuelle doivent beaucoup aux réactions contre les Chinois confucéens, les Russes orthodoxes ou communistes, la modernité industrielle. Lors de la conquête chinoise, le taoïsme fut digéré par le chamanisme coréen. Par contre, le confucianisme, implanté au XIVe siècle, fut dominateur car, élevé au rang de religion d'État, il fut imposé brutalement, ce qui conduisit les lettrés coréens à s'intéresser au christianisme (créant eux-mêmes une église catholique de Corée), alors que les milieux populaires se réfugiaient dans le chamanisme. Le mépris confucéen à l'égard des femmes conduisit d'ailleurs à une féminisation tout à fait logique du chamanisme coréen qui échappa au contrôle des Chinois.

cf. *chronol.* p. 82-83

3. Confucianisme et taoïsme complètent, absorbent et détruisent le bouddhisme dans le monde chinois

La Chine a été partagée tout au long de son histoire politique et religieuse par deux courants fondamentaux : le confucianisme et le taoïsme. Ils s'agrègent, au Japon, avec le bouddhisme zen, en complémentarité avec le shintô. Imposés en Corée, ils fondent des comportements tels que la solidarité familiale, la piété filiale, un certain respect de l'ordre, mais ils entrent en concurrence avec le chamanisme et les sectarismes, supports d'ethnicité antichinoise. C'est sans doute au Vietnam que le confucianisme s'est le mieux perpétué.

Ces deux courants de pensée se sont développés en parallèle, en concurrence et dans une opposition permanente. Comme le confucianisme, le taoïsme implique une morale et un comportement de vie, voire une attitude politique. Mais le taoïsme repose sur une mystique, si bien qu'à la différence du confucianisme il a pu devenir une véritable religion dans sa forme populaire : le *Yin* et le *Yan* sont le concept popularisé de la métaphysique tao.

Le *Tao Tö King* (« Le livre de la voie de la vertu ») reflète la pensée du maître Lao-Tseu, fondateur et divinisé. Le *Tch'oung-hu-tchenn* (« Le vrai classique du vide parfait »), et le *Nan-hoa-tchenn* (« Le traité du maître transcendant ») sont attribués à Lao-Tseu et Tchoang-tzeu. Le taoïsme est le pôle opposé du confucianisme. Le taoïsme ne s'étudie pas, il se vit. Le *tao* est le premier principe : c'est le Grand Tout, la matière première de l'Univers, indéterminée, diffuse à travers la Nature ; c'est encore la Mère universelle d'où tout procède et où tout retourne : « la succession du *yin* et du *yan*, c'est le *tao* ».

Le confucianisme, quant à lui, est une sagesse qui défend l'idée d'une société fondée sur la morale ; une morale sociale établissant un ensemble de règles pour bien se comporter dans la vie.

Tableau 2. Dates essentielles concernant les grandes religions asiatiques

– 605, 20 av. J.-C.	Dates traditionnelles de naissance et de mort de Lao-Tseu
– 558	Date approximative de la naissance du Bouddha
– 551, 479 av. J.-C.	Naissance et mort de Confucius
65	Date officielle de l'introduction du bouddhisme en Chine
843-845	Persécutions et interdiction du bouddhisme en Chine
XIe-XIIe siècle	Diffusion du zen, bouddhisme chan, au Japon
1916	Diffusion en Corée du *wonbulgyo*, bouddhisme récent

4. L'hindouisme : un vecteur de civilisation et d'échanges

L'hindouisme demeure un substrat important en Thaïlande, au Laos, au Cambodge, en Malaisie et en Indonésie qui n'ont pas été sinisés. C'est la religion des Balinais non islamisés.

En dehors, donc, de Bali, il a apparemment disparu de cette région du monde, subsistant à l'état de trace architecturale (combien de pagodes sont des temples hindouistes bouddhéisés ?), mais il marque souterrainement les esprits, en particulier en Asie du Sud-Est où islam, bouddhisme et christianisme ont syncrétisé de nombreux cérémonials et pratiques de l'hindouisme.

5. Le shintoïsme : une philosophie et une pratique populaire limitées au monde nippon

Au Japon, l'influence chinoise est évidente et le confucianisme sous-tend certains comportements sociaux. Mais, il existe une originalité propre aux Japonais : le shintoïsme. Pour le Japonais, le monde désirable, c'est l'ici-bas. Le culte des morts n'a rien à voir avec l'idée chinoise du respect des défunts, il s'agit d'écarter les esprits et de les rendre favorables à la réussite immédiate des vivants. Le Japonais est insensible à l'abstrait, à l'universel, à l'absolu. Son monde n'est pas le monde bouddhique méprisant l'ici, c'est un monde concret de la réussite matérielle immédiate qui n'a qu'incompréhension à l'égard du salut dans l'au-delà. Le *shintô* n'est pas, *a priori*, une religion. Pour certains auteurs, il est même areligieux. C'est un mode de pensée qui refuse un sens au monde, qui pense que le monde n'a pas de signification, ni de perspective et ne se préoccupe pas de l'au-delà. Cette pensée s'oppose fermement aux pensées religieuses qui font de la mort une délivrance. Le shintoïste éprouve une terreur sacrée face à la mort qui est le plus détestable et le plus douloureux des événements. La naissance est fêtée dans le sanctuaire shintô mais la mort relève des temples bouddhiques.

Le *shintô mythologique* est une création officielle. Ce shintô légitimise l'autorité impériale, voire celle des gouvernements apparus au IVe siècle. Le *shintô nationaliste* se constitue au XIXe siècle et sert de référence au militarisme japonais. Le *shintoïsme populaire*, fortement teinté de chamanisme (culte des montagnes, peur des esprits), mais aussi culte de la simplicité, de la brièveté et de l'ellipse (penser à l'esthétique nipponne) renoue avec les croyances archaïques du Japon qui survivent dans les fêtes populaires et paysannes (rites de fertilité, sanctuaires habités par des millions de *kami*, offrandes, incantations).

Les sectes nipponnes promettent la réussite matérielle, ici et immédiatement. Aussi ont-elles beaucoup de succès, car le Japonais vit dans un univers quotidien, pratique et immédiat. Mais, elle sont souvent apocalyptiques (attentat de la secte Aoum au gaz sarin dans le métro de Tokyo en 1995).

6. L'islam malais : le plus grand islam du monde

C'est une branche de l'islam qui est encore conquérante. La diffusion de la religion s'est effectuée entre le XVe et le XVIe siècle, mais fut interrompue par l'arrivée des catholiques espagnols aux Philippines. La Malaisie, les grandes îles indonésiennes, le Brunei, les îles au sud des Philippines sont très fortement imprégnées par l'islam. L'islam malais est souvent considéré comme remarquable par les autres musulmans du monde : la connaissance du Coran par les Indonésiens (qui ne connaissent pas l'arabe), l'observation du Ramadan et du pèlerinage à la Mecque font l'admiration des autres musulmans. La religion simple est répandue dans tous les milieux mais n'a pas donné naissance à un art ou une architecture particulière ; le malais s'est substitué à la langue hindoue. Le droit local l'emporte sur le droit coranique. À Java, les pratiques sont même restées fortement imprégnées de cérémoniaux hindouistes.

cf. *chronol.* p. 86

Les musulmans, cette fois minoritaires, sont également présents au Cambodge, en communautés agricoles dynamiques installées sur les rives du Tong Lé Sap ; d'autres sont implantés en Thaïlande. En Chine, l'islam est fortement présent et il est la religion dominante des peuples de l'Ouest chinois. En relation avec les peuples de l'Asie centrale récemment libérés du joug soviéto-russe, cet islam du goulag, des camps et des oasis tente de se libérer.

Tableau 3. Superficie, PIB, démographie, IDH par pays riverains de l'Asie de l'Est

Pays	Superficie (km^2)	Habitants (millions)	PIB par tête (en dollars par hab.)	Espérance de vie (années)	Natalité (°/°°)	Mortalité (°/°°)	IDH (1990)	Rang mondial	IDH (1994)	Rang mondial
Brunei	5 565	0,33	14 500	74	24,0	3,5	0,868	41	0,882	38
Cambodge	181 035	10,92	350	51	37	15	0,337	153	0,348	153
Chine	9 587 000	1 217,62	470	71	18,3	7,2	0,594	111	0,626	108
Corée du Nord	120 538	23,93	300	71	24,0	5,5	0,733	83	0,765	75
Corée du Sud	99 484	45,3	8 468	67	16,3	6,2	0,882	31	0,890	32
Hong Kong	1 049	6,40	18 363	82	11,0	6,0	0,905	24	0,914	22
Indonésie	1 913 000	202,4	780	63	25,0	8,4	0,637	104	0,668	99
Malaysia	329 750	20,6	9 015	71	36,0	5,1	0,822	59	0,832	60
Philippines	299 000	72,0	890	65	29,0	6,3	0,677	100	0,672	98
Singapour	642	3,2	23 500	75	15,5	5,7	0,878	35	0,900	26
Taiwan	35 981	22,4	12 550	73	15,5	5,3	nc	nc	nd	nd
Thaïlande	514 000	60,7	6 000	69	9,3	6,1	0,827	58	0,833	59
Vietnam	332 000	76,3	350	67	1,0	8,0	0,539	120	0,557	121

4. Les rivages asiatiques : des populations diverses

1. La Corée, un monde ethniquement homogène depuis le VIIe siècle : *san'sin*, l'Esprit de la montagne

cf. *synthèse* p. 124
cf. *chronol.* p. 82

Le mythe fait remonter la création du monde coréen en 2333 av. J.-C. : c'est alors que Tangun, petit-fils du Roi du ciel et d'une Ourse terrestre, fondateur du royaume de Choson, ayant atteint l'âge de 1908 ans, après avoir régné 1 500 ans, abdiqua pour se retirer et se transformer en « Esprit de la montagne » sur le mont T'ebek où son père le conçut. Les Coréens partagent le sentiment que, à l'image des grands-pères coréens bienveillants, les esprits de la montagne possèdent un pouvoir terrifiant (ils maîtrisent la montagne horrible), mais mis à la disposition de la sagesse et du savoir. Axe de passage, la Corée a syncrétisé, sur un fond animiste, les influences bouddhique, taoïste, confucéenne et chrétienne. Malgré cela, sur le plan ethnique, la population est homogène : il s'agit d'un peuple altaïque venu s'installer 3500 av. J.-C. dans cette région.

2. Chine. La domination des Hans s'exerce par le biais d'une répression aussi intransigeante que féroce

2.1. La prédominance des Hans

cf. *plan* p. 176

Installés depuis « l'origine des temps », affirment les Chinois, dans le Honan, le Shandong et le Houpei (Nord), les Hans, dès le XIIe siècle av. J.-C., commencèrent à coloniser la vallée du fleuve Jaune et se déplacèrent aussi bien vers le sud et le nord assimilant les peuples divers qu'ils subjuguaient. Les Hans du Nord, ou « Hans cuits », usent d'une langue différente de celle utilisée par les « Hans crus », les Chinois du Sud, les Cantonais et les Hakka.

2.2. Les minorités sur la majorité du territoire

Par ailleurs, utilisant 800 langues, les minorités ne représentent que 8 % de la population… Répartis sur 60 % du territoire de la République populaire chinoise.

cf. *synthèse* p. 130
cf. *chronol.* p. 81

Tibétains, bouddhistes, Huis, Ouighours et Kazakhs musulmans, Mongols lamaïstes, Mandchous sinisés, Kawa, Jingbos, Zhuangs, Wa Olunchuns, Hoche, etc., ne représentent que 5 % à 6 % de la population de la Chine, mais vivent sur 60 % du territoire chinois. Les révoltes de l'hiver 1997 chez les musulmans, succédant aux troubles du Tibet, sont réprimées dans le sang. Géopolitiquement (contact avec l'Inde et l'Asie centrale), économiquement (hydrocarbures), militairement (essais nucléaires et bases de lancement), ces régions sont considérés comme vitales par les hiérarques de Pékin.

cf. *synthèse* p. 122
cf. *chronol.* p. 88

3. Taiwan. Les Chinois continentaux accordent, après un demi-siècle, une place aux Chinois de l'Île

Les premiers Taiwanais sont des aborigènes prémalais et de langue polynésienne. Les Portugais, les Néerlandais et les Chinois les repoussent vers l'intérieur et, durant l'occupation japonaise, ils sont massacrés (pour réprimer leurs révoltes), puis choyés à partir de 1930. Le seul groupe à jamais avoir chassé les têtes, les Yamis, est surtout constitué de pêcheurs. Arrivés au XVIIIe siècle, requis par la Compagnie des Indes néerlandaises, les Chinois sont venus coloniser cette *Isla Formosa*.

Tableau 4. L'origine des Taiwanais (%)

Aborigènes	03
Hokkien	75
Hakka	12
Continentaux	10

Lorsque l'île devint chinoise, les gens du Fujian vinrent en masse s'installer à Formose, si bien que le chinois de l'île est le dialecte des *Hokkiens* de la région d'Amoy sur le continent. En 1949, un million et demi de nationalistes se réfugièrent dans l'île pour échapper aux communistes avec le soutien des Américains.

4. Hong Kong. Après la liberté, le retour dans le giron « de la mère patrie »...

cf. *synthèse* p. 120 cf. *chronol.* p. 85

« La fosse à reptiles et à pirates » (Palmerston, 1842) compte près de six millions de Chinois (98 % de la population) répartis en trois familles : les *Hakkas*, les *Hokkos* et les *Tankas*, et les grands marchands de Shanghai fuyant le communisme en 1949. Les Britanniques constituaient jusqu'en 1997 le second groupe de population. Redevenue chinoise en 1997, la colonie doit aujourd'hui subir la normalisation bureaucratique.

5. Vietnam. Gens du Nord contre gens du Sud : bureaucrates contre commerçants

cf. *synthèse* p. 140 cf. *chronol.* p. 89-90

Les Vietnamiens (85 %) dominent les Chinois (2 % depuis qu'ils ont dû fuir le pays lors de l'invasion chinoise en 1979) et de nombreuses minorités montagnardes (Khmer, Cham, Thaï, Hmong).

6. Philippines. Catholiques et propriétaires terriens : l'influence hispanique

80 % des Philippins sont catholiques romains, 4 % protestants, 5 % islamisés. Les Philippins, des Malais pour la plus grande part, sont pour une partie christianisés depuis l'occupation espagnole (1565-1898) qui a repoussé l'islam (ici aussi) vers le sud. Ils ont laissé aux Philippins un lourd héritage : clientélisme, prestige social reposant sur la terre et la propriété latifundiaire. Obligés d'apprendre l'anglais lors de la venue des Américains (1898-1946), les Philippins ont été fortement occidentalisés. Dans les 7500 îles, la diversité ethnique est la règle : plus de 100 groupes ethniques sont dénombrés. Les groupes protomalais de Luçon, refoulés vers l'intérieur par les Malais, ont été évangélisés et sont devenus des riziculteurs ; par contre, ceux de Mindanao pratiquent encore la cueillette et le brûlis. Les Malais dominent, mais seulement 30 % d'entre eux parlent la langue officielle du pays (le tagalog), celle des malais de Manille et du sud de Luçon. Au sud de l'archipel, les Malais islamisés résistent à l'influence des catholiques.

cf. *synthèse* p. 132 cf. *chronol.* p. 86

Luçon (32 millions d'habitants sur 108 700 km^2) réunit 50 % de la population, les Visayas (archipel de 60 000 km^2 densément peuplé et source de migrations abondantes) environ 23 %, et Mindanao (96 000 km^2) 22 % ; les 5 % restants se répartissent dans des milliers d'îles.

7. Cambodge. Le trouble infini du peuple d'Angkor martyrisé par les siens

cf. *synthèse* p. 134 cf. *chronol.* p. 90

Les Khmers sont un peuple ancien qui constitua un empire agricole hydraulique et commercial remarquable (Angkor). Écrasé par les pressions vietnamiennes et thaïs, le peuple khmer se remet difficilement du génocide perpétré par les « Khmers rouges », les hommes des plateaux, qui ont éliminé plus de 2 millions de leurs compatriotes urbains et éduqués, en 1979. Des minorités vietnamiennes, chinoises, hindoues, musulmanes, méprisées, enviées et parfois martyrisées elles aussi, sont implantées dans les villes, alors qu'une multitude de peuples isolés dans les montagnes, négligeant les frontières, alimentent les guérillas avec l'argent des diamants et de l'opium.

8. La Thaïlande des plaines et des plateaux : Thaïlande du dollar et du pavot (triangle de Chiang Miaï)

8.1. Une population d'une grande diversité ethnique

Les habitants sont venus de tous les horizons pour réduire à une poignée les Ngok (les « cheveux crépus »), peuple négritos, chasseurs anciens des forêts d'Asie du Sud-Est.

8.2. Le peuple dominant la Thaïlande Centrale

Les Thaïs constituent environ 80 % de la population. Peuple d'origine sino-tibétaine, ils sont arrivés du Yunnan à la fin du premier millénaire. Maîtres dans l'art d'irriguer, ils ont assimilé les peuples locaux. Le Thaïs Noï (« petits ») sont les Siamois de la plaine centrale (le « bol de riz de la Thaïlande ») ; les Thaï Yai (« grands ») regroupent les Lus, les Shans (venus de Birmanie), les Yuans, les Thaï-Lao (liés aux Laotiens), les Thaï Korat (descendants de Khmers ?).

8.3. Les peuples minoritaires du Centre

Des Mons vivant le long de la rivière Kwaï, des Khmers vivant à l'Est, il ne reste que des lambeaux de civilisation enseignés dans quelques monastères. Les Kuis (anciens esclaves), les Mokens (les « gitans de la mer »), les Yumbris (« esprits de la forêt ») ont été pourchassés et sont devenus fantomatiques.

8.4. La péninsule de Malacca : des Malais, en pays étranger

Dans la partie thaïlandaise de la péninsule de Malacca vivent des Malais : dans cette région, où ils sont deux millions, ils vivent avec leur langue et leurs pratiques, comme étrangers aux Thaïs et à la Thaïlande.

8.5. Les montagnes du Nord : pavot et rébellions

Au nord, les peuples des montagnes se partagent les versants du Triangle d'Or et de la région de Chiang Miai : les Lissous, les Méos (les Hmong perpétuellement en révolte contre les Thaïs, les Chinois et les Américains) et les Yaos s'étagent sur les versants et y cultivent les pavots ; plus bas, vivent Les Lahous, les Akhas et les Karens qui, de par leur position, ne peuvent pratiquement pas cultiver le pavot, mais qui, même mal armés, ont mené des guérillas redoutables.

8.6. Les Chinois

cf. *synthèse* p. 138
cf. *chronol.* p. 89

Au moins 6 millions de Chinois sont implantés en Thaïlande. Arrivés dès le XVIIIe siècle, recrutés comme collecteurs d'impôts, venus au XIXe siècle comme ouvriers pour construire les voies de chemin de fer et peiner dans les mines d'étain, ils ont été écartés de l'administration, de l'agriculture, de l'armée et de la vie politique. Cantonnés dans des rôles de commerçants, de banquiers et de financiers, ils y excellèrent et, réinvestissant leurs gains, développèrent l'industrie thaïlandaise. Jalousés, ils ont été contraints de s'intégrer et d'adopter des noms de famille thaïs. Aujourd'hui, il n'est plus mal venu d'avoir un ancêtre chinois : la moitié de la population de Bangkok est chinoise ou liée aux Chinois par la famille. La vie politique leur est maintenant ouverte et leur réseau bancaire a constitué la clé de la réussite agricole du pays ; le groupe multinational agro-alimentaire Charoen Pokphand est sino-thaï.

9. La Malaysia : l'irrésistible poussée malaise antichinoise

La masse rurale de la péninsule est constituée par des Malais de castes rurales : riziculteurs, pêcheurs, planteurs. Poussés par l'exode rural, ils s'urbanisent rapidement et se sont emparés du pouvoir politique, de l'administration publique et tentent de concurrencer le pouvoir économique des populations allogènes.

Tableau 5. Malais, Chinois et Indiens en Malaysia

Malaysia	Malais ou Bumiputras		61,4	
	Chinois		30,2	
	Indiens		8,4	
	Malais	Chinois	Indiens	Autres ethnies
Malaisie	57	32	10	1
Sarawak	72	27	0,5	
Sabah	87	12	0	1

En % de la population totale.

Au Sarawak et au Sabah, les Malais s'efforcent de sédentariser les peuples protomalais, et de cohabiter avec les Dayaks, les Ibans ou le curieux peuple des « nomades de la mer », les Bajau, devenus les cow-boys d'un ranching extensif.

cf. *synthèse* p. 126
cf. *chronol.* p. 86

Les Chinois, près du tiers de la population, comptent pour presque 55 % de la population urbaine (75 % à Melaka, 72 % à Georgetown et à Ipoh, 55 % à Kuala Lumpur). Leur démographie basse, les tracasseries et vexations dont ils sont l'objet les conduisent à se fondre dans la population, mais leur influence reste décisive : boutiquiers, financiers, industriels, artisans, maîtres du transport routier, ils financent les activités paysannes lucratives (manioc pour les PSC* européens, hévéas, poivrières, maraîchages, fruits). Les Hindous, eux, sont venus construire les chemins de fer et exploiter les plantations d'hévéas au début de ce siècle.

10. Indonésie. Les Malais, les Chinois, les chrétiens, les Négritos, les Papous : mille causes de violences raciales dans l'archipel aux milliers d'îles

Les Malais javanais constituent la population largement majoritaire de l'Indonésie ; ce sont des navigateurs, des pêcheurs, des commerçants, mais aussi des agriculteurs. Les protomalais (installés avant les Malais), Bataks, Gayos (Sumatra), Dayaks (Bornéo), Torajas, Alfourés (Célèbes, Sulu, Moluques) sont méprisés, refoulés dans les montagnes (ni indianisés, ni islamisés) et se révoltent actuellement face à la poussée des migrations organisées par le pouvoir.

■ *Java* : l'île maîtresse avec les capitales, les grandes villes, la riziculture intensive, la canne à sucre, le tabac, mais aussi le surpeuplement rural et donc l'exode rural vers d'autres îles. L'urbanisation et l'industrialisation s'accélèrent (Djakarta, Semarang, Bandung, Surabaya comptent plus de deux millions d'habitants).

■ *Sumatra* : l'île pionnière du pétrole, du bois, des minerais et des plantations.

■ *Bali* : les Balinais possèdent une grande originalité dans ce monde : au XVIe siècle, la poussée de l'islam provoqua le reflux à Bali des hindouistes, si bien qu'aujourd'hui le brahmanisme balinais et le poids des castes tranchent dans ce monde islamique.

■ *Kalimantan* : peuplée par les Dayaks, population protomalaise installée dans les hautes terres intérieures que l'on veut islamiser de force aujourd'hui et gagner à l'agriculture moderne. Mise en valeur du pétrole et du bois.

■ *Les Moluques* : plus deux millions d'habitants y exploitent les fameuses épices.
■ *Sulawesi* : les plantations de cocotiers, le tourisme (Rantepao) et les marins héritiers des pirates Bugis et Makassars.
■ *Irian Jaya* : à l'origine des populations mélanésiennes, papoues. Les Malais sont encouragés par la politique gouvernementale à « transmigrer » vers cette île où les populations papoues vivent en petits villages mais n'acceptent pas la tutelle indonésienne imposée depuis 1963.

cf. *synthèse* p. 128
cf. *chronol.* p. 84

Tableau 6. Population et densité des principales îles de l'Indonésie (1995)

	Superficie (km²)	Habitants (en millions)	% de la population totale	Densité (hab./km²)
Java	132 000	117,800	58,3	892,4
Sumatra	473 000	42,600	21,1	90,0
Bali	5 560	4,300	2,1	773,3
Sulawesi	189 200	13,900	6,8	73,4
Kalimantan	539 000	9,800	4,8	18,1
Moluques	74 500	2,500	1,2	33,5
Irian Jaya	422 000	1,700	0,8	4,0
Lombok, Îles de la Sonde	68 000	8,700	4,3	127,9
Timor	14 874	0,725	0,3	48,7

11. Brunei : une population malaise islamisée qui se consacre à l'exploitation des hydrocarbures

cf. *synthèse* p. 137

67 % de la population sont malais face à 16 % de Chinois. 70 % de cette population sont islamisés (l'islam est la religion officielle) et dominent les bouddhistes, les chrétiens et les animistes ; la moitié seulement de la population utilise la langue malaise, alors qu'une minorité (4 %) utilise l'iban, une langue protomalaise. Les Chinois cultivent la plaine humide. Les Malais exploitent le pétrole et la forêt tropicale montagnarde.

12. Les « Singapouriens » : des Chinois dominants, des Malais, des Indiens, des Tamouls, des Arabes

cf. *synthèses* p. 116-119
cf. *plan* p. 176

La population chinoise constitue l'élite dirigeante qui s'est séparée de la Malaisie antichinoise en 1965. Les lois eugéniques avaient défavorisé les Malais et les Arabes. Aujourd'hui encore, la législation nouvelle, plus nataliste (car la maîtrise démographique est tel un succès que la main-d'œuvre manque à Singapour !) encourage les femmes éduquées (donc chinoises) à procréer. L'appel à la main-d'œuvre immigrée est devenu nécessaire.

Plan

Le riz, la rizière, l'industrialisation en Asie

Introduction

Deux proverbes, l'un khmer et le second vietnamien, disent bien l'importance du riz en Asie : « On fait le riz avec de l'eau et la guerre avec du riz ». « Le Vietnamien plante le riz, le Khmer le regarde pousser, le Laotien l'écoute pousser ! ». Dans le premier cas, l'expansionnisme semble procéder du riz ; dans le second, les qualités d'un peuple se mesurent à l'aune... de son travail rizicole supposé !

1. Les riziricultures

Les différents types de riziculture témoignent de niveaux de domination du milieu bien inégaux.

1.1. Les riziricultures sèches

Les riziricultures sèches, aléatoires, indiquent une faible maîtrise du milieu : l'homme lie le sort de sa culture aux aléas des précipitations.

■ La *riziculture pluviale de montagne* : sur défrichement et brûlis ; agriculture semi-itinérante traditionnelle des montagnes et des plateaux intérieurs isolés (Cambodge, Thaïlande, Vietnam, Chine, Malaisie) ; rendements faibles ; permet de subsister difficilement, difficultés de soudure ; zones de troubles et d'insécurité.

■ La *riziculture pluviale sédentaire* : une activité de sédentaires, aux rizières stables, travaillées régulièrement, connaissant des rotations et pouvant être inondées en saison des crues (Philippines, Taiwan, Malaisie).

■ La *riziculture submergée par submersion pluviale* : le repiquage occupe une place essentielle.

■ La *riziculture submergée par submersion de crue* : culture aléatoire, dépendante de la dynamique des crues ; semis à la volée.

1.2. Les riziricultures aquatiques

Les riziricultures aquatiques, subtiles, indiquent une maîtrise du milieu. L'homme corrige les aléas des précipitations en apportant de l'eau pendant la saison sèche.

■ La *riziculture irriguée de saison sèche* : le riz est repiqué avec le retrait des eaux de crue ; l'irrigation apporte le complément dès que l'eau de crue stockée dans la parcelle est consommée.

■ La *riziculture irriguée créatrice* : l'irrigation aménagée permet d'apporter un complément d'eau pendant toute la saison sèche et donc de cultiver pendant toute l'année et de faire deux récoltes (riziculture en terrasse de Java, Luçon aux Philippines, Vietnam, Chine).

1.3. Les riziricultures prométhéennes : l'homme s'affranchit du milieu

■ La *riziculture aquatique volontariste* : sans l'irrigation et la maîtrise des eaux, la riziculture serait totalement impossible (Vietnam du Nord, Malaisie).

2. Les exigences de la rizière

La rizière a des exigences : stabilité politique, durée et travail méticuleux.

2.1. Les fortes densités : causes et conséquences de la riziculture

Un milliard et demi d'humains vivent de la rizière, dans des campagnes aux densités rurales les plus fortes du monde ; la nourriture végétale exclut l'élevage (mal nécessaire) et exige un travail sans repos pour entretenir le système hydraulique : le riz nourrit, mais exige un tribut de travail colossal.

2.2. Un travail d'une intensité considérable

La boucle du riz, les exigences de la riziculture ont été souvent mises en avant comme activité industrialisante : la régularité, l'intensité, la méticulosité du travail de la rizière auraient préparé les riziculteurs au travail en usine.

2.3. L'industrialisation favorisée par l'esprit de la rizière ?

Les fortes densités, le bon état sanitaire, mais aussi la fragilité du système, seraient des atouts supplémentaires ; une main-d'œuvre abondante et en bonne santé fut encouragée par la précarité à compléter ses revenus à l'usine.

3. La rizière, facteur de salubrité

3.1. La salubrité au plan sanitaire

Dans un milieu de mousson qui apporte des conditions nécessaires, mais non suffisantes, la rizière aménagée grâce au contrôle de l'écoulement de l'eau permet d'éliminer les maladies parasitaires (le paludisme n'existe pas dans les régions rizicoles) et d'obtenir des moissons de riz abondantes sous condition d'un travail jardinatoire intensif.

3.2. La stabilité politique

Les très fortes densités peuvent et doivent se maintenir dans les zones rizicoles si la stabilité politique le permet ; pour survivre, les communautés doivent s'imposer de nombreuses contraintes.

3.3. Une certaine adaptation

Lorsqu'il existe des sollicitations extérieures (par exemple, demande de riz venant des marchés urbains, offre urbaine de marchandises, de petit matériel et de machines, d'engrais, de phytosanitaires, de variétés à hauts rendements) ou des investissements locaux (flux de capitaux étrangers, ou nationaux), les riziculteurs sont capables de répondre à ces sollicitations. À condition que le régime foncier ait fait d'eux des propriétaires qui profiteront du changement.

Conclusion

Habitués au travail et aux contraintes, les jeunes vont travailler dans les usines, alors que les adultes, usant des revenus complémentaires apportés par le salaire industriel, savent innover, maintenir la production à un haut niveau, voire dégager des excédents commercialisables.

cf. *synthèse* p. 69

Clés et repères

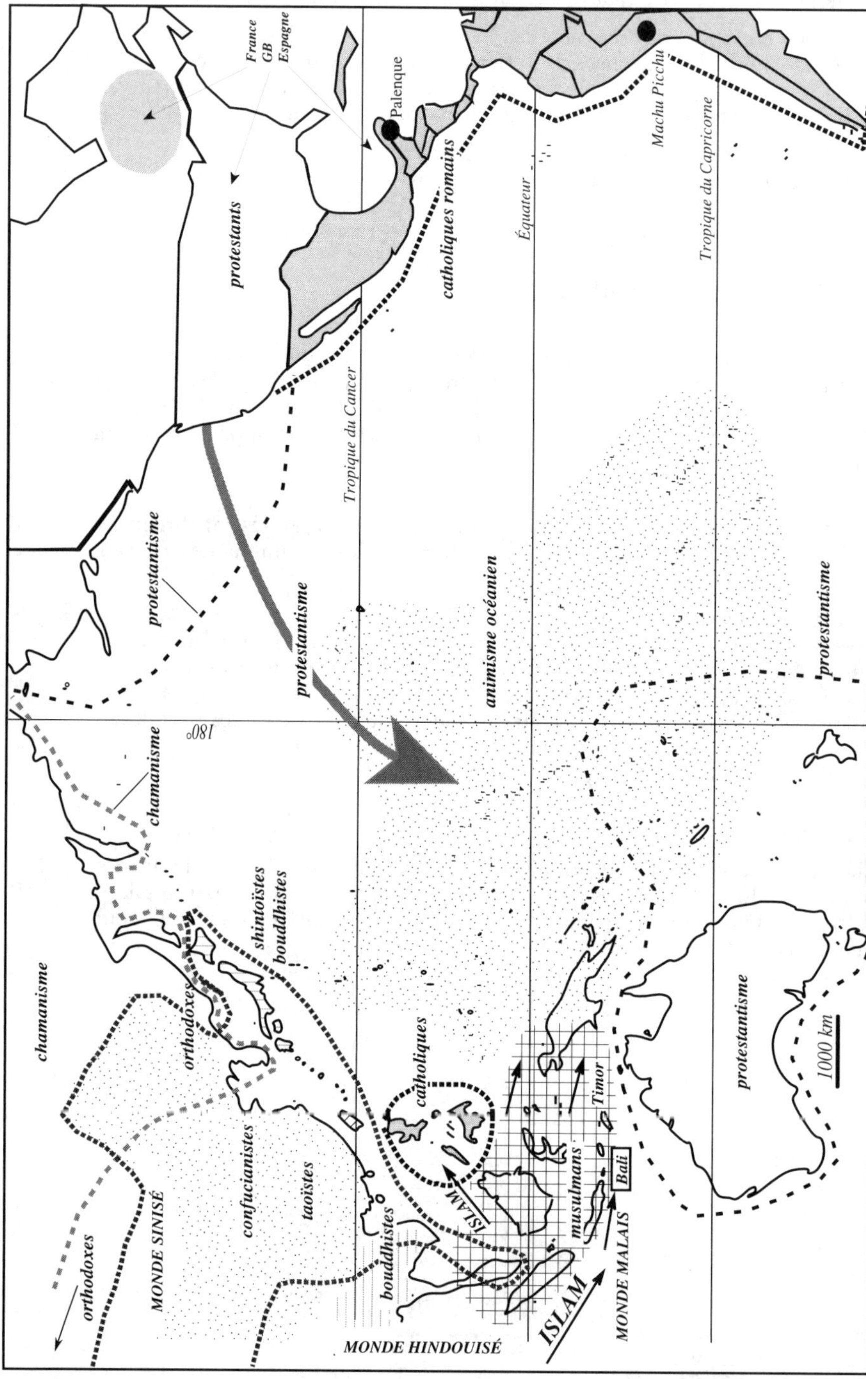

Les grandes aires culturelles du Bassin Pacifique.

Mots clés

Accords ACP : accords entre la CEE et les pays d'Afrique-Caraïbe-Pacifique qui bénéficient de l'allégement ou de la suppression des tarifs douaniers pour l'entrée de leurs produits industriels dans la CEE.

Appellations de l'Asie

Appellations historiques

Asie de l'Est, *East Asia* (XIXe siècle) : l'*East Asia*, au XIXe siècle, pour les États-Unis, se réduit à la Chine, au Japon et à la Corée, seule région où ils ont des capacités d'action importantes.

Asie pacifique (années 1960) : l'appellation « Asie pacifique » prend forme, avec le plan Miki (alors ministre des Affaires étrangères du Japon) de 1960 à 1965 ; elle a pour but de faire oublier la « sphère de co-prospérité » de sinistre mémoire, en faisant disparaître l'opposition entre Asie jaune et Pacifique blanc. Elle sert à justifier l'accord commercial sino-nippon, Liao-Takasaki, en 1962, et rend supportable la normalisation.

Bassin pacifique (années 1970) : le Bassin pacifique relève, lui, après Nixon, le désengagement du Vietnam et les accords de Paris, d'une doctrine américaine qui se substitue à l'endiguement. Selon cette nouvelle doctrine, les pays riverains du Pacifique ont une communauté d'intérêts excluant l'URSS et les pays communistes.

Extrême-Orient (XVIIIe-XIXe siècle) : la notion d'« Extrême-Orient » est proprement coloniale. Utilisée par les Français depuis le XIXe siècle, mais aussi par les Portugais, les Espagnols et les Hollandais, elle fait référence à la position géographique lointaine et tout à fait à l'Est sur les cartes européocentristes (l'Europe est, évidemment, au centre du mappemonde !). Les Britanniques avec *Far East* usent des mêmes approches.

Appellations actuelles

ASEAN : Vietnam (1995), Philippines, Indonésie, Laos (1997), Cambodge (observateur), Thaïlande, Malaysia, Singapour.

Asie de l'Est : Russie, Corée du Nord, Corée du Sud, Japon, Chine, Taiwan, Vietnam, Philippines, Indonésie, Laos, Cambodge, Thaïlande, Malaysia, Singapour.

Asie du Nord-Est : Russie, Corée du Nord, Corée du Sud, Japon, Chine, Taiwan.

Asie du Sud : Birmanie, Bangladesh, Inde, Sri Lanka, Pakistan, Afghanistan, Iran.

Asie du Sud-Est : Vietnam, Philippines, Indonésie, Laos, Cambodge, Thaïlande, Malaysia, Singapour.

Bassin asianaméricain (1990) : bassin du Pacifique considéré comme un ensemble économique occidental (capitaliste, ouvert, loyal, favorisant la politique de promotion des exportations), ayant des intérêts communs, et dont les Américains assurent le leadership. Cela s'oppose à la réasiatisation prônée par la Malaysia et Singapour (et les conservateurs japonais), consistant, au nom des « valeurs asiatiques », à écarter les États-Unis de la zone, ou à l'océanisation prônée par les Australiens (exclusion des Européens de la zone).

Bouddhisme : philosophie devenue religion fondée par Siddartha Gautama le « Buddha ». (Ceylan, Népal, Tibet, Birmanie, Thaïlande, Bali, Cambodge, Vietnam, Chine, Corée, Japon).

Chamanisme : religion des chamans (chasseurs et éleveurs). Corée, Sibérie, Hokkaido, Insulinde.

Chan : bouddhisme chinois.

***Cheabols* (*jibulls*)** : grandes entreprises et conglomérats coréens (Corée du Sud) souvent étatiques.

CNUCED (Conférence des Nations unies sur le commerce et le développement) : réunit de droit les PED, les PEP et les PIDEM (1964).

Compradore : commerçant indigène ; par extension, indigène lié au colonisateur, puis, après les Indépendances, personne d'un ancien pays colonisé liée aux anciennes puissances colonisatrices.

Confucianisme : philosophie chinoise ; a imprimé sa marque sur les pays sinisés (Vietnam, Chine, Corée, Japon).

Division internationale du travail (DIT) : répartition des activités industrielles et tertiaires entre diverses régions du monde selon des critères de rentabilité économique.

Économie intensive et économie extensive : l'introduction du capital, la recherche de la rationalisation, les efforts constants de productivité (du capital, du travail, des intrants énergétiques ou matières premières) permettent de passer d'une économie extensive peu productive à une économie intensive fortement productrice.

Emporium (emporia au pluriel) : grand ensemble portuaire dans l'empire romain ; port à la tête d'un empire économique.

Extrême-Orient : voir *Appellations de l'Asie.*

Hindouisme : religion de l'Inde.

Industries manufacturières : industries au sens strict (excluant : énergie, IAA et bâtiment, travaux publics).

ISI (industrialisation par substitution d'importations) : voir *Politique de substitution des importations.*

IPE (industrialisation par promotion des exportations) : voir *Politique de promotion des exportations.*

Modèle économique : au sens journalistique, synonyme d'exemple à suivre ; au sens des économistes, décrit un système organisé selon des modalités particulières et produisant des effets économiques divers (positifs ou négatifs) ; le « modèle de développement algérien » ou bien le « modèle de développement maoïste » sont des échecs.

Non-alignés : pays du tiers monde qui, en 1955, à Bandung, ont refusé de choisir entre le communisme et le capitalisme. Le non-alignement a souvent été anticapitaliste et antiaméricain.

NPI (nouveau pays industrialisé) : on estime qu'un pays a atteint le stade de NPI lorsqu'une part importante de sa population travaille dans le secteur manufacturier, que ses exportations croissantes comportent une part, elle aussi croissante, de produits manufacturés, que son agriculture consomme des intrants industriels, que le passage d'une économie extensive* à une économie intensive* se réalise et que le taux général de croissance du PIB s'élève rapidement.

Pactomania : on a accusé les États-Unis de multiplier les pactes militaires pour encercler l'URSS, même si les pays concernés étaient des dictatures.

PE (promotion d'exportations) : voir *Politique de promotion des exportations.*

PE (protectionnisme éducateur) : voir *PIE.*

PIE (protection des industries en enfance) : formule employée par l'économiste allemand List, au XIXe siècle, pour parler des industries naissantes dans un pays qui doivent être protégées de la concurrence étrangère pour pouvoir se développer ; passée cette période initiale, il faut cesser de les protéger pour qu'elles s'affrontent à la compétition internationale. (Protectionnisme éducateur).

PPE (politique de promotion des exportations) : politique qui fonde le développement sur les devises provenant des exportations hors du pays ; les PPE encouragent les industriels qui consacrent leurs investissements à ces activités d'exportations ; les PPE font appel à l'investissement international et encouragent une monnaie faible favorable aux exportations. (IPE PE).

Proconsulat : Mac Arthur a parfois eu des comportements autoritaires et irrationnels qui l'on fait comparer à un proconsul romain.

PSC (produit de substitution des céréales) : produit tropical à bas prix permettant de remplacer le blé dans la nourriture des animaux ; produit dont l'importation était autorisée en Europe puisqu'il n'était pas cultivable sur le territoire de la Communauté ; cela permettait de tourner la règle de la préférence communautaire qui imposait d'acheter du blé européen (largement au-dessus du cours mondial) pour nourrir le bétail.

PSI (politique de substitution des importations) : politique qui fonde le développement sur les limitations des importations ; les PSI encouragent les industriels qui consacrent leurs investissements à des activités permettant d'éviter des importations ; ces PSI s'accompagnent d'une fermeture du pays, de taxes élevées (surtout pour interdire les importations de biens de consommation) et d'une politique de monnaie forte (pour importer des biens d'équipements qui permettront de créer les industries nationales de substitution). (ISI, SI).

Réasiatisation : doctrine prônant le repli des pays asiatiques sur l'Asie et le rejet des influences occidentales jugées pernicieuses ; réécriture de l'histoire de l'économie en Asie depuis cinquante années qui consiste à nier l'importance de l'apport américain à la croissance.

SGP (système généralisé de préférences) : accord, dans le cadre des CNUCED, qui autorise les pays développés à octroyer des préférences aux pays en développement en dérogation à la clause de la nation la plus favorisée.

Sphère de co-prospérité : appellation de l'empire colonial japonais en Asie.

cf. *mots-clés* p. 212

Socialisme de marché : phase économique actuelle de la Chine post maoïste. Depuis 1981, les dirigeants communistes tolèrent et organisent l'introduction du capitalisme en Chine, tout en entretenant la fiction du maintien d'une société socialiste.

Système vénitien : économie extravertie fondée sur le commerce maritime à longue distance et de fortes pratiques de réinvestissement.

Tantrisme : bouddhisme lamaïque du Tibet.

Taoïsme : philosophie devenue religion en Chine ; la voie du Tao repose sur la doctrine de Lao-Tseu.

Tycoons : entrepreneurs et aventuriers chinois.

Zen : bouddhisme chan implanté au Japon.

Chapitre 2

La peur, le hasard et le génie : vol d'oies sauvages*, réformes agraires, aides américaines et IPE*

Sujets

cf. *plan* p. 75

La guerre froide : facteur du développement économique.
Communisme et capitalisme : l'affrontement économique en Asie.
Idéologie et économie en Asie de 1945 à nos jours.
Le rôle de l'agriculture dans le développement asiatique.

cf. *synthèse* p. 69

Réformes capitalistes et révolutions agraires en Asie.
Peut-on parler d'un modèle de développement asiatique-pacifique ?
Croissance ou développement en Asie orientale ?
La part de « l'étranger » dans l'industrialisation des rivages asiatiques du Pacifique
Le rôle des facteurs socio-culturels dans le développement de l'Asie du Pacifique
L'État et le marché dans l'industrialisation de l'Asie du Pacifique
Le développement a-t-il été indifférent aux ressources naturelles en Asie du Pacifique ?
Peut-on parler d'une crise des économies en développement en Asie du Pacifique ?

Cours

Industrialisation, croissance et développement

« Quand une fleur s'épanouit, le monde entier se révèle. »
Les Brindilles, proverbe chinois du XVe siècle.

Introduction

La révolution industrielle est une bifurcation majeure de l'histoire de l'humanité. Le petit groupe de nations qui l'accomplit, à partir de la fin du XVIIIe siècle, entre dans une ère nouvelle de la vie matérielle des sociétés, une ère de transformations continues. Porteuse de croissance, l'industrialisation a débouché sur le développement.
Avec presque deux siècles de décalage, l'Asie orientale refait la démonstration de ce que l'histoire économique du temps long nous avait enseigné, à savoir le lien entre industrialisation, croissance et développement. Sauf qu'ici les synergies ne s'inscrivent pas dans la durée séculaire, mais dans le temps plus resserré des deux ou trois dernières décennies, d'où la vigueur de la croissance. Alors qu'au siècle dernier, les poussées d'industrialisation sont en résonance avec des taux moyens qui ont rarement dépassé les 3 % de rythme annuel, les pays de l'Asie orientale ont pulvérisé, depuis les années 1970, tous les records historiques avec des taux oscillant très généralement entre 6 % et 10 %, la croissance à deux chiffres n'ayant été exceptionnelle, ni dans l'espace, ni dans le temps, pour cette partie du monde.

1. Partir des résultats

1.1. Un nouveau pôle de la planète industrielle

Si l'industrie n'est pas encore prépondérante dans chaque économie des pays de la région, la majorité d'entre eux en possèdent aujourd'hui une authentique expérience et disposent d'un appareil industriel qui se renforce au fil des ans. À l'exception des deux ou trois États « attardés » de la zone, on ne trouve quasiment plus de « déserts industriels » sur les rivages asiatiques du Pacifique.
L'Asie du Pacifique n'a cessé d'apporter, depuis le début des années 1960, une contribution croissante à la production manufacturière mondiale. En 1992, le CEPII (Centre d'Études Prospectives et Informations Internationales-France) pronostiquait que l'Asie développée (Japon et quatre NPIA), dont la part dans la production mondiale de produits manufacturés était déjà passée d'un peu moins de 14 % à 22,1 % entre 1973 et 1988, s'adjugerait quasiment 27 % de cette même production manufacturière à la fin du siècle, devançant à ce moment-là les États-Unis et l'Europe occidentale.

Mais les performances de l'Asie du Pacifique ne sont pas uniquement et globalement quantitatives. La diversification de son système productif a été aussi remarquable. Tous les secteurs, des matières premières aux biens de grande consommation, des industries de transformation aux technologies de pointe, sont représentés et, dans de nombreuses industries, la part de la région approche ou dépasse le quart de la production mondiale.

Un examen rapide de la répartition de la valeur ajoutée et de l'emploi fait immédiatement apparaître deux types de pays : ceux où le secteur manufacturier surpasse de beaucoup l'agriculture et ceux dans lesquels cette dernière reste importante, voire prépondérante. Le rapport du pourcentage de la main-d'œuvre industrielle à la main-d'œuvre agricole est assez représentatif du degré d'industrialisation des économies. Ainsi, dans les économies-villes de Hong Kong et Singapour, l'emploi industriel est à présent de 35 à 51 fois plus élevé que l'emploi agricole. On s'explique aisément ici de telles disproportions par la faible importance des surfaces cultivées. Mais à Taiwan et en République de Corée, où l'espace agricole est relativement déployé, les actifs du seul secteur manufacturier sont néanmoins de 2,5 à 3 fois plus nombreux que ceux de l'agriculture. Ces économies se sont incontestablement rapprochées de la structure sectorielle des vieux pays industrialisés. En revanche, la part de l'agriculture reste encore souvent majoritaire en emplois, quand ce n'est pas dans la valeur ajoutée, dans les « économies agricoles de l'ASEAN ». C'est sous cette étiquette, en effet, qu'en 1985 Jean Raphaël Chaponnière regroupait Malaisie, Thaïlande, Indonésie, Philippines... Pays auxquels on devrait ajouter aujourd'hui le Vietnam, quoique ce dernier, en tant que pays d'économie planifiée, pourrait tout aussi bien être rapproché de la Chine, laquelle demeure également profondément agricole.

1.2. La réalité industrielle

Le premier ensemble est celui des nouveaux pays industrialisés d'Asie de première génération (NPI ou NPIA ou NPIA 1)* c'est-à-dire celui des Dragons*. Le second regroupe des pays engagés plus récemment dans un processus d'industrialisation rapide et rappelant à ce point celui des Dragons que l'on use, à leur égard, des expressions « petits Dragons »*, « nouveaux Dragons »*, « bébés Tigres »* ou encore seulement « Tigres »*. NPI ou NPIA, de deuxième génération (NPIA 2)* est encore couramment utilisé. En les qualifiant de « nouvelles économies industrialisées »* (*Newly Industrializing Economies*, soit NECS*), la Banque mondiale met une fois de plus l'accent sur l'industrialisation.

Partout, à présent, les produits manufacturés ou, plus largement, industriels constituent le premier poste d'exportation, y compris chez les Tigres de l'ASEAN comme l'indique le tableau 7. On retrouve évidemment la hiérarchie et la typologie précédemment mises en évidence. On peut remarquer combien la politique de promotion des exportations (voir *infra PPE**) est récente pour les petits Dragons : en 1985, à l'exception des Philippines, les produits manufacturés n'étaient pas encore majoritaires dans leurs exportations. Les retournements stratégiques de l'Indonésie et de la Chine sont particulièrement spectaculaires.

Tableau 7. Les exportations de produits manufacturiers En % du total des exportations				
PAYS	**1967**	**1979**	**1985**	**1993**
Japon	93,4	96,8	97,4	96,8
Taiwan	93,5	93,5	93,6	94,2
Corée	67,3	82	86,6	93,7
Hong Kong	93,3	88,9	88,7	91,5
Singapour	21,4	41,9	50,2	78
Philippines	9,9	31,7	51,7	72,2
Malaisie	24,9	28,5	33,2	68,4
Thaïlande	12,6	27,8	35	65,5
Indonésie	3,7	5,7	12	50,5
Chine	42,6	41,2	38,2	81,9

Cette nette orientation du commerce extérieur vers la vente de biens industriels s'est accompagnée d'une vive croissance.

1.3. *Ici les « Trente Glorieuses » jouent les prolongations*

Quel que soit le recul de temps que l'on se donne d'ailleurs, cinq, dix, trente ans, l'Asie orientale reste première au hit-parade de la croissance mondiale. Les données encore provisoires de l'année 1996, malgré un léger fléchissement par rapport à 1994 et 1995, confirment que la croissance y demeure élevée et qu'elle se hiérarchise grossièrement en raison du degré inverse de maturité industrielle, et plus largement économique, des nations.

Dans un contexte de croissance globale, la valeur ajoutée manufacturière a d'abord crû plus rapidement que l'ensemble des secteurs, son taux a pu parfois avoisiner le double du taux général d'expansion. Il est donc manifeste que l'industrie a tiré la croissance. Si la vitesse d'évolution de cette dernière a désormais baissé chez les Dragons, elle demeure élevée chez les NECS ainsi qu'en Chine. *A contrario,* au Japon, la croissance du secteur manufacturier est désormais inférieure, à celle des services et même à celle de l'économie dans son ensemble. L'idée d'un cycle se fait jour. Avec une, deux, voire trois décennies de décalage sur le « pionnier » nippon, les nations des rivages asiatiques du Pacifique ont vu, voient ou verront, leur taux de croissance industrielle décoller, enfler, atteindre des taux à deux chiffres, surplombant les taux globaux de l'expansion économique, pour entrer ensuite dans un régime d'évolution plus modérée. Après avoir rappelé qu'il a fallu au Royaume-Uni attendre 58 ans après 1780, date approximative de son décollage industriel, pour doubler son revenu réel par habitant ; un peu moins de 50 ans aux États-Unis, dans le courant du XIXe siècle, pour obtenir le même résultat et seulement 34 ans, entre 1885 et 1919, au Japon, Jean Yves Carfantan fait remarquer que « pour ce faire, la Corée du Sud aura mis 11 ans (1966-1977) [...] et [que] la même évolution aura pris moins de 10 ans en Chine continentale ». Aujourd'hui, comme hier, le démarrage des « suiveurs » a été de plus en plus spectaculaire. Hier la Corée et aujourd'hui la Chine, en tant que *later industrializers** et conformément à un classique effet Gerschenkron*, ont grillé les étapes en tirant parti de l'expérience accumulée par les *early industrializers**. Décalages, synergie, diffusion et rattrapage ne constitu-raient-elles pas alors les notions clés d'un processus d'industrialisation, suivant lequel un pays membre de la zone, doué et précoce, en l'occurrence le Japon, aurait mis au point une recette de développement, propagée ensuite au reste de la région ?

2. Le processus : une figure et des cas

2.1. *Une typologie générationnelle de prime abord séduisante*

Au commencement, était le Japon. Économiquement parlant, le Japon n'est plus aujourd'hui le « troisième grand » révélé par le livre de Robert Guillain en 1969, pour la simple raison qu'il est devenu entretemps le « deuxième grand » et ceci, sans conteste, avant même l'éclatement de l'Union soviétique. La réussite de ce peuple, le premier non occidental à conduire une modernisation économique et à parvenir à la puissance industrielle largement par ses propres moyens, inquiète et fascine l'Occident depuis la révolution Meiji* du siècle dernier. Le Japon de cette fin de siècle, certes à la recherche d'un nouveau souffle, se situe à l'aval d'une suite de booms économiques « miraculeux » qui, depuis le début des années 1950, lui ont non seulement permis de renaître des cendres de la défaite de 1945, mais aussi de se hisser à la première place du palmarès de la production manufacturière mondiale. Par quel « truc » le Japon est-il parvenu à ce formidable résultat ? Si l'étude de la construction de la puissance économique japonaise n'entre pas directement dans le champ de cet ouvrage, une évocation minimale de ses étapes et modalités est incontournable.

On invoque généralement le modèle de développement en « vol d'oies sauvages »* que l'économiste japonais Akamatsu Kaname* proposa dès 1937. Le schéma d'Akamatsu implique d'emblée l'environnement international du pays en développement de référence. Ce sont les déséquilibres de niveau économique qui fournissent au système l'énergie de sa dynamique. Entre plus forts et plus faibles, le pays émergent, comme l'on dirait aujourd'hui, joue des différences de potentiel, autrement dit des avantages comparatifs, pour faire évoluer la spécialisation de son système productif en un mouvement de remontée de la filière industrielle. Ce faisant, le pays qui se développe, ici le Japon, se retrouve en synergie avec ses voisins. Il a besoin d'eux, notamment pour certaines fournitures (produits primaires, par exemple), à la production desquelles il peut d'ailleurs concourir (développement intensif de la riziculture à Taiwan au temps de la colonisation ou, plus récemment, contribution à la mise en valeur du pétrole indonésien par l'entremise d'IDE et de transferts de technologies). Le pays, précurseur à certains moments de ses cycles d'industrialisation, est amené à roder sur les marchés de consommation de ses voisins, moins avancés et continuant d'importer certains types de biens, des produits qui, un peu plus tard, seront lancés à la conquête des marchés des pays développés, autrement plus exigeants. Les voisins sont encore utiles pour continuer d'assurer les productions auxquelles le pays devancier renonce mais qu'il prend soin de transférer, par intérêt bien compris plus que par philanthropie, sur ceux de ses partenaires les plus aptes à les recueillir. Le pays éclaireur entraîne ainsi dans son sillage d'autres nations du voisinage, dont le développement est indispensable au sien, à la condition toutefois qu'entre lui et ses épigones de successives générations les écarts de niveaux soient préservés. Décalages dans, et dynamisme de l'ensemble, voici bien les impressions qu'inspire l'observation du comportement économique de l'Asie du Pacifique depuis les années 1950.

Les successeurs du Japon ont été plus ou moins précoces :

■ *Les quatre Dragons : « dignes à présent de l'OCDE »*. L'admission de La République de Corée, le 25 octobre 1996, à l'OCDE, témoigne du fait que la communauté des pays riches ne regarde plus cette Corée du Sud comme un pays du tiers monde. On peut sans aucune peine étendre cette appréciation à Taiwan, Hong Kong et Singapour dont les indicateurs usuels, tel le PNB/hab., sont encore plus flatteurs. Afin de mieux marquer l'antériorité de leurs décollages et la maturité de leurs économies, certains auteurs les baptisent à présent « vieux Dragons »*. De fait, c'est dès les années 1970 que cette « bande des quatre » a commencé de se signaler fortement, par son agressivité commerciale, à l'attention inquiète des pays développés du Nord. Le *made in Korea, in Taiwan* ou *in Hong Kong* fleurit alors sur les étiquettes des articles de confection courante (chemises, tee-shirts et autres sous-vêtements). Ce résultat est le fruit d'un processus inauguré quinze à vingt ans auparavant.

cf. *avertissement* p. 6

cf. *carte* p. 210

■ *Hong Kong, l'aîné des Dragons*. C'est la colonie britannique de Hong Kong, dont le degré d'autonomie permet de la considérer comme une cité-État, qui a « ouvert le feu ». D'une part, vu l'étroitesse de son marché domestique, Hong Kong n'avait pas vraiment le choix dans l'alternative de produire pour le marché national ou pour les marchés extérieurs et, d'autre part, coupable d'intervention dans le conflit coréen, la ville avait vu sa fonction d'entrepôt provisoirement ruinée par l'embargo décidé en mai 1951 par les Nations unies sur le commerce avec la Chine. Hong Kong va résolument s'engager sur la voie de la promotion des exportations. D'atelier du textile, Hong Kong va, dans le courant des années 1970, grâce à une diversification systématique et continue de son tissu industriel, se muer en un nouveau pays industriel (NPI)*, la remontée de la filière vers les industries de technologie moyenne puis de haute technologie se poursuivant jusqu'à nos jours.

■ *Taiwan, Corée du Sud et Singapour*. Sans doute à cause également de la relative étroitesse de son marché (9 millions de consommateurs en 1955), Taiwan accomplit précocement, vers 1958, ce passage du « produire pour le marché intérieur » au « produire pour exporter » et procède, au fil du temps, à l'élargissement de la gamme de ses fabrications. En Corée, il faut attendre le premier plan de développement économique, lancé en 1962, pour observer le démarrage de la nouvelle politique d'industrialisation basée sur la promotion des exportations et l'enrichissement parallèle du tissu productif. Enfin, la cité-État de Singapour emprunte à son tour l'aiguillage vers la destination des NPI, une fois tranchée la question de son statut politique en 1965. En résumé, pour les Dragons, l'entrée dans un nouvel âge industriel s'accomplit dans la décennie 1955-1965.

cours • 2

■ *Les bébés Tigres dans le sillage des Dragons.* D'un point de vue strictement chronologique, c'est en réalité dès la décennie 1960, soit avec un retard minime sur les prédécesseurs, que le groupe des « petits Dragons » s'engage dans le développement industriel. Mais la méthode reste un moment hésitante, la réussite tarde et les performances ne sont pas aussi rapidement spectaculaires qu'en Corée ou à Taiwan. Les émergences ne deviennent irréfutables, aux yeux des observateurs internationaux, que dans le courant de la décennie 1980. Pour ce « troisième étage de la fusée Asie » (Keizer, Kenigswald), il s'agirait donc moins d'un différé à l'allumage que d'un retard à la propulsion. Il demeure que le principe d'un démarrage décalé dans le temps prévaut.

Avec la Chine, en plein boom économique en ces années 1990, la même distinction entre le temps de l'allumage et celui de la propulsion accélérée doit aussi être proposée. Quant au Vietnam, accueilli dans l'ASEAN en 1995, et par là reconnu comme ayant pris son tour sur la rampe de lancement asiatique, il convient de rester prudent à l'égard des orientations de son économie. Les investisseurs, un temps entichés de ce nouveau pays à bas salaires, ont quelque peu déchanté en 1996. Toutefois, la croissance est là, estimée à 9 % pour 1996, égale à celle de l'année précédente.

Les situations périphériques sont autres. Du Vietnam à la Corée du Nord, du Laos à la Birmanie en passant par le Cambodge, les mécanismes vertueux de l'industrialisation « développeuse » paraissent toujours grippés. Si les taux de croissance, pour autant qu'ils soient correctement évaluables, ne sont pas partout bas, voire négatifs (on le suppose ainsi en Corée du Nord), le mouvement d'industrialisation, pour sa part, ne semble pas encore être résolument engagé. Sous-équipés en infrastructures, politiquement incertains, pâtissant auprès des investisseurs d'un « risque-pays élevé » et ne représentant plus cet enjeu stratégique qui, dans le contexte de guerre froide, déclenchait l'aide sonnante et trébuchante des États-Unis, ces « attardés » figurent parmi les nations les plus pauvres de la planète, rangées par la Banque mondiale dans la catégorie des « économies à faibles revenus », où l'on trouve également la Chine.

2.2. Du temps à l'espace : une diffusion en cercles concentriques.

À partir du Japon, l'industrialisation semble s'être propagée en cercles concentriques. De fait, les plus proches ont bien été les premiers à démarrer : la Corée et Taiwan, ex-colonies japonaises, ainsi que Hong Kong. Les pays de l'Asie du Sud-Est, plus éloignés, ne se mettent qu'ensuite en mouvement. Mais Singapour, membre du cercle des « vieux Dragons », fait la démonstration que précocité du développement et proximité physique du Japon ne vont pas systématiquement de pair et vient hélas perturber un séduisant schéma gravitaire. L'expérience des pays qui n'ont modifié qu'assez récemment tout ou partie de leurs méthodes, après de longues années de rupture avec le capitalisme et d'exploration d'une stratégie de développement autocentrée, et au premier rang desquels il faut placer la Chine maoïste, accrédite l'hypothèse du modèle d'inspiration nipponne. Dans sa propagation, la « recette japonaise » aurait été ralentie par deux frictions : la distance géographique et la distance organisationnelle ; la seconde exprimant l'éloignement des systèmes économiques et contrariant quelque peu les effets directs de la première.

2.3. *Un modèle ?*

Si modèle il y a, son premier invariant est fait de séquences. Pour dire mieux, d'une double séquence :

- *Séquence 1 : une remontée de la filière industrielle.* La gamme d'industries aujourd'hui observable résulte d'une mise en place selon quatre phases :
  - un temps pour des industries légères et bas de gamme, mission confiée au textile ;
  - un temps pour les grands biens intermédiaires, ceux de la sidérurgie, des métallurgies et de la chimie ;
  - un temps pour les industries d'équipement des entreprises et des ménages (constructions mécaniques, machines-outils, robots en relation avec le développement des matériels de transport, automobiles, motocyclettes ou constructions navales) ;
  - un temps pour des productions plus élaborées allant jusqu'aux industries *high-tech* (composants électroniques, électronique grand public, matériel informatique, optronique, biotechnologies, nouveaux matériaux...). Et tandis que s'accomplit cette remontée de la filière industrielle, une spécialisation fine par adaptation continue aux marchés se poursuit dans toutes les branches, du textile à la *high-tech.*

- *Séquence 2 : de l'ISI* (PSI) à l'IPE (PPE).* On pourrait qualifier de stratégique cette seconde séquence. La plupart des pays, (il existe, en effet, des exceptions, la plus notable étant constituée par Hong Kong), sont passés par un moment d'industrialisation par substitution aux importations*, avant de s'engager fermement dans une stratégie de promotion des exportations*. On peut suggérer un déroulement en trois actes :
  - import-substitution,
  - promotion des exportations,
  - rééquilibrage par réorientation vers le marché intérieur.

- *Ensuite, la combinaison des séquences.* En fait, il faut « tricoter » ensemble les deux séquences pour rendre compte de ce qui s'est passé. Prenant conscience tôt de l'impasse à laquelle conduisait la stratégie d'ISI, vu la faiblesse de leurs marchés intérieurs et leur déficit technologique, les Dragons d'abord, leurs émules ensuite, ont décidé de consacrer une bonne part de leurs productions aux marchés étrangers en jouant de leurs avantages comparatifs, lesquels se résumaient au début à une main-d'œuvre abondante et bon marché. Les recettes d'exportation ont permis, à chaque étape, de financer l'étape suivante, tout en faisant progresser la « culture industrielle » de la nation. Cette façon de faire est aux antipodes de la stratégie des *industries industrialisantes* où l'on commence par les industries de base. Elles n'ont souvent trouvé de débouchés ni à l'intérieur, ni à l'extérieur. Au contraire, les industries légères, de biens de consommation, vers lesquelles se sont tournés les pays asiatiques ont facilement écoulé leurs productions sur les marchés mondiaux. Aguerris par ces premières expériences, passant de l'importation d'équipements à leur fabrication au fur et à mesure que les industriels locaux s'équipaient, ils ont produit, exporté puis consommé eux-mêmes des biens de plus en plus sophistiqués (des navires aux ordinateurs). En réalité, la structure industrielle a évolué par « glissement continu, au sein des biens de consommation, comme des biens d'équipement, de produits relativement simples vers des produits plus complexes » (Christian Sautter). À la différence du Japon, et jusqu'à une époque récente, plutôt que de délocaliser les industries des générations précédentes vers les pays voisins, les Dragons ont réussi à les faire évoluer et c'est ainsi que s'ils produisent aujourd'hui du matériel informatique, des composants électroniques ou du matériel multimédia grand public, le textile n'en continue pas moins d'être un pôle appréciable de production et d'exportation, même si depuis 1985 un certain désengagement, après celui de Singapour plus radical et plus précoce, s'observe à Taiwan et en Corée.

cf. *cours* p. 154, p. 191

Tout ceci s'est accompli dans une dynamique d'ensemble ainsi que l'illustre le schéma 1). Cette représentation, à la fois du processus d'industrialisation des pays et de l'ensemble, articule explicitement trois dimensions : l'espace selon un axe horizontal dont le Japon serait l'origine, le temps suivant un axe chronologique vertical et le sectoriel dont les spécialisations, dans ce système de coordonnées spatio-temporelles, suivent des cheminements « remontants » en oblique.

La dimension inapparente est celle relative à la stratégie, qui selon un mouvement d'orientation progressive vers le marché interne, n'est, à chaque instant, qu'un compromis entre beaucoup de promotion des exportations et un peu de « substitution », comme nous le reverrons.

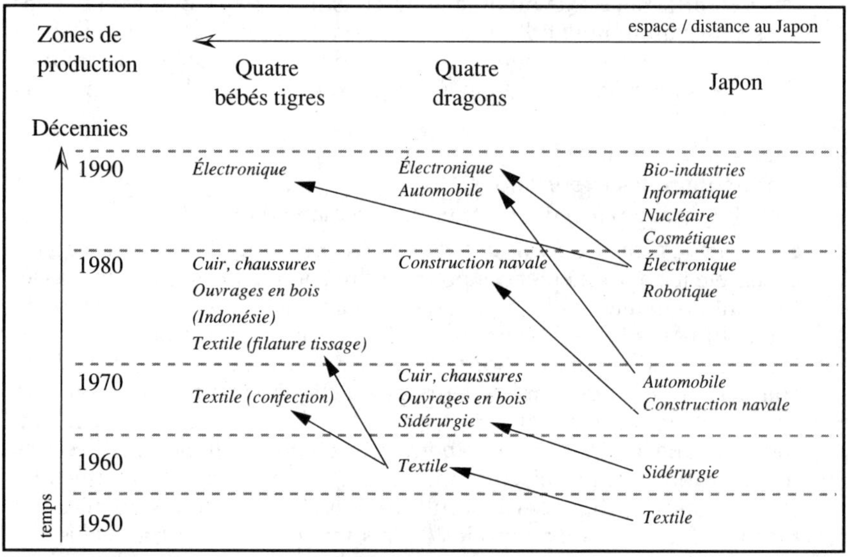

Source : d'après TEULON F., *La nouvelle économie mondiale*, PUF.

1. La division du travail au sein de la zone Asie du Pacifique.

Toutefois, retracer l'itinéraire type suivi par les plus anciens pour construire méthodiquement un potentiel industriel ne renseigne pas sur les ressorts de ce que la Banque mondiale a dénommé « Le miracle de l'Asie orientale » dans une étude de 1993. C'est à l'évocation de ces ressorts qu'il faut alors passer.
Résumant l'étude de la Banque mondiale, Christian Sautter intitule le paragraphe qu'il y consacre « Le succès des quatre "E" : exportation, épargne, éducation, État ».

- *Épargne et éducation* renvoient à l'accumulation dans sa double dimension matérielle et humaine. Une épargne opiniâtre a entretenu des taux d'investissement exceptionnellement élevés, entre 30 % et 40 % du PIB au début des années 1990, et même 47 % à Singapour.

- L'éducation a été l'objet d'un effort permanent, les leçons du Japon ont été méditées. Mais l'université, « où la contestation peut couver malgré une sélection soigneuse par l'argent » (Sautter), y a joué un moindre rôle et le système éducatif, plus qu'au Japon, a été orienté vers des formations utilitaires prolongeant une « scolarisation primaire généralisée des garçons et des filles, à la ville comme à la campagne ».
- *L'État*. Les politiques publiques ont consisté d'abord à définir ouvertement les objectifs prioritaires et, par la planification, à allouer efficacement les ressources entre secteurs ou entre producteurs par divers moyens : subventions, contrôle de l'accès au crédit ou aux devises étrangères, par exemple. La Banque mondiale admet ici qu'en faussant les prix, c'est ce que provoque toute subvention y compris aux exportations, l'administration d'État peut parfois allouer des ressources avec autant d'efficacité que le marché. Les budgets publics, au demeurant peu lourds, les taux d'intérêt et le crédit, la politique des taux de change et du contrôle des échanges extérieurs ont constitué les instruments de la politique d'industrialisation. Autre mérite de ces États, décidément pleins de vertus, ils ont veillé à ce que les inégalités sociales ne dérivent pas vers des écarts insupportables. C'est le caractère relativement « équitable » de la croissance qui aurait permis d'obtenir dans la phase initiale du décollage l'abnégation de toute une génération de travailleurs.
- *Exportations*. S'agit-il d'une industrialisation basée sur la promotion des exportations ? En réalité, à l'exception de Hong Kong, les NPIA ont successivement pratiqué l'ISI et la PE, dans une séquence qui associe plus qu'elle n'oppose les deux formules. Ainsi, le textile est assez révélateur de ce que la promotion des exportations collabore avec « une forme plus discrète et élaborée de substitution quand il s'agit de renforcer sa base industrielle » (Hugues Tertrais). La Corée du Sud a de cette manière substitué à l'importation de la matière première de son activité textile une fourniture nationale de fibres synthétiques, issue d'une pétrochimie développée au cours des années 1970.

Si, à présent, on revient aux exportations, il est encore temps de mentionner combien la sous-évaluation monétaire savamment entretenue et les mécanismes d'import-export induits par la sous-traitance internationale, ont été des agents de leur gonflement.

Des économies restées libérales malgré une tutelle de l'État sur l'économie ? Ici moins qu'ailleurs on ne saurait reléguer l'État aux oubliettes de l'économie. D'une façon générale, trois mérites lui sont reconnus dans la région. D'abord de s'être converti à la priorité aux exportations, en les subventionnant généreusement ; c'est sans difficulté que la Banque mondiale place ici l'essentiel. Ensuite, d'avoir consenti des efforts importants en matière de scolarisation et d'enseignement professionnel, afin d'accumuler du « capital humain ». Enfin, d'avoir, peut-être aussi efficacement que le marché, alloué les ressources concourant, avec les forces des marchés internationaux, à faire évoluer positivement les spécialisations productives. Il en ressort l'image d'un « État développeur » presque pur de tout stigmate d'indignité dirigiste, à moins que celle-ci ne se soit trouvée absoute par la réussite. Cette image d'un État à la fois développeur et « léger » ne fait pas l'unanimité. On ne peut négliger la face politique autoritaire de ces régimes. La paix sociale, la modération des rémunérations et la stabilité politique, qui ont certes créé un environnement sécurisant pour les capitaux internationaux, ont été obtenues au détriment des libertés publiques et des principes démocratiques. L'invocation du concept ambigu des « valeurs asiatiques »* ne saurait suffire, aux yeux des Occidentaux, à excuser les fréquentes atteintes aux droits de l'homme et de l'enfant qu'on déplore dans la région. Finalement, ces États trop omniprésents pour être seulement bienveillants, « n'ont rien d'un modèle de libéralisme » (Sylvie Brunel).

Une réussite fondée sur le commerce international et le libre-échange ? Si les NPIA ont bien profité du désarmement douanier orchestré par les rounds du GATT, ils ont, pour leur part, pratiqué un ardent protectionnisme éducateur*. En 1984, une étude du GATT révélait des tarifs douaniers sur les produits industriels variant de 30 % à plus de 100 %, accompagnés de restrictions quantitatives allant du contingentement à l'interdiction pure et simple. Depuis, la garde a été quelque peu abaissée mais des taux généraux de 15 % et plus, considérés ailleurs comme des pics tarifaires*, sont encore très fréquents. À Taiwan, la taxe sur l'importation des modèles automobiles courants reste de 30 % (H. Tertrais). C'est bien avec la même lenteur agaçante constatée naguère au Japon que les NPIA et leurs élèves abaissent leurs protections commerciales. Christian Sautter y voit la part de ce « néo-mercantilisme »* qui imprègne le modèle de développement en vol d'oies sauvages d'Akamatsu, lequel tenait d'ailleurs en haute estime Friedrich List*, théoricien de la protection des industries dans l'enfance*.

cf. *mots clés* p. 48 et 91

Les IDE et les prêts ont aussi leur part dans ces décollages. Les firmes multinationales, accueillies dans des enclaves d'exportations, ont contribué hier à l'essor industriel de Singapour ou de Taiwan, et plus encore aujourd'hui à celui des NEI* de l'ASEAN. Le temps n'est pas loin où la place des firmes étrangères du secteur manufacturier représentait 15 % à 20 % des exportations totales de Hong Kong, de la Corée ou de Taiwan (Pascal Lorot, Thierry Schwob). Aujourd'hui encore, 67,4 % des actifs de l'industrie à Singapour sont sous contrôle étranger. Si Singapour est un cas d'école par l'ampleur des xéno-capitaux*, dans d'autres pays de l'ASEAN la domination étrangère est également importante : 87 % dans les produits électriques et électroniques en Malaisie, pays où le taux de pénétration sectoriel n'est jamais inférieur à 43 % ; 60 % dans les métaux de base en Indonésie où le taux global de pénétration étrangère dans l'industrie est de 36 %.

On ne peut pour autant accréditer la thèse d'une industrialisation entièrement financée par des capitaux exogènes et exclusivement incubée en zones franches. Ces dernières, plus ou moins tardives et marginales à Taiwan ou en Corée, ont été essentielles à Singapour et à Hong Kong. Il faut dire que ces deux cités portuaires possédaient une longue expérience de franchise (Hong Kong a été déclaré port franc dès 1841) et elles ont globalement fonctionné comme des zones franches géantes. Ceci dit, on ne saurait regarder les zones franches comme des outils miracles. Leur nature même d'enclaves à statut économique spécifique les isole du reste de l'économie et limite leur capacité d'entraînement. C'est pourquoi les générations les plus récentes de zones franches en Chine (ZES), en Thaïlande, en Malaisie ou en Indonésie, s'inscrivent dans des espaces géographiques beaucoup plus étendus. Si donc il convient de ne pas surestimer les zones franches, surtout pour les Dragons, *a contrario* on ne doit pas négliger une phase « pays ateliers »*, durant laquelle la sous-traitance internationale a joué un rôle important dans le processus d'industrialisation. Éric Bouteiller et Michel Fouquin indiquent, par exemple, que « les entrepreneurs coréens se sont formés, à l'origine, en devenant sous-traitants de l'armée américaine » ou encore, et cette fois très près de nous, en 1994, que la moitié de la production électronique de Samsung était toujours vendue sous des marques occidentales. Cette sous-traitance au premier degré a fréquemment suscité une sous-traitance au deuxième degré par laquelle des kyrielles de PME-PMI et d'entreprises artisanales locales se sont trouvées impliquées dans de vastes réseaux de production, par où se sont faufilés les transferts technologiques. Finalement, une convergence des processus comme des facteurs est soulignée par toutes les études.

Mais toutes les études reconnaissent qu'il n'existe pas de « modèle est-asiatique » unique.

Il s'agit d'un modèle mosaïque. Les spécificités puisent leurs origines dans une géographie variée, elle-même produit de la nature et de l'histoire des hommes.

- *La distinction grands États et micro-États portuaires s'impose d'emblée.* Dès lors qu'il s'est agi de trancher l'alternative produire pour le marché domestique ou pour l'exportation, la taille du marché intérieur a été décisive et l'impératif d'extraversion n'a pas pareillement pesé à Hong Kong et en Indonésie, pour ne pas parler de la Chine milliardaire en hommes.
- *Autre source de différences : la dotation en richesses naturelles.* La tentation induite par la présence de ressources a pu durant un temps menacer les nations du Sud-Est asiatique (Indonésie, Malaisie ou Thaïlande). Pourquoi ne pas chercher à tirer une rente des ressources du sol et du sous-sol, afin d'initier la croissance et le développement ? Ceci a pu différer le passage à la politique de promotion des exportations de biens manufacturés. Tentation bien plus faible pour les Dragons moins dotés et, à vrai dire, carrément sans objet à Singapour et à Hong Kong.
- *Enfin, des histoires singulières achèvent de différencier les situations.* L'histoire contemporaine d'abord, qui a vu l'opposition majeure entre les économies de marché et les économies socialistes. L'histoire plus

profonde, celle de la colonisation et de l'impérialisme des grandes puissances, Japon inclus, à la fin du siècle dernier et dans la première moitié du XXe siècle, épisode à l'égard duquel tous ces pays n'ont pas la même expérience.

Quant à l'histoire encore plus longue, braudélienne*, celle des religions millénaires, des mentalités collectives, des cultures, unit-elle autant qu'on le dit ? Certes, l'influence de la civilisation chinoise, du confucianisme, de la riziculture irriguée et « jardinée », est assez générale dans la zone mais, au fil d'un certain temps, chacun a eu le loisir d'interpréter à sa manière la « civilisation sinisée » (Léon Vandermeersch). Il reste qu'un certain « communautarisme », à géométrie variable, autant qu'une certaine philosophie politique, à la base d'un « despotisme oriental* », ont eu leur part dans la voie de développement suivie. Curiosité intellectuelle et soif d'apprendre semblent également en filiation avec la « civilisation sinisée » et son système d'écriture complexe, lourd, mobilisant fortement à la fois l'intellect et la main, fondement de la sélection des élites mandarinales par le truchement des difficiles examens impériaux. La Corée, le Japon, (baptisé par J.-F. Sabouret « l'empire du concours »), et Taiwan, ont assez bien réussi à combiner l'héritage élitiste et l'éducation de masse. Les filles n'ont pas été exclues de cet effort d'éducation, le travail des femmes a été décisif dans la modernisation économique. C'est à cette efficace « docilité » féminine, qu'une étude de la Banque mondiale de 1980 rapporte le succès des exportations textiles du Sud-Est asiatique comparé aux médiocres performances de l'industrie colombienne.

cf. *synthèse* p. 31

cf. *plan* p. 44

Ceci étant rappelé, dans son étude de 1993, la Banque mondiale a relativisé les explications culturelles du décollage de l'Asie, ne serait-ce que parce que, paradoxalement, au XXe siècle, c'est la Chine, « empire des signes »* et berceau du confucianisme, de son éthique d'éducation, d'effort personnel, de discipline et de respect des anciens, qui a le plus tardé à décoller. Il faut dire que trente années de maoïsme ont pas mal brouillé les cartes. Finalement, la « sinité moderne » est une création de l'Asie en développement, qui s'élabore largement hors de la Chine. Les Chinois de la diaspora font plus pour elle que le nouvel Empire du Milieu*. Ce sont les relations d'affaires, les réseaux d'hommes et d'entreprises, les échanges de capitaux et de marchandises qui tendent à produire aujourd'hui les éléments d'une cohésion asiatique inédite et *good for business*. Ceci est plus sûr que le mythe selon lequel on pourrait placer sous la même « ombrelle » du « confucianisme » ou du « monde sinisé » les musulmans d'Indonésie ou de Malaisie et les chrétiens coréens, ainsi que le dénonce joliment Christian Sautter. Nous voici ramenés à l'histoire immédiate, porteuse de différences et de scepticisme.

cf. *chronol.* p. 82-90

La montée en puissance des économies des petits Dragons s'effectue actuellement dans ce contexte de post-guerre froide radicalement différent de celui des décennies antérieures. Moins de sollicitude américaine, moins d'aides et de dons, moins de prêts et plus d'IDE composent un financement externe différent de celui dont ont bénéficié les Dragons (Corée et Taiwan surtout). Porteuse de scepticisme, l'histoire immédiate l'est par l'actualité des agitations sociales de la Corée ou celles de la Thaïlande, moins médiatisées. La pression de la concurrence chinoise s'exerce non seulement sur les Dragons mais déjà sur les pays moins avancés, comme la Thaïlande précisément, alors même que le temps de la moisson des dividendes de l'industrialisation se profile. Les sociétés vont-elles encore longtemps supporter les sacrifices à consentir pour la croissance et le développement ?

3. De l'industrialisation au développement

3.1. *Industrie et développement*

En fait, comme lors de la révolution industrielle du siècle dernier en Occident, l'orientation de la structure productive vers l'industrie s'est accomplie dans un contexte nouveau de croissance économique et d'amélioration générale des niveaux de vie des populations. S'industrialiser est une condition de la croissance économique par les puissants effets d'entraînement exercés sur l'ensemble du système productif. Seules les stratégies de développement par l'industrialisation ont été efficaces, le développement par la promotion des productions et exportations agricoles n'ayant donné que des résultats décevants. Néanmoins, la plupart des pays de l'Asie de l'Est ont eu le souci d'instaurer un minimum d'équilibre économique et social dans la sphère agricole avant d'entrer dans l'âge industriel.

Pour avoir négligé cette condition, en éludant la réforme agraire, les Philippines ont longtemps été le « cancre » de la croissance en Asie du Pacifique, alors même que dans les années 1950 « elles paraissaient les mieux placées dans la course au développement », observe J.-R. Chaponnière. En résumé, si seule l'industrialisation est porteuse de développement, une agriculture en équilibre avec la société rurale et intégrée au reste de l'économie nationale en est une condition. Cette conclusion n'est pas sans évoquer les slogans maoïstes de l'époque du grand bond en avant : « marcher sur les deux jambes » ou encore « prendre l'agriculture pour base et l'industrie comme facteur dominant ».

cf. *synthèse* p. 21

3.2. *Hiérarchies économiques*

On peut regrouper les pays en trois ensembles.

- *Les économies « riches » avec le Japon, Brunei et les quatre Dragons.* Leurs indices de développement humain sont parmi les trente meilleurs du monde (Corée du Sud, 32e rang). Singapour, avec le plus fort indice d'industrialisation s'affiche bien comme une formidable plate-forme industrialo-portuaire, pour une large part « investie » par des intérêts étrangers. Quant à la principauté de Brunei, elle doit avant tout sa place dans ce premier cercle à son bon rang dans le classement des PIB/hab. (7e au monde) et non à celui, plus médiocre, de son IDH (38e).
- *Le deuxième ensemble, aux indices plus faibles, regroupe les quatre bébés Tigres de l'ASEAN,* dont les performances sont moins homogènes que celles du groupe précédent. La Malaisie talonne les Dragons ; l'Indonésie et les Philippines affichent des indices de développement qui les situent au-delà du 90e rang. Des deux points de vue, la Thaïlande est en position intermédiaire. La Chine continentale, au 108e rang pour l'IDH, peut être raccrochée à ce groupe.

cf. *tableau* p. 38

■ *Enfin, on repère un troisième cercle de pays, doublement attardés.* Aux ex-, ou encore actuels, pays communistes de l'Indochine, du Vietnam, du Laos et du Cambodge, s'ajoute la Birmanie, fermée, longtemps exclue, de son propre fait, de la communauté internationale.

3.2. Ne pas faire du « miracle » un « mirage »

Ainsi s'exprime Nathalie Fabry dans une publication récente (*Écoflash*, nov.-déc. 1996). La première illusion serait de voir dans les succès de l'Asie du Pacifique l'application d'une recette « miracle » marchant à chaque fois.

Le modèle est-il transférable ? Il est classique de comparer l'Asie de l'Est aux autres continents du « sous-développement », Afrique et Amérique latine. « D'un côté le miracle qui se lit dans des statistiques mirobolantes » (Michel Gaud), de l'autre la stagnation, la dette, et, pour l'Afrique, « le chaos et la barbarie ». Bien sûr, ces oppositions tiennent quelque peu du cliché : l'Amérique latine semble retrouver un certain allant et l'Afrique ne se réduit pas à la Somalie ou au Rwanda. Néanmoins, les pays d'Asie bénéficient globalement d'une position économique plus favorable que celle des pays latino-américains et bien supérieure à celle des pays africains. On s'est demandé aussi pourquoi, sur le terme court des années 1980, les politiques d'ajustement avaient en général mieux réussi en Asie de l'Est ou du Sud-Est qu'en Afrique ? La réponse de Jérôme Trotignon, (*Économie et statistique*, 1993) met en lumière l'importance des structures productives et d'échanges, ainsi que les niveaux de développement existant avant la mise en place des programmes d'ajustement. Autrement dit, si les pays d'Asie ont été meilleurs, c'est parce qu'ils étaient déjà meilleurs.

Mais on peut aussi conduire le débat autrement : qu'est-ce qui empêche aujourd'hui tel ou tel candidat au développement par l'industrialisation de s'inspirer des exemples asiatiques ? C'est à cette question que Sylvie Brunel s'est employée à répondre dans les deux ouvrages qu'elle a consacrés au sous-développement en 1996. Pour elle, le contexte qui a favorisé l'ascension économique d'un pays comme la Corée du Sud n'existe plus, sauf en Asie de l'Est précisément. La croissance mondiale s'est ralentie, sauf en Asie de l'Est. Le dirigisme étatique et son corollaire, le protectionnisme, ne seraient plus tolérés par les partenaires économiques du Nord à présent. On pourrait ajouter que les cordons de la bourse américaine se sont resserrés depuis que « le monde libre » n'est plus menacé par « l'impérialisme soviétique ». Le temps où l'aide américaine pouvait représenter les trois quarts de la formation brute de capital fixe, comme en Corée ou à Taiwan dans les années 1950 (Chaponnière), semble, au moins pour l'instant, révolu. L'équation asiatique est historiquement singulière. Sans doute y a-t-il beaucoup à puiser dans l'expérience du Japon, des Dragons et des Tigres, néanmoins leur schéma de développement, protéiforme au demeurant, n'est en aucune façon reproductible à l'identique.

Ces pays, y compris les mieux placés d'entre eux, ne devancent pas encore les nations riches mais se rapprochent seulement d'elles. Et, s'ils peuvent à la rigueur contribuer à tirer la croissance mondiale vers le haut, ils n'ont pas encore vocation historique à jouer le même rôle en ce qui concerne l'innovation technologique mondiale. La « quatrième révolution industrielle » ne s'inventera pas en Asie orientale. Mais rattraper, c'est rencontrer des limites. Rejoindre, c'est buter sur de nouveaux problèmes, ceux propres aux économies avancées, on dit quelquefois parvenues « à maturité », comme si l'histoire économique avait un sens et même une fin. Les éventuelles ombres au tableau ? Parmi les obstacles structurels qui se profilent, Christian Sautter recense un certain nombre « d'inconnues ».

– Les États-Unis vont-ils rester cet ample et généreux réceptacle des exportations asiatiques ?
– Le dynamisme de l'ensemble a reposé sur des synergies, potentialisées par des décalages technologiques générationnels entre le Japon et les Dragons, les Dragons et les bébés Tigres. Que deviendra-t-il si le rattrapage des uns par les autres conduit à une homogénéisation des systèmes productifs ? Le système n'atteindrait-il pas alors son stade d'entropie ?
– Autre « inconnue japonaise » : l'archipel va-t-il s'ouvrir aux biens de consommation asiatiques ?
– À moyen terme, les approvisionnements énergétiques et alimentaires, ainsi que l'environnement, pourront-ils supporter les rythmes de croissance en vigueur dans la zone ? Combien de temps encore ce développement va-t-il rester « soutenable » ?
– L'Asie orientale trouvera-t-elle d'ici 2004 les 1500 milliards de dollars estimés nécessaires par la Banque asiatique de développement pour le financement des infrastructures indispensables ?
– *Last but not least,* les pays de la zone sont-ils en mesure de s'organiser pour faire face efficacement à ces défis ?

cf. *cours* p. 185

Conclusion. Gérer la maturité

Premier souci, l'économique. Ralentissement économique, fléchissement des exportations, poussée sensible des importations, déficits commerciaux, secousses monétaires sont les symptômes de la maladie de langueur qui s'abattrait sur les plus importantes économies de la région : Corée du Sud, Singapour, Thaïlande, Malaisie, Taiwan. Quel sens donner à ces difficultés ? Le ralentissement est tout relatif. Il convient de démêler la part du structurel et du conjoncturel dans les problèmes rencontrés.

La baisse de la demande en équipements électroniques et informatiques depuis 1995, qui a déprimé les exportations et la production industrielles des pays où ce secteur occupe une place de premier plan, tels Singapour, la Malaisie et la Thaïlande, est un fait apparemment conjoncturel.

Entre le conjoncturel et le structurel prennent place les facteurs monétaires. Depuis longtemps rattachées au dollar, les monnaies locales en ont épousé les fluctuations, à la baisse hier, comme à la hausse aujourd'hui. Au moment où le yen fléchit, face au billet vert, l'appréciation des monnaies asiatiques altère la compétitivité de leurs produits alors que celle des exportations japonaises s'améliore. Mais, inversement, le brusque accès de faiblesse subi par ces monnaies durant l'été 1997, signe de défiance à l'égard de leurs économies, n'est pas de nature à apporter les solutions attendues.

cf. *synthèse* p. 25

Quant au renchérissement des coûts du travail, rançon du développement chez les Dragons, ou prix de sa rareté en Malaisie, il pose de redoutables problèmes aux économies les plus développées de la zone. On est bien ici devant un facteur structurel. Or, face à ces nouvelles réalités internes,

voici que s'installe, et c'est une autre donnée lourde, la concurrence chinoise ou vietnamienne, dans les secteurs à forte intensité de main-d'œuvre. Ce nouveau contexte oblige les uns et les autres à s'adapter et à redéfinir leur place dans la division asiatique du travail. Le chantier est ouvert : modifier les spécialisations productives, rééquilibrer les destinations du produit national entre les exportations et le marché domestique par un renforcement de la part de celui-ci, délocaliser les productions *labour intensive*, accomplir ces tâches en respectant au mieux les grands équilibres macroéconomiques et un minimum de paix sociale… Il faut avouer que ce n'est pas simple. Pour S. Trouvelot, « les Dragons d'Asie font une pause », « une simple pause, nécessaire à une transition qui doit donner plus de place au marché intérieur ». Tout ceci ne saurait s'accomplir sans soubresaut social. J.-R. Chaponnière cite les paroles d'un responsable économique de Taiwan : « Sans effort, nous ne survivrons pas. » Évidemment, l'érosion de la compétitivité exerce une pression sur les conditions d'emploi et de rémunération et la tentation est grande de reprendre au corps social une partie des avantages procurés par le développement. Au-delà de la raison précise, (une loi favorisant la flexibilité de l'emploi et défavorisant la vie syndicale), qui a embrasé la Corée du Sud en décembre 1996, il faut voir dans ce conflit le signe paradoxal du développement. À ceux qui dénient à ces sociétés le fait de s'être authentiquement développées, les réactions des travailleurs coréens apportent un démenti. Si le monde du travail coréen a réagi si vigoureusement à la menace pesant sur ses conditions sociales, c'est que désormais celles-ci, pour une partie au moins des salariés, celle employée dans les grandes entreprises, méritaient d'être défendues. Il faut croire que les « droits acquis » n'appartiennent plus au seul vocabulaire social des vieilles nations industrielles. Les progrès du bien-être matériel par la consommation, dont profite une classe moyenne émergente, s'ils altèrent à court terme la compétitivité internationale, garantissent à plus long terme de nouveaux débouchés pour un système productif continuellement orienté vers plus de diversité.
Finissons alors, fût-ce provisoirement, avec J. Mulcahy, directeur général de WI Carr, Indosuez Capital, qui déclare que « le principal risque qui menace l'Asie est sa maturité économique » et « qu'une chose est sûre : il ne faut pas sous-estimer la capacité de ces pays à s'adapter à une nouvelle donne ». (Propos recueillis par Valérie Brunschwig, *Le Monde*, mardi 21 janvier 1997).

Synthèses

1. La réforme agraire à Taiwan : une industrialisation par l'agriculture

Introduction

Taiwan offre un modèle de développement à antécédence agricole. En effet, la modernisation agricole s'est effectuée rapidement et a déclenché une industrialisation tournée vers la demande des agriculteurs. Modernes et dynamiques, ils ont alimenté par leurs activités des exportations diverses (produits agricoles, mais aussi petits jouets et objets fabriqués dans les fermes) dont les profits ont été constamment réinvestis. Déjà, René Dumont écrivait : « [...] c'est le seul pays en voie de développement à avoir réussi sa transformation agraire ; des résultats économiques éblouissants ont été obtenus. » Les objectifs de cette réforme agraire peuvent se résumer ainsi :

cf. *synthèse* p. 26

– faire des propriétaires individuels et familiaux (et surtout pas collectifs),

– faire des propriétaires responsables obéissant aux lois du marché (et non pas aux ordres d'une bureaucratie),

– encourager le syndrome du « Laopan » (cette envie de devenir un entrepreneur qui, selon Sun Yat-sen, sommeille en tout Chinois),

– rompre les liens capital-terre pour favoriser la modernisation : les investissements des agriculteurs dans l'industrie ont été financièrement très encouragés.

1. Le développement imposé et la première industrialisation sont allés de pair sous le joug japonais

1.1. De 1895 à 1945, la colonie de Taiwan fut dédiée à l'approvisionnement agricole du Japon

Les Japonais dirigent les exploitations, privilégient les cultures du riz, du thé, du camphre et du sucre nécessaires à la consommation de la métropole.

cf. *chronol.* p. 88

1.2. Une modernisation importante et forcée

Les Japonais imposent l'irrigation, amorcent l'électrification et dictent l'usage d'engrais en créant sur place les usines permettant de répondre à cette demande. Mais le monde paysan reste pauvre, sans terres et peu productif.

1.3. Les paysans taiwanais deviennent, par contrainte, des exportateurs forcés

Les Japonais développent les transports pour enlever les marchandises et déplacent vers le nord les activités portuaires en direction du Japon.

Vaincus en 1945, les Japonais doivent quitter l'île pour Hondo et abandonner définitivement la direction et les propriétés de Taiwan. Le 8 décembre 1949, Tchang Kai Chek, vaincu, se retire à Taiwan avec 1,2 million de continentaux anticommunistes qui tentent d'échapper à la victoire du Parti communiste chinois sur le continent.

synthèses • 2

2. Les dirigeants du Kuomintang réalisent à Taiwan la réforme agraire promise à la Chine continentale vingt ans auparavant

2.1. *Les Américains incitent les nationalistes réfugiés sur l'île à réformer l'agriculture*

Les nationalistes vont la réaliser sans arrière-pensées car ils croient que leur échec (qui est, par contre, la réussite de Mao et de son communisme agraire) repose sur leur promesse non tenue d'une réforme agraire en Chine continentale lorsqu'ils y détenaient le pouvoir. Financièrement, les Américains leur octroient 135 millions de dollars pour la réaliser (de 1951 à 1953).

En avril 1949, une première législation avait amélioré le sort des fermiers ; le 15 juin 1949, les terres saisies aux Japonais sont mises en vente dans des conditions favorables aux petits fermiers-métayers sans terres ; le 26 janvier 1953, les grands propriétaires sont expropriés et leurs terres revendues à des petits métayers (195 000 familles pauvres en bénéficient). Les propriétaires sont indemnisés avec des bons fonciers d'État et des actions d'entreprises d'État ! Ainsi, on s'attache une foule de petits paysans, devenus propriétaires capitalistes avec des crédits peu coûteux et des dépenses limitées, alors que les grands propriétaires fonciers sont intéressés aux résultats des entreprises industrielles.

2.2. *La réforme agraire s'accompagne d'un effort considérable de formation*

La réforme s'inscrit dans un projet général : incitation aux cultures d'exportation, entretien des chemins ruraux, développement de l'électricité dans toutes les campagnes, facilités de crédit, encadrement par des spécialistes (payés avec les dollars des États-Unis) et ouverture et développement d'un enseignement agronomique qui va devenir un des plus performants de la planète. Formés, les agriculteurs taiwanais sont des spécialistes tournés vers la spéculation.

2.3. *Une véritable priorité au développement agraire préside aux politiques de développement de Taiwan*

Tous propriétaires, les agriculteurs sont encouragés à produire pour les marchés urbains et les marchés internationaux ; la collecte de denrées est facilitée par la taille de l'île, une spécialisation des régions ouest, proches des ports (au détriment de l'Est), et la macadamisation de 80 % des chemins de l'Île. Les prélèvements sur l'agriculture sont très modérés : les impôts des ruraux sont moins élevés que ceux des urbains, les prix sont attractifs pour les producteurs ; les profits, licites, s'accroissent vite ; on ne pressure pas l'agriculture mais, finalement, très vite, l'épargne du monde rural qui se gonfle et la demande en équipements vont autoriser l'investissement industriel. Certes, les campagnes ont été corsetées par les militaires (face à la menace d'invasion des communistes chinois, l'île est transformée en forteresse), mais l'adhésion des ruraux comblés d'avantages est évidente.

3. La réforme agraire est un facteur de l'industrialisation de Taiwan

3.1. *La réforme agraire capitaliste provoque la croissance de la production et l'autosuffisance*

De 1953 à 1978, la croissance de la production rizicole est si forte qu'en 1978 Taiwan devient excédentaire. Le gouvernement va donc encourager les cultures exportables, en veillant à s'adapter aux besoins réels du marché :

– de 1962 à 1978, ce sont les « champignons de Paris et les asperges » qui sont favorisés,

– puis les fruits : melons, ananas (en déclin vers 1980), bananes, agrumes, fruits tempérés, raisin, jus de fruits,

– les fleurs et les plantes d'appartement, les fleurs pour bouquets, les bonsaï, les jardins chinois, les orchidées (transportées par avion) se succèdent ou se complètent en des cycles rapides de production recherchant en permanence la spéculation lucrative.

Cette rotation rapide est possible car l'appât du gain est réel et la formation des agriculteurs élevée. La poussée de l'élevage (porcs, volailles, bovidés et bovins laitiers depuis 1980), de l'aquaculture (1re du monde) permettent d'enrichir la paysannerie, d'exporter et d'investir.

3.2. Les agriculteurs sont devenus de petits producteurs industriels

Poussés par de nombreux avantages, les propriétaires ont créé leurs petits ateliers domestiques tournés vers les commandes de l'extérieur : jouets en plastique à « deux sous » exportés dans le monde entier, petits objets « exotiques » en plastique ou en pseudo-céramique chinoise vendus dans les pays industrialisés par les chaînes de magasin d'exportation exotique, souvenirs *made in Taiwan* inondant les boutiques des sites touristiques de l'Italie à la Californie. Complétant leurs revenus, répondant aux injonctions des marchés internationaux, ces agriculteurs ont contribué à faire de Taiwan un pays exportateur ; on est loin des ambitions maoïstes qui voulaient créer des hauts fourneaux dans les campagnes et faire des communes populaires des centres industriels : des millions de Chinois continentaux ont payé cette folie de leur vie.

3.3. La demande du secteur agricole a été industrialisante

Les campagnes sont devenues un marché pour les produits industriels et les services (nourriture, électricité, vélos, scooters ; aujourd'hui : école, appareils ménagers, radios, téléviseurs, mais aussi engrais, phytosanitaires, machines, formation), d'où la création de plus d'un million et demi d'emplois non agricoles dans les campagnes, de 1952 à 1985. L'irrigation (58 % des terres sont sous contrôle hydraulique) a été fortement demandeuse de petits moteurs et de tubes ; la mécanisation a permis de fabriquer des machines de petite taille adaptées à la dimension des exploitations et aussi à la modestie des investissements industriels du début. On a beaucoup parlé de l'agriculture du « matelas » (épargne cachée sous le matelas) et d'une « agriculture du téléphone » (travaux agricoles importants effectués par des sociétés de travaux publics à façon, appelées par téléphone). Les associations de fermiers, outre leur rôle d'encadrement dans la lutte anticommuniste, ont constitué la colonne vertébrale du développement agricole ; elles ont en permanence formé et informé leurs adhérents. Les caisses d'épargne et les caisses de crédit ont permis l'achat de matériel et la construction de bâtiments agricoles. Les investissements agricoles ont été très importants et les campagnes sont devenues des marchés : bonne nourriture, électricité, école, appareils ménagers, téléviseurs, maison coquette... L'agriculteur taiwanais est devenu un consommateur de classe moyenne. L'exode rural a été enrayé et le temps partiel s'est répandu progressivement, ce qui a évité les bidonvilles et les drames habituels des villes du tiers monde.

Conclusion

Le TARI (*Taiwan Agricultural Research Institute*) de Taichung est l'un des centres agronomiques les plus réputés du monde. Toutes les universités taiwanaises possèdent une section agronomique essentielle. Pour faire une carrière politique, il fallait passer par un diplôme d'agronome, trouver un emploi dans les services ruraux et, enfin, aller aux élections sur les circonscriptions rurales.

synthèses • 2

Le Président Lee Teng Hui était un agronome. Une société rurale paisible, coquette, industrieuse, propriétaire et éduquée a fait de cette île un havre agricole : 600 habitants au km^2 (Île Maurice : 610, Bangladesh : 880) (on compterait 320 millions d'habitants en France si la densité était identique) produisent 5 fois plus au km^2 que les Français et disposent d'un PNB par tête de 12 500 dollars annuel. Il n'y a pas de bidonvilles, pas d'exode rural massif, on parle de « modèle flamand ». Taiwan a non seulement su réaliser une agriculture performante avec de petites exploitations, mais cette agriculture a constitué le soutien de l'industrialisation.

2. Panorama industriel : « Dragons » et « Tigres »

1. Les Dragons « économies-cités portuaires »

HONG KONG
PERFORMANCE INDUSTRIELLE
Part de l'industrie dans le PIB : 18,5 %
Les industries majeures (en millions de dollars)

	1994	1993
1. Vêtements	13,81	15,22
2. Horlogerie	2,13	2,39
3. Équipement informatique	2,05	2,43
4. Plastique	1,41	2,03

Encore n° 1 mondial dans la production de jouets (1 000 entreprises sur ce seul secteur), Hong Kong est aussi bien placé dans la sidérurgie, la réparation navale et la chimie.

SINGAPOUR
PERFORMANCE INDUSTRIELLE
Part de l'industrie dans le PIB : 36 %
Les industries majeures (en millions de dollars)

	1994	1993
1. Électronique	34,75	28,05
2. Produits pétroliers	7,54	7,90
3. Produits métallurgiques	3,88	3,44
4. Machines non électriques	3,16	3,62

Singapour produit la moitié des lecteurs de disques compacts fabriqués dans le monde et 8 Singapouriens sur 100 possèdent un téléphone cellulaire.

2. Les « grands » Dragons

RÉPUBLIQUE DE CORÉE
PERFORMANCE INDUSTRIELLE
Part de l'industrie dans le PIB : 43 %
Industries majeures (rang mondial, 1995)

Électronique : mémoires à puces	1
Électronique grand public	1-2
Constructions navales	2
Textiles synthétiques	3
Automobile	5
Sidérurgie	6

Encore n° 4 mondial dans la production de filés de laine, n° 7 pour les filés de coton, n° 8 pour la chimie de base.

TAIWAN
PERFORMANCE INDUSTRIELLE
Part de l'industrie dans le PIB : 35 % à 29 %
Industries majeures (en millions de t. ou d'unités)

	1994	1993
1. Téléviseurs (m. d'unités)	1,9	2,11
2. Fibres synthétiques (m. de t.)	2,5	2,27
3. PVC (m. de t.)	1,11	1,08
4. Constructions navales (m. de t.)	1,04	1,02
5. Acier (m. de t.)	18,82	17,9

Taiwan est devenue depuis le leader mondial du moniteur informatique, de l'agenda électronique, du clavier et du scanner informatiques.

3. Les « petits » Dragons

MALAISIE PERFORMANCE INDUSTRIELLE Part de l'industrie dans le PIB : 32 % à 43 % Les industries majeures (principales branches. Rang au début décennie)	**THAÏLANDE** PERFORMANCE INDUSTRIELLE Part de l'industrie dans le PIB : 33 % à 39 % Les industries majeures (en millions de t. ou d'unités)	
		1994
1. Produits chimiques, plastiques, pétrole raffiné	1. Automobiles (m. d'unités/1995)	0,433
2. Alimentation, boissons, tabac	2. Motocyclettes (m. d'unités)	13,00
3. Industries électriques et électroniques	3. Ciment (m. de t.)	29,9
4. Produits en caoutchouc	4. Fer galvanisé (m. de t.)	0,307
5. Bois, ameublement	5. Sucre (m. de t./1995)	5,5
6. Textile, confection, cuir	6. Pneumatiques (m. de t.)	0,10
7. Matériel de transport (automobile)		
La Malaisie est relativement riche en matières premières et sources d'énergie. Le secteur des industries extractives et de l'énergie est important à l'échelle de ce pays. La Malaisie reste un grand producteur d'étain (minerais de cassitérite), de caoutchouc naturel (latex issu de l'hévéaculture – 3e rang mondial après la Thaïlande et l'Indonésie). Avec 35 m. de t., le pétrole est devenu une ressource importante constituant de 6 % à 10 % de ses exportations.	Bangkok se veut le « Détroit » de l'Asie. L'objectif des Thaïlandais est, en effet, de fournir la moitié de la demande d'automobiles de la région. *Via* de multiples *joint-ventures*, les constructeurs japonais maîtrisent déjà 90 % du marché thaïlandais. Celui-ci a augmenté de 267 % entre 1989 et 1994 grâce à Mitsubishi (VU), Toyota, Honda et Isuzu. Les Américains suivent : Ford en coopération avec Mazda, Chrysler avec Volvo.	

PHILIPPINES PERFORMANCE INDUSTRIELLE Part de l'industrie dans le PIB : 33 % Les industries majeures (1994)		**INDONÉSIE** PERFORMANCE INDUSTRIELLE Part de l'industrie dans le PIB : 22,3 % / 41 % Les industries majeures (1994) (en millions de t. ou d'unités)	
			1994
1. Vêtements	5. Mécanique	1. Motocyclettes (m. d'unités)	0,781
2. Agro-alimentaire	6. Sidérurgie	2. Automobiles (m. d'unités/1995)	0,383
3. Électronique	7. Pharmacie	3. Pneumatiques	11,5
4. Ciment	8. Pâte à papier	4. Ciment (m. de t./1995)	23,31
Dans les années 1950, ce pays était le mieux placé pour un décollage industriel et, de fait, l'industrialisation a démarré. Mais le passage de l'ISI à l'IPE n'est pas bien mené, la corruption sous le régime Marcos, le boulet de l'agriculture et la dette – un vrai « syndrome latino-américain » – ont obéré la croissance. Celle-ci est de retour depuis 1994. Cette renaissance peut prendre appui sur un tissu industriel déjà diversifié.		L'Indonésie est le « géant » de l'Asie du Sud-Est et ses ressources naturelles sont à la hauteur de sa taille. L'Indonésie, membre de l'OPEP, est 2e producteur de pétrole de l'Asie orientale après la Chine, 6e producteur mondial de gaz naturel, 2e pour l'étain et le caoutchouc naturel ; on y trouve aussi de la bauxite, du cuivre, du nickel... Néanmoins, les produits manufacturés représentent 40 % des exportations et les hydrocarbures plus du tiers.	

Plan

1. La Corée du Sud : le succès des choix anticommunistes

Introduction

L'État, les capitalistes coréens, les Américains, une vraie réforme agraire, une population habile sont les facteurs initiaux de l'industrialisation coréenne.

cf. *chronol.* p. 82-83

1. La frontière nord et le contact avec la partie communiste dictaient la volonté de réussite

1.1. L'enjeu coréen était un enjeu Est-Ouest

Dans la bataille face au communisme, Américains et Japonais ont soutenu par tous les moyens leurs alliés anticommunistes : intervention de l'ONU (1950), traité militaire (1954), pleine assistance diplomatique, financière, politique.

1.2. Le choix de l'insertion dans la division internationale du travail capitaliste occidentale était donc logique

Les dirigeants coréens ont, finalement et rapidement, sous l'influence des économistes Vernon et Balassa, opté pour la politique de promotion des exportations (PPE) qui permit de financer lentement la remontée des technologies. Malgré leur contentieux historique, les Coréens du Sud ont supporté l'allié des États-Unis, le Japon. Celui-ci a transféré ses usines polluantes, dans les années 1970, et a suppléé les États-Unis lorsqu'ils ont rencontré des difficultés.

1.3. La Corée a bénéficié de toutes les dérogations possibles du GATT et de la bienveillance occidentale

Protection des industries en enfance*, peu de zones franches, won (monnaie) sous-évalué, fermeture du marché coréen, fermeture aux capitaux non contrôlés par l'État, dirigisme des politiques, corruption, assassinat furent tolérés par les États-Unis.

2. Les Américains ont soutenu une expérience et un client décisifs dans la lutte contre le communisme

2.1. La Corée « pensionnée » des États-Unis

L'aide économique est devenue essentielle dès août 1945. L'UNKRA (United Nation for Korean Rehabilitation Agency) apporta de 1945 à 1960 2 051 millions de dollars. L'aide a représenté :

- de 1953 à 1962 : 8 % du PNB de la Corée,
- de 1963 à 1964 : 6,5 %,
- de 1965 à 1974 : 4,4 %.

En 1986, l'aide ne représente plus que 0,42 % du PNB et, à partir de 1987, la Corée donne plus qu'elle ne reçoit.

2.2. La Corée a accompli une profonde réforme agraire

Cette réforme conduite de 1948 à 1958, par étapes, a permis de créer une agriculture de paysans propriétaires efficaces, protégés par les barrières dressées contre les importations de riz. De 1961 à 1972, l'agriculture fut modernisée, ce qui libéra de la main-d'œuvre pour l'industrie. En 1977, l'autosuffisance en riz était atteinte.

2.3. La Corée a contrôlé sa population au plan démographique et moral

La politique démographique a été efficace mais peu démocratique ; les mères de deux enfants ont été stérilisées, la natalité fortement réduite. Aujourd'hui, la Corée a achevé sa transition démographique tout en restant encore pour quelques années un pays jeune. Le mouvement SAEMAUL de réarmement moral a encadré la population. Lancé en 1979, il avait pour fonction de s'opposer à la Corée du Nord, son conseil consultatif dépendant du ministre de l'Intérieur définit les objectifs économiques et les étapes de l'industrialisation.

3. La Corée du Sud, dirigiste, est devenue un pays bien inséré dans la division internationale du travail

3.1. Première étape : planification, dirigisme, outillages, brevets simples, exportations de produits à faible valeur

C'est un véritable capitalisme d'État qui se mit en place. L'État dirige l'économie : pressions politiques, conférence mensuelle des ministres, impôts sélectifs, politique du crédit, récompenses, médailles, ordres, pots de vins, intimidations, tout est utilisé pour industrialiser. Les maîtres du régime n'ont aucun intérêt foncier : seule l'industrialisation peut leur permettre l'enrichissement et la survie. L'investissement étatique a pu représenter jusqu'à 33 % de l'investissement total. La politique choisie comporte deux volets. L'un est finalement positif : il s'agit d'utiliser la main-d'œuvre peu payée et soumise aux pressions de la police et de l'armée pour exporter des produits de faible valeur fabriqués dans des entreprises à basse intensité capitalistique (l'investissement majeur : des machines à coudre). L'autre versant, négatif, consiste à constituer de grands conglomérats et des usines sidérurgiques lourdes dont la taille est capable de faire pièce à la propagande et aux « réalisations » gigantesques mais peu efficaces des communistes du Nord.

Cette pré-industrialisation comporte deux phases :

1950-1959	Confection, chaussures, jouets, agro-alimentaire (sucres, farines), engrais.
1960-1969	Textiles, vêtements, jouets, montres, appareils photo, agro-alimentaire, ciment, raffinage pétrolier, montage électronique.

3.2. Deuxième étape : remontée des technologies et reconnaissance internationale mais fort endettement

C'est le choix de maîtriser l'industrie lourde qui prédomine pendant la première phase, et l'orientation vers les technologies de pointe pendant la seconde phase.

1971-1979	Sidérurgie, pétrochimie, mécanique, construction navale, papeterie. Fortes délocalisations des activités industrielles polluantes du Japon. Téléviseurs, calculatrice, montage électronique.
1980-1989	Automobile, électricité, composants électroniques, semi-conducteurs, biotechnologies, énergie nucléaire, informatique.

3.3. Troisième étape : l'expansion hors des frontières

Les excédents commerciaux et la résorption de la dette permettent, outre les exportations de marchandises, l'exportation de capitaux vers les grands marchés occidentaux.

Conclusion

Certaines faiblesses sont cependant remarquables : la formation et le niveau technique des Coréens se sont fortement élevés, mais pas les salaires ni le niveau de vie. Aussi, après quarante ans de sacrifice, la population coréenne aspire-t-elle à la liberté et à la consommation.

plan • 2

2. Les quatre nouveaux pays industrialisés (NPI) de l'Asie de l'Est : une réussite précoce aujourd'hui acquise

Introduction

Les NPI sont des pays qui possèdent une économie fondée sur l'industrialisation et l'extraversion. On estime qu'un pays a atteint le stade de NPI lorsqu'une part importante de sa population travaille dans le secteur manufacturier, que ses exportations croissantes comportent une part, elle aussi croissante, de produits manufacturés, que son agriculture consomme des intrants industriels, que le passage d'une économie extensive* à une économie intensive* se réalise et que le taux général de croissance du PIB s'élève rapidement. Les quatre NPI d'Asie (NPIA) ne sont que deux cités-États (Singapour et Hong Kong) et deux petits États (Corée du Sud et Taiwan). Les ressources exceptionnelles d'une humanité habile permettent d'exploiter les retournements économiques. La conjonction des lieux, de l'histoire et de l'économie a été fort heureusement utilisée. Les résultats industriels sont importants.

1. Les « secrets » d'une croissance exceptionnelle ne sont pas si complexes

1.1. Il s'agit d'un processus d'industrialisation réussi

cf. *cours* p. 57

Une première étape d'industrialisation par substitution d'importations (PSI*) s'est avérée rapidement improductive car les marchés nationaux étaient trop étriqués (peu solvables). On cherchait d'abord à remplacer par des fabrications nationales les produits jusque-là importés en imaginant que cela permettrait de s'industrialiser sans faire appel aux capitaux des anciens colonisateurs.

La nouvelle étape, l'industrialisation par la promotion des exportations (on cherche à développer les exportations en profitant du coût peu élevé de la main-d'œuvre) fut celle de la réussite.

1.2. Les carrefours maritimes sont devenus encore plus essentiels avec l'internationalisation accrue des trente glorieuses

Ces régions ont été configurées par les colonisateurs pour devenir des régions exportatrices : plantations, mines, voies ferrées, ports, système des commerçants locaux (*compradores*) au service des exportations coloniales, tout était agencé pour le commerce.

cf. *cours* p. 95

Lorsque, à partir des années 1960, les échanges internationaux se multiplièrent, ces ports devinrent de grands carrefours maritimes sur les routes du commerce du Japon avec le Moyen-Orient, l'Europe, l'Océanie et l'Afrique. Certains ports (Singapour, Hong Kong, Pusan) ont bien réussi (mais pas Shanghai qui possédait certainement le savoir-faire, mais était bridé par l'idéologie maoïste). Ils ont profité de ces échanges pour s'industrialiser progressivement.

1.3. La peur du communisme et la pression des PVD ont poussé les pays capitalistes à aider ces régions

Il ne s'agissait pas, bien sûr de répondre aux demandes des CNUCED* des non-alignés (ce qui fut en partie fait avec le SGP* et les accords ACP*), mais de les contourner de quatre manières :

cf. *synthèse* p. 21

- en supprimant les facteurs propices à la poussée communiste. (problèmes agraires),
- en favorisant des régimes favorables aux capitalismes, qu'ils soient démocratiques ou non.

cf. *synthèse* p. 69

- en favorisant l'émergence d'une bourgeoisie industrielle et commerçante capable d'entraîner le pays sur la voie d'une industrialisation,

■ en tolérant une dette forte (et en la finançant) et des pratiques commerciales peu libre-échangistes (protection des industries en enfance*, protection du marché agricole).

2. Cette voie de développement s'est donc appuyée sur trois atouts exogènes

2.1. Une aide importante de l'étranger et surtout des États-Unis

Ceci en particulier à Taiwan et en Corée du Sud (depuis la guerre de Corée de 1950 à 1953) face à la poussée communiste. L'influence sur les Philippines, l'Indonésie, la Malaysia a été moins hégémonique, car les États-Unis avaient un contentieux avec les Philippines (ancienne colonie des États-Unis de 1898 à 1941). Les conséquences de cette influence sont décisives : les Américains imposent des réformes agraires créant une classe de propriétaires terriens et en supprimant la question agraire (terreau du communisme asiatique) et, du même coup, les sources du pouvoir des oligarchies foncières, souvent compromises avec l'occupant japonais pendant la période coloniale. Ainsi, de nouvelles forces politiques émergent qui n'ont pas d'intérêt foncier (surtout l'armée et les commerçants) et qui joueront le jeu de l'industrialisation et de l'extraversion.

2.2. Des investissements directs étrangers

cf. *cours* p. 153

Ils ont permis la création de sociétés, le rachat d'entreprises, la création de *joint-ventures*. Les sources des capitaux (États-Unis, Japon), le cycle du produit, l'insertion dans la DIT ont constitué les atouts essentiels du transfert de technologies.

2.3. Une utilisation systématique de la sous-traitance

Dans le cadre de la délocalisation industrielle du Japon et des autres pays industrialisés, de nombreuses usines polluantes ou nécessitant une main-d'œuvre abondante ont été implantées dans ces pays qui avaient clairement choisi le camp du capitalisme. Ainsi se développèrent, dans les années 1970, les « usines-tournevis » dans ces « pays-ateliers ».

3. Cette voie de développement s'est appuyée sur trois atouts endogènes

3.1. Une main-d'œuvre abondante

L'afflux de main-d'œuvre est alimenté par les campagnes. Les salaires sont très bas et l'on n'hésite pas à employer un pourcentage élevé de femmes et d'enfants, car le syndicalisme est présenté comme une trahison communiste passible de mort ou d'emprisonnement.

3.2. Une mobilisation des populations

Cette mobilisation a été forcée. Pas de syndicats, dictature politique, « réarmement moral » face aux communismes... Autant de bases du système de régulation sociale. Mais cette mobilisation de la volonté populaire faisait appel à un certain esprit de sacrifice envers la collectivité (influence du confucianisme ?), à la propagande nationaliste et utilisait les exactions et les échecs du communisme chinois comme un épouvantail. De plus, la réussite individuelle était toujours possible : de nombreux nouveaux riches émergeaient aussi bien dans les campagnes que dans les villes servant d'exemples à la masse rebutée par la médiocrité et l'uniformité de la Chine. Il faut dire que la réussite de la mobilisation a été proportionnelle à la qualité des élites : là où elles ont été frugales et exigeantes à l'égard d'elles-mêmes, comme ce fut le cas à Singapour, l'adhésion au système, aussi aliénant fût-il, a été massive. Par contre, en Corée, l'adhésion a été obtenue par la force (aux Philippines la corruption du régime a découragé les populations, ce qui explique l'échec philippin).

cf. *synthèse* p. 31

plan • 2

cf. *clés* p. 81-82

3.3. Un choix stratégique économique maintenu fermement

Les choix du capitalisme, de l'industrialisation par promotion des exportations et de la remontée des filières ou des technologies ont été fermement maintenus (à la différence des Philippines, de l'Indonésie, de la Malaisie et même de la Thaïlande où les élites, faute de réforme agraire réelle, ont dû maintenir un discours tiers-mondiste pour calmer le mécontentement populaire rural et lutter contre les guérillas). En Corée, malgré les coups d'États et la valse des généraux, la politique d'investissements industriels a toujours été maintenue.

Conclusion

Cette croissance extravertie avait des limites. Mais c'est la croissance en partie réussie qui impose aujourd'hui (depuis 1990) des adaptations face à des difficultés externes (exigences de la population, dévaluations et problèmes monétaires, néoprotectionnisme, endettement, ralentissement de la croissance).

Les monnaies asiatiques

Pays	Monnaie	Norme ISO	Pays	Monnaie	Norme ISO
Brunei	dollar	BND	Laos	kis	LAK
Cambodge	riel	KHR	Malaisya	Ringgit	MYR
Chine	renminbi yuan	CNY	Myanmar	kyat	MMK
Corée du Nord	won	KPW	Philippines	peso	PHP
Corée du Sud	won	KRW	Singapour	dollar	SED
Hong Kong	dollar	HKD	Thaïlande	bath	THB
Indonésie	rupiah	IDR	Taiwan	dollar	TWD

Clés et repères

Chronologie : de la colonisation à l'insertion dans la DIT*

Brunei

(cf. *carte*, p. 136)

1888 Protectorat britannique.
1959 Autonomie interne.
1971 Constitution.
1984 nouvelle constitution lors de l'Indépendance ; le sultan devient chef de l'État. Les hydrocarbures représentent le pilier de l'économie.

Chine

(cf. *carte*, p. 131)

1912 Sun Yat-sen proclame la république.
1931 Le Japon s'empare de la Mandchourie.
1937 Le Japon envahit la Chine ; violences contre la population civile.
1945 Le Japon se retire des territoires chinois ; une guerre civile éclate entre les nationalistes du Kuomintang conduits par Tchang Kai Chek et les communistes favorables à Mao Zedong.
1949-1954 Échec du modèle stalinien appliquée à la Chine.
1949 Les forces communistes contrôlent la Chine continentale, Mao instaure une république populaire ; les nationalistes fuient vers Taiwan.
1949 Réforme agraire, distribution des terres ; le morcellement excessif provoque un effondrement de la production agricole.
1953-1958 Premier plan quinquennal, priorité à l'industrie lourde.
1954 Limitation des naissances (politique des réalistes).
1955-1976 L'idéologie maoïste appliquée à la Chine.
1955-1979 Bataille politique entre les *maoïstes* (Mao, Ling Piao), qui prônent la rupture avec l'URSS et « une politique économique révolutionnaire », et les *réalistes* (Deng Xiaoping, Liu Shao Qi) qui préconisent des pratiques économiques souples.
1958 Le Grand bond en avant (maoïste) prétend faire de la Chine un pays développé en brûlant les étapes.
1957-1958 Mao encourage l'abandon des politiques antinatalistes.
1959-1961 Difficultés économiques, disettes, famines. Mao est critiqué.
1960 Rupture officielle avec l'URSS.
1962 Création des Communes populaires chargées de produire pour l'agriculture et l'industrie. Remise en avant de politiques antinatalistes.
1964 Les difficultés économiques de la politique gauchiste permettent aux réalistes de contester un peu le pouvoir de Mao.
1965 Mao tente de reprendre le pouvoir ; début de la « grande révolution culturelle prolétarienne » ; durant des années, plusieurs millions de personnes sont tuées au nom de la purification idéologique.
1966 Abandon des politiques antinatalistes (volonté de Mao).
1965-1970 Retour des disettes et des famines.
1970 Malgré l'échec de la révolution culturelle, Mao résiste aux réalistes.
1971 La Chine communiste siège à l'ONU, Taiwan en est évincée.
1971 Retour des politiques antinatalistes.
1976 Les morts de Mao Zedong et de Zhou En lai permettent des réformes.
1976-1979 Démaoïsation cachée ; les réalistes prennent peu à peu le dessus… en proclamant leur fidélité à Mao.
1979 Ouverture chinoise et « socialisme de marché ».

1979-1980 Premières réformes ; code sur les entreprise étrangères ; création des quatre ZES (zones économiques spéciales).
1979 Politiques antinatalistes drastiques : un seul enfant par couple.
1982 Ouverture économique et réformes sociales, décentralisation.
1982 Début du processus de décollectivisation des terres.
1981-1987 Élargissement des ZES, ouverture des deltas et des ports, appel à l'investissement étranger.
1984 Ouverture des Quatorze villes.
1985 Ouverture des Trois deltas.
1987 Élargissement des deltas ; Hainan devient une ZES ; le Guandong est proclamé ZEPIR (zone économique provinciale industrielle) ; le Liaodong et le Shandong sont érigés en ZEO (zone économique ouverte).
1987 Privatisation des terres agricoles.
1988 Villes et ports côtiers sont ouverts au commerce avec l'étranger. (cf. *plan,* p. 142)
1989 Des manifestations prodémocratiques ont lieu à Beijing ; massacre de la place Tianan men : l'armée blesse et tue des milliers de manifestants (3-4 juin).
1989 Forte croissance économique et tensions inflationnistes.
1993 Nouvelles réformes ; la modernisation.
1994 Réformes fiscales ; réforme du secteur financier.
1995 Réforme des entreprises d'État.
1994 Développement de la bourse de Shanghai.
1996 Le déficit commercial avec la Chine devient le premier déficit commercial des États-Unis.
1997 Mort de Deng Xiaoping.

Tableau 8. Les stades de l'économie chinoise selon les hiérarques réalistes du Parti communiste chinois	
Avant 1949	Selon le PCC, la Chine était féodale et coloniale.
1949-1979	Selon le PCC, la tentative de créer une « économie socialiste » dans un pays qui n'a pas connu la phase du capitalisme n'est pas réussie.
1979-1987	Le PCC reconnaît l'échec du « socialisme primitif » (1987).
1987	Le PCC admet qu'il faut une phase d'industrialisation « sur la base d'un capitalisme hautement développé » permettant la transition vers le « socialisme réel ». Cette phase est baptisée « socialisme de marché ».

Il s'agit, en fait, de faire admettre la continuité du pouvoir des communistes, de rendre supportable la dictature par les progrès économiques, d'utiliser la cupidité des capitalistes étrangers en autorisant dans une partie de la Chine des pratiques capitalistes.

Corée du Sud

(cf. carte, p. 125)

La Corée fut unifiée au VIIe siècle. La Chine impériale la contrôla jusqu'au XIXe siècle.

Une histoire coloniale : un héritage sino-nippon

1868 Premières pressions japonaises sur la Corée.
1895 La Chine reconnaît l'indépendance de la Corée (guerre sino-japonaise).
1910 Le Japon annexe la Corée.
1910 Installation du premier gouverneur japonais à Séoul.
1942 Syngman Rhee, opposant antijaponais, s'installe aux États-Unis.

Une région au cœur de la guerre froide

1945 Après la reddition japonaise, les troupes américaines et soviétiques occupent la Corée en deux zones séparées par le 38e parallèle.
1946 1/3 de riz en moins ; famine dans le Nord.
6 sept. 1947 L'Assemblée de l'ONU adopte une résolution pour l'organisation d'élections en Corée, afin de constituer un gouvernement unique de la Corée.
10 mai 1948 Élections dans le Sud ; majorité pro-américaine.
15 août 1948 Gouvernement de la République (Première République) de Corée, reconnu par les États-Unis, l'ONU, et présidé par Syngman Rhee au Sud.

8 sept. 1948	Constitution d'un gouvernement communiste dans le Nord (présidé par Kim Il Sung).
1948	Proclamation de la république de Corée, sous contrôle des États-Unis, en Corée-du-Sud
25 juin 1950	Aux menaces de Syngman Rhee, Kim Il Sung répond par la force : début de la guerre de Corée et déroute de l'armée du Sud ; MacArthur, envoyé par l'ONU, réoccupe Séoul en septembre ; intervention des volontaires chinois ; deux ans de guerre stabilisée autour du 38e parallèle nord conduisent l'URSS à proposer sa « médiation ».
27 juil. 1953	L'armistice de Pan Mun Jon établit une ligne de démarcation ; les négociations continuent jusqu'en 1994 ; 400 000 morts et blessés militaires au Sud, 800 000 au Nord, deux fois plus pour les civils.
1953-1956	L'aide américaine (1 700 millions de dollars) ne permet pas de rétablir la situation économique.
	Une vie politique agitée et troublée par la violence
1960	Famines agricoles (10 % des familles), importantes disettes.
19 avril 1960	Révolte des étudiants contre Syngman Rhee qui est exilé.
Juillet 1960	Élections (IIe République), effondrement politique et économique.
16 mai 1961	Coup d'État militaire de Park Chung Hee.
1963	Park Chung Hee, « élu » « Président » (IIIe République).
1971-1972	Troubles universitaires, état d'urgence (6-12-71).
4 juil. 1972	Adoption d'une constitution nouvelle (IVe République).
26 oct. 1979	Assassinat de Park.
1979	Grèves, manifestations, arrestations des opposants, révolte des régions sud du pays.
1er sept. 79	Le général Chun Too Hwan est « nommé » Président (Ve République coréenne).
2 fév. 1981	Reagan promet à Chun Too Hwan de maintenir ses troupes.
11 mars 1982	Les étudiants incendient le centre culturel américain de Pusan.
Mars 1984	Manifestations étudiantes dans 55 universités.
1985	succès importants de l'opposition (mais elle est divisée). Malgré cela, une réussite économique assez évidente.
	1962-1989 : l'industrialisation coréenne
1945-1950	Le secteur primaire domine.
1950	Politique de PSI*; échec.
1962	Politique de promotion des exportations*.
1962-1966	Le 1er plan met en place une industrie textile.
1967-1972	Création des industries lourdes de base.
1972-1980	Implantation des activités électroniques.
1981	Développement de l'industrie automobile.
1989	Le wong ne résiste plus au boom économique et s'évalue fortement ; les salaires augmentent.
	La réussite économique impose la démocratisation du pays. 1989-1999 : l'ère de l'adaptation
Avr. 1985-juin 1988	Violentes oppositions, manifestations, occupations étudiantes ; arrestations de plusieurs milliers d'étudiants dont un grand nombre sont incarcérés ; torture d'un étudiant par la police, ce qui provoque sa mort ; explosion généralisée.
1987	Les travailleurs des classes moyennes se joignent aux étudiants pour manifester.
29 juin 1988	Le candidat gouvernemental s'engage à organiser des élections véritablement libres.
Juil. à sept. 1988	Trois mois des plus grandes grèves ouvrières de la Corée.
27 nov. 1987	Référendum sur la nouvelle constitution qui accepte la démocratisation, le suffrage universel et un mandat présidentiel de cinq ans.
12 déc. 1987	Élection présidentielle libre.
Sept. 1988	Jeux Olympiques de Séoul.
Déc. 1996	Grandes grèves contre la modification restrictive de la législation du travail. (cf. *synthèse*, p. 39)

Indonésie

(cf. *carte*, p. 129)

	Les marchands hindous atteignirent l'Indonésie il y a environ 2000 ans, y établissant une culture hindoue et bouddhiste. L'islam s'implanta au xve siècle. Seule Bali est restée bouddhiste.
1511-1521	Les galions portugais arrivent à Malacca, aux Moluques, à Sumatra.
1577	Les marchands hollandais maîtrisent « l'Insulinde ».
1885	Découverte de pétrole au nord de Sumatra.
1907	Formation de la Royal Dutch Shell.
1912	Arrivée de la Standard Oil of New Jersey.
1933	Socony Vacuum (Mobil) en Indonésie.
1936	Texaco et Standard Oil of California fondent Caltex en Indonésie.
1941	Destruction des puits face à l'invasion japonaise.
1941-1945	Les forces japonaises occupent le pays.
1944	Les Japonais découvrent le gisement pétrolier de Minas à Sumatra.
1945-1949	Les nationalistes, conduits par Sukarno et Hatta, se battent pour l'indépendance.
1949-1963	La Hollande reconnaît l'indépendance de l'Indonésie.
	Le modèle de développement : le non-alignement en association ambiguë avec le Parti communiste indonésien
1955	Conférence de Bandung.
1957	Nationalisation des intérêts hollandais.
1957	La « démocratie dirigée » ; Sukarno s'octroie l'essentiel des pouvoirs.
1958	Rébellions sécessionnistes de Sumatra et des Célèbes (soutenue par la Malaisie).
1959	Rapprochement avec la Chine maoïste qui soutient le gouvernement révolutionnaire de la République d'Indonésie, proclamé par Sukarno (il s'appuie sur les communistes, contre les sécessionnistes financés par Taiwan et les États-Unis).
1960-1963	La politique du NAKASOM (Nationalism Agama Komunisme) : une politique désordonnée de substitution des importations ; nationalisations, développement d'un secteur public productif ; croissance d'une administration pléthorique ; nationalisme et volontarisme de la politique économique.
1962	Rupture des relations avec les Pays-Bas.
1963	Mouvement d'appropriation des terres par les communistes.
1965	Départ de l'ONU.
1965	Confiscation des biens américains.
1965	Caltex, Stanvac, Shell sont placés sous contrôle public indonésien.
	L'ordre nouveau : la *Berkeley Mafia* au pouvoir, une politique d'industrialisation et de fermeture nationaliste (1973-1983)
1965-1966	Le lieutenant général Suharto, soutenu par les États-Unis, fait échouer un coup d'État (monté par les communistes prochinois ?). Il déclare le Parti communiste hors la loi et fait exécuter 500 000 de ses membres.
1967	Entrée dans l'ASEAN ; une équipe de jeunes économistes formés à Berkeley réorganise l'économie (l'inflation passe de 106 % par an en 1967 à 11 % en 1969).
1972-1981	Valorisation des ressources forestières, minières et pétrolières.
1973-1983	Création d'une industrie nationale protégée ; obligation pour importer et investir en Indonésie d'obtenir une licence ; droits de douanes élevés ; taxes sur les importations (60 % sur les produits automobiles).
1976	Le *Deletion Programm* impose l'usage de pièces détachées nationales dans l'automobile. L'Indonésie s'endette et tente de s'industrialiser grâce aux rentes apportées par les ressources naturelles.
1981-1985	Phase de difficultés.
1982	Fin du boom pétrolier.
1983	Le service de la dette passe à 40 % des recettes d'exportation.

1983	Réactions défensives face à la crise : octroi de situations de monopole de la vente (264 produits), dont l'acier, les oranges ou les clous de girofle.
	L'ouverture de l'Indonésie. 1986-1999 : le tournant de la déréglementation
	212 entreprises sont privatisées, transformées en sociétés de droit privé ou en SARL mixtes. L'État se désengage, mais reste prépondérant dans les mines, l'aéronautique, les constructions navales.
1990	Libéralisation et ouverture du système financier.
1991	Programme d'assainissement du FMI ; abaissement des droits de douanes ; clarification de la législation sur la propriété intellectuelle.
1992	Nombreuses suppressions de barrières non tarifaires et de licences.
1996	Encouragements des investissements étrangers.
1994-1997	Les capitalistes indonésiens protégés résistent à l'ouverture. (cf. *synthèse*, p. 42)

Hong Kong

(cf. *carte*, p. 121)

	Avant la guerre sino-britannique du XIXe siècle, l'île de Hong Kong et la péninsule de Kowloon étaient rattachées à la Chine.
1821	Fondation de Hong Kong.
1841	Hong Kong devient un port franc.
1842	La Chine cède Hong Kong à la Grande-Bretagne par le traité de Nankin.
1898	La Grande-Bretagne loue le nord de Koowlon (les nouveaux territoires) pour 99 ans.
1941	Le Japon occupe la colonie.
1945	Les Japonais se rendent ; le contrôle revient au Royaume-Uni.
1950	Amorce de transformations économiques à Hong Kong.
1974-1976	Le marché de l'or prend de l'importance à Hong Kong en réaction aux accords de la Jamaïque (1976).
1976	Législation bancaire très attractive.
1983	Les exportations de Hong Kong prennent de l'importance ; excédent de la balance des biens et services.
1984	La Chine et le Royaume-Uni décident d'un commun accord que Hong Kong retournera sous domination chinoise le 1er juillet 1997 ; les Chinois s'engagent à traiter Hong Kong comme une région spéciale, à partir de cette date, en lui garantissant ses régimes économiques et sociaux préexistants, pour au moins 50 ans.
27 juin 1997	Retour à la Chine et constitution d'une Région d'administration spéciale (RAS). (cf. *synthèse*, p. 40)

Macao

	Avant l'arrivée des Portugais, Macao appartenait à la Chine.
1887	Un traité sino-portugais reconnaît le contrôle portugais.
1941-1945	Période d'occupation japonaise.
1961	Macao devient une province portugaise d'outre-mer.
1987	La Chine et le Portugal s'entendent sur le retour sous domination chinoise de Macao en 1999 ; les Chinois acceptent de considérer Macao comme une région spéciale, à partir de cette date, lui garantissant le maintien de son régime économique et social pour une durée d'au moins 50 ans.

Malaisie et Malaysia

(cf. *carte*, p. 126-127)

	La région, habitée par des Malais, fut indianisée (hindouisme puis bouddhisme, écriture sanskrite, caste, monarchie divinisée et centralisée), puis connut, à partir du XIVe siècle, une islamisation décisive. Malacca, sur la route des épices, devint, avec son centre relais de Bornéo, Brunei, un puissant sultanat contrôlant une bonne partie de Sumatra.
1511	Les Portugais à Malacca.
1786-1867	Les Britanniques placent la région sous leur influence.
1841-1946	James Brook fonde la dynastie des White Rajahs en s'emparant du Sarawak avec l'aide du sultan de Brunei, contre les pirates malais.
1941-1945	Occupation par les forces japonaises. 1945 : retour des Anglais.
1949-1957	Luttes pour l'indépendance (communistes et partis nationalistes).
1957	La Malaisie obtient son indépendance du Royaume-Uni.
1957	L'économie dépend de l'hévéa, du palmier à huile et de l'étain.
1963	Création de la Fédération de Malaysia par la Malaisie, Singapour, Sabah et Sarawak ; la Fédération est membre du Commonwealth.
1963-1969	Politique de diversification agricole et création de zones franches industrielles pour attirer des capitaux étrangers.
1968	Code d'investissement favorable aux investissements étrangers (sera utilisé en deux étapes : à partir de 1974, et surtout avec la libéralisation de 1986).
1969	Violentes émeutes raciales (antichinoises) qui révèlent le mécontentement profond des Malais (les *bumiputras*).
1969-1985	La NEP : donner le pouvoir économique aux *bumiputras*.
1970	Politique de redistribution du capital des entreprises en faveur des Malais contre les Chinois et les étrangers.
1973-1974	Illusions pétrolières ; industrie lourde ; appel au capital étranger, mais aussi création d'un vaste secteur public ; fort endettement.
1973	La Malaisie devient le premier exportateur mondial de composants électroniques devant Singapour.
1983	La dette extérieure atteint 8 milliards de dollars.
1985	La croissance annuelle devient négative (– 1,5 %).
	L'ouverture en Malaysia
1986	Le *Promotion Exportation Act* favorise l'exportation. Encouragements à l'investissement.
1987	Début des privatisations dans les transports ainsi que les industries lourdes ; fort afflux des capitaux étrangers ; début de la croissance boursière.
1988	Début de la croissance économique malaise.
1991	Officialisation de l'abandon de la NEP au profit de la politique de développement national (NPD).
1992	Troubles politiques et retrait des capitaux étrangers.
1993	Le nouveau Premier ministre, Mahatir Bin Mohammad, réduit l'influence des sultans et assure un pouvoir fort.
1993	Relance des politiques de développement favorisée par la stabilisation politique.
1996	Kuala Lumpur, 11e bourse du monde.

(cf. *synthèse*, p. 37, 41 ; et *cours*, p. 162)

Philippines

(cf. *carte*, p. 132)

	Des ethnies d'origine malaise occupaient l'ensemble de l'île avant le contact avec les Européens.
1521	Magellan visite l'archipel et y meurt.
1565	L'Espagne entame la conquête de l'île.
1571	Les Espagnols fondent Manille.
1898	L'Espagne cède les Philippines aux États-Unis.
1899-1905	Les États-Unis répriment les guérillas indépendantistes.
1934	Les États-Unis accordent un gouvernement autonome aux Philippines.
1941	Attaque des Japonais qui occupent l'île tout au long de la Deuxième Guerre mondiale.
1946	Les États-Unis accordent l'indépendance.

1946-1968 Troubles communistes et musulmans.

Le pays, plein de promesses en 1950, est absent au rendez-vous industriel du XXIe siècle.

1965-1986 Dictature de Marcos.

1973 Des rebelles musulmans entament une lutte autonomiste sur Mindanao.

1981 Marcos met fin à loi martiale et est « réélu » pour un mandat de 6 ans.

1968-1991 **L'oligarchie foncière et la dictature interdisent toute modernisation**

Les richesses du pays sont mises en coupe réglée par la famille Marcos et le couple dictatorial que sa rapacité conduit à ouvrir des comptes en banque dans le monde entier. Pour calmer le pays, un discours tiers-mondiste et démagogique est distillé. L'industrialisation ne progresse pas. La misère populaire et la présence des Américains transforment les Philippines en zone touristique du vice et en réservoir de main-d'œuvre pour l'Asie et le Moyen-Orient.

1983 Chef de l'opposition, Benigno Aquino est assassiné ; les militaires sont rendus responsables ; beaucoup demandent la démission de Marcos.

1984 Appel au FMI (l'endettement est parmi les plus graves du monde).

1986 Lors d'élections truquées, Marcos se déclare lui-même vainqueur contre Corazón Aquino (veuve de Benigno) ; Aquino appelle à un soulèvement populaire, soutenu par les militaires ; Aquino est installée à la présidence ; Marcos s'enfuit aux États-Unis. Mais la nouvelle présidente n'arrive pas à rompre avec l'oligarchie foncière à laquelle sa famille appartient.

L'ouverture aux Philippines

1990 Le libéralisme se répand.

1990 Privatisations, réforme de l'impôt.

1991 Nouvelle intervention du FMI.

1992 Élection quasi démocratique de Fidel Ramos, ex-chef d'état-major. Début de la démocratisation et du libéralisme. Le pouvoir semble s'écarter des propriétaires fonciers pour encourager l'industrialisation et l'émergence d'une bourgeoisie véritable.

1995 Libéralisation du système bancaire.

(cf. *synthèse*, p. 40)

Singapour

(cf. *cartes*, p. 116-119)

La région était habitée par des tribus malaises lorsque les explorateurs européens y arrivèrent, au XVIe siècle.

1819 Le Britannique Sir Thomas Stamford Raffles fonde une colonie.

1869 L'ouverture du canal de Suez et le développement de la navigation à vapeur font de Singapour un port essentiel.

1941 Malgré la résistance britannique, l'île est conquise par les Japonais.

1945 Singapour devient la base de la reconquête britannique.

1958-1959 Autonomie au sein du Commonwealth ; Lee Kwan Yew est nommé Premier ministre. Singapour indépendant.

L'industrialisation de Singapour

1961 Création de l'Economic Development Board qui se révélera l'instrument décisif du dirigisme singapourien.

1963 Singapour, Malaisie, Sabah, Sarawak créent la Fédération de Malaysia.

1965 À la suite de tensions entre les Malais (qui dominent la fédération) et l'ethnie chinoise (qui domine Singapour), Singapour reprend son indépendance.

1965-1979 Phase 1 de l'industrialisation par diversification du tissu industriel.

1965-1970 Élimination des droits de douane et des quotas ; exportations et réexportations tirent la croissance.

1966	Lee Kuan Yew se rallie à la politique américaine en Asie. Singapour devient une base de repos pour les militaires américains (source de devises).
1966	Choix d'une politique de promotion des exportations*.
1966	Début de la politique de contrôle strict des naissances.
1967	La peur de la révolution culturelle pousse les Taiwanais et les citoyens de Hong Kong à investir à Singapour.
1967	Politique d'incitation à l'investissement.
1969	Légalisation de l'avortement, stérilisation volontaire ; lois pénalisant les familles nombreuses.
1975	Fort appel à l'investissement étranger.
1970-1979	Singapour devient une plate-forme industrielle de l'Asie.
1979-1984	Phase 2 de l'industrialisation, avec une forte intensification technologique par remontée des technologies.
1980	Objectif officiel : maîtriser la « haute technologie ».
1981-1984	Relèvement des salaires de 40 %, ce qui oblige les industriels installés à Singapour à moderniser leurs activités pour supporter cette hausse obligatoire des salaires ; échec de ce volontarisme… faute d'investissements.
1984	Baisse sensible de la croissance.
1984-1997	Phase 3 du développement par tertiarisation et adaptation aux exigences de la population.
1985	Croissance négative (PIB – 1,2 %).
1986	Faible croissance (PIB + 1,8 %).
1986-1987	Politique d'ajustement (gel des salaires, baisse des impôts, des taux d'intérêt, des cotisations patronales) privatisations ; forte relance économique.
1990	Lee Kwan Yew se retire dans l'ombre.
1989-1990	Début de la robotisation des entreprises. Pour pallier le manque de main-d'œuvre Singapour se lance dans le projet de « triangle de croissance Johoree-Singapour-Archipels des Riau ».
1992	Début des grandes délocalisations industrielles vers les pays voisins. (cf. *synthèse*, p. 43)

Taiwan

(cf. *carte*, p. 123)

	Taiwan était habitée par des aborigènes, avant une immigration chinoise massive au XVIIe siècle.
1620	L'île est contrôlée par les Hollandais.
1662	La Chine réaffirme son contrôle sur l'île.
1895	Occupation japonaise. Sous le proconsulat de Goto, l'île devient productrice de denrées agricoles pour Tokyo.
1945	Le Japon, à la suite de sa défaite, cède Taiwan à la Chine.
1949	Tchang Kai Chek et les nationalistes du Kuomintang fuient vers Taiwan.
1949	Le choix américain.
1949	Réforme monétaire (adoption du New Taiwan dollar ou NTdollar).
1950	La 7e flotte américaine prend position pour protéger Taiwan.
1953	Traité militaire d'assistance États-Unis–Taiwan.
1949-1953	Réforme agraire créant une paysannerie moyenne de propriétaires.
1953	Premier plan de développement donnant la priorité à l'agriculture et à l'industrie alimentaire.
1954	Les importations des États-Unis en provenance de Taiwan représentent 0,45 % des importations américaines, alors que les importations de Taiwan à partir des États-Unis représentent 46 % des importations de Taipeh.
	L'industrialisation de Taiwan
1959	Adoption officielle d'une politique de promotion des exportations*.
1969	Création des zones franches de Nantze et Taishung.
1970	La balance commerciale devient excédentaire.
1975	Le fils de Tchang Kai Chek, Tsiang King Kouo, succède à son père décédé.

1978 Les États-Unis stoppent leurs relations diplomatiques avec Taiwan (« République de Chine ») après avoir reconnu la République populaire chinoise.

1985 Taiwan fournit 5 % des importations américaines.

1987 La loi martiale (continuellement imposée depuis 1949) est levée.

1987 Taiwan devient le premier exportateur mondial par habitant.

1988 Lee Teng-hui assume la présidence (13 janvier).

1991-1996 Plan de six ans pour doter le pays d'aéroports, de TGV, de routes et de moyens d'assainissement.

1995 Fortes augmentations de salaires.

1996 Première élection présidentielle au suffrage universel et libre. Lee Teng Hui est élu (Premier ministre : Lien Chang).

(cf. *synthèse*, p. 39)

Thaïlande

(cf. *carte*, p. 138)

Les Thaïs migrèrent du sud de la Chine au XIe siècle av. J.-C. La Thaïlande, connue sous le nom de Siam, est le seul pays de l'Asie du Sud-Est qui n'ait jamais connu l'occupation des puissances coloniales européennes.

Une vie politique troublée : le pays des coups d'État

1932 La révolution met fin à un pouvoir monarchique absolu.

1941 Les Japonais occupent le pays.

1945 Le gouvernement projaponais est remplacé par un allié des États-Unis.

1946-1976 Succession de coups d'État militaires.

1976 La révolte étudiante est violemment réprimée.

1978 Adoption d'une nouvelle constitution « démocratique » (décembre).

1988 Chatichai Choonhavan est nommé Premier ministre (2 août).

1991 17e coup d'État depuis 1932.

1992 Violentes manifestations étudiantes calmées par le roi qui tance les militaires.

1995 Dissolution de l'Assemblée.

L'ouverture en Thaïlande

Malgré cela, une certaine croissance.

1970-1991 Multiplication par 25 de la valeur ajoutée dans le secteur manufacturier.

1991 L'électronique dépasse le textile dans les exportations.

1992 Le Bangkok International Banking Facility encourage l'installation de banques étrangères.

1995 Amorce de délocalisations industrielles thaïlandaises dans la « troisième couronne » (Chine, Vietnam).

1996-1997 Trouble des investisseurs devant la dette thaïlandaise.

(cf. *synthèse*, p. 41)

Vietnam

(cf. *carte*, p. 140)

Jusqu'au Xe siècle, le Vietnam fut sous le contrôle direct de la Chine dont il devint, par la suite, un État vassal.

1858-1884 Protectorat français sur le nord du pays et colonie sur le sud.

1940 Occupation japonaise ; Hô Chi Minh conduit la résistance Viêt-minh.

1946-1954 Les Français tentent de réaffirmer le contrôle colonial.

1954 Défaite française contre le Viêt-minh à Diên Biên Phu (8 mai) ; l'accord de cessez-le-feu octroyait le contrôle du nord du pays aux communistes ; les nationalistes non communistes reçoivent le contrôle de la partie sud.

1956 Le Nord-Vietnam débute son soutien au Viêt-cong qui combat pour prendre le contrôle du Sud ; les États-Unis viennent en aide au Sud.

1964-1973	L'engagement américain dans la guerre s'accroît, pour culminer, en 1969, avec la présence de 500 000 soldats américains.	**1989**	Les dernières troupes vietnamiennes se retirent du Cambodge.
1973	Retrait des États-Unis après cessez-le-feu ; les combats continuent.	**1991**	L'aide soviétique cesse brutalement.
1975	Saïgon et le Sud-Vietnam tombent aux mains des forces communistes.	**1991**	Les relations diplomatiques avec les États-Unis progressent.
1976	Le pays est officiellement réunifié sous régime communiste.	**1991**	Une certaine libéralisation du secteur agricole est amorcée.
1979	Le Vietnam envahit le Cambodge ; la Chine attaque les provinces frontalières du Vietnam.	**1992**	Le Vietnam devient le 3ᵉ exportateur mondial de riz.
	L'ouverture au Vietnam : Le « Doi Moi », un tournant tardif et timide, accéléré par la chute de l'URSS	**1992**	La nouvelle Constitution adopte l'économie de marché.
1986-1987	Esquisse de réformes ; lois favorables à l'investissement étranger.	**1993**	Le Club de Paris allège la dette. Le Japon fournit une aide non liée.
		1994	Levée de l'embargo américain.
		1990-1997	Forte croissance du tourisme international.
		1996	Libéralisation du secteur bancaire.

(cf. *synthèse*, p. 40)

Cambodge

(cf. *carte*, p. 134-135)

Iᵉʳ-VIᵉ siècle	Royaume indianisé.	**1976-1979**	Kampuchéa « démocratique » au pouvoir : les « Khmers rouges » éliminent 2 millions de leurs compatriotes.
910	Fondation d'Angkor.	**1979-1989**	Les Vietnamiens envahissent le Cambodge, repoussent les Khmers rouges dans les montagnes et installent un pouvoir communiste provietnamien.
1431	Invasion siamoise, chute d'Angkor.	**1989**	Sous la pression de la Chine, retrait vietnamien.
XVIIIᵉ siècle	Les Hollandais à Pnomh Penh.	**1991-1993**	Retour de Sihanouk et élections organisées par l'ONU.
1863	Protectorat français ; blocage de la poussée siamoise et vietnamienne.	**1993-1997**	Gouvernement bicéphale (royalistes et anciens communistes).
1941	Norodom Sihanouk, roi avec le soutien des Français.	**1997**	En juin-juillet : coup d'État chassant les royalistes du gouvernement.
1945	Le Japon impose son influence.		
1945	Sihanouk proclame l'Indépendance.		
1955-1970	Troubles politiques.		
1970-1976	République pro-américaine.		

Mots clés

Akamatsu Kaname : économiste japonais des années 1930, dont les théories ont été reprises dans les années 1960 au Japon (voir *Vols d'oies sauvages*).

Bébés Tigres : voir *Tigres*. Voir *avertissement*, p. 6.

Despotisme oriental : formule tendant à laisser penser que les régimes politiques autoritaires, coercitifs, centralisés, bureaucratiques et enclins à l'arbitraire, historiquement dominants en Asie, relèveraient d'une forme de déterminisme culturel oriental et seraient à regarder comme un fait de civilisation. *A contrario* la démocratie « à l'occidentale » ne serait pas d'essence asiatique ou orientale. Ces modes de gouvernement, dans cette partie du monde, seraient à rapprocher des fameuses *valeurs asiatiques* (voir ci-dessous), selon lesquelles la soumission des individus à la hiérarchie et aux règles collectives édictées par les autorités, seraient indispensable au fonctionnement efficace de sociétés complexes, raffinées, mais globalement frugales car prolifiques et donc perpétuellement affrontées à la question de leur survie matérielle. Ainsi, les aménagements hydrauliques nécessaires à la mise en valeur des terres alluviales des grands systèmes fluviaux (Hoang Ho) auraient suscité un pouvoir impérial « urbain » et nécessairement fort en Chine, comme ailleurs (Égypte pharaonique), selon certains spécialistes des civilisations hydrauliques (Karl Wittfogel, Paul Wheatley). Aujourd'hui, les dirigeants de Pékin invoquent des motifs analogues – initier le développement dans un pays de 1 200 millions d'humains – pour repousser les critiques relatives aux atteintes aux droits de l'homme en République Populaire formulées par les Occidentaux.

Dragons : on nomme ainsi la Corée du Sud, Taiwan, Hong Kong et Singapour. Il s'agit de NPI. (Voir *avertissement*, p. 6).

Early industrializers : voir *Effet Gerschenkron*.

Effet Gerschenkron : effet mis en évidence par l'économiste russe Alexander Gerschenkron (1904-1978) et suivant lequel les pays partis plus tard dans l'industrialisation (*Later industrializers*), connaissent un décollage plus rapide et plus aisé que ceux ayant inauguré le processus (*Early industrializers*).

Empire du Milieu : dénomination pour la Chine qui résulte d'une vision confucéenne de l'univers organisant l'empire (« céleste ») autour de l'empereur et le monde (celui des autres, des non-Han, des barbares) autour de l'empire. Pour ses habitants, la Chine s'appelle toujours le « pays du milieu » ou « fleur du milieu » : respectivement *Zhong guo* ou *Zhong gua*.

(L') Empire des signes : manière de désigner la Chine, pour souligner l'importance du système d'écriture et le poids de la calligraphie dans sa civilisation. La formule fait volontairement référence au titre d'un ouvrage de Roland Barthes publié en 1970.

(L') Histoire longue, braudélienne : par référence à l'historien Fernand Braudel, c'est l'histoire des faits de civilisation qui structurent à la base un groupe et ne se modifient que très lentement au fil des siècles.

Industries industrialisantes : industries qui, en raison des échanges inter-industriels générés par leurs besoins, sont censées exercer sur le tissu industriel des effets d'éclosion et d'entraînement. En pratique, les grandes industries de base et d'équipement.

IPE : Industrialisation par promotion des exportations (*PPE* ou *PE*).

ISI : Industrialisation par substitution aux importations (*PSI* et *SI*).

Later industrializers : voir *Effet Gerschenkron*.

List (Friedrich) : économiste allemand (1789-1846) ; théoricien du protectionnisme éducateur, il inspira la politique du Zollverein.

cf. *clés* p. 48

NECS : nouvelles économies industrialisées (*Newly Industrializing Economies*) ou NPI 2 ou NEI.

NEI : nouvelles économies industrielles.

Néo-mercantilisme : synonyme de nouveau protectionnisme, dans le but de garantir le décollage et le développement économique d'une nation.

NPIA 1/2 : NPI d'Asie de première (Dragons) ou de deuxième (Tigres, bébés Tigres, NECS...) génération. Voir *avertissement*, p. 6.

Pays-ateliers : pays particulièrement appréciés pour leurs faibles coûts de main-d'œuvre et leurs législations du commerce et du travail favorables au fonctionnement des entreprises. Les multinationales ont ici délocalisé des fabrications banales, notamment des opérations d'assemblage final (de la chaussure aux ordinateurs) ne nécessitant pas de compétences élevées, ne suscitant pas de transferts de technologies, au grand dam du pays d'accueil, ne s'insérant pas dans et ne renforçant pas le tissu industriel national quand il existe ; d'où les dénominations péjoratives d'usines tournevis, d'ateliers et, par extension, de pays-ateliers.

Pics tarifaires : dans un ensemble de droits de douane, ceux de ces droits qui, destinés à exercer une protection spécifique et à sauvegarder des intérêts particulièrement précieux, se signalent par leur valeur exceptionnellement élevée.

PIE (PE) : protection des industries en enfance.

Protectionnisme éducateur : voir *PIE*.

cf. *clés* p. 48-49

Révolution Meiji : de Meiji = lumière(s). L'arrivée au pouvoir de l'Empereur Mutsu Hito (mort en 1912), dit « Meiji Tenno » (« Empereur des lumières »), s'accompagne, en 1868, d'une réforme profonde de la société japonaise, réforme qui fait disparaître le féodalisme et provoque l'industrialisation du pays.

SI : *PSI. ISI.* Voir *ISI.*

Tigres : NPI d'Asie de la deuxième génération (NPIA 2), en cours d'industrialisation, qui suivent les Dragons dans ce processus. Thaïlande, Malaysia, Indonésie (?), Philippines (?). Mais, par le passé, les mots Tigre et Dragon ont pu être employés l'un pour l'autre, d'où bébés Tigres, nouveaux Dragons, NPIA 2, etc., pour lever les équivoques.

Valeurs asiatiques : aux « Droits de l'Homme », aux libertés individuelles, à l'autonomie de la personne, à la *primauté de l'individu*, prônés par la « philosophie occidentale », certains dirigeants de pays d'Asie opposent un système de *valeurs asiatiques.* Stigmatisant l'individualisme occidental, la vanité du moi et la prétention de l'être humain à prendre en charge sa destinée, ces responsables mettent en avant *les intérêts supérieurs du groupe, de la communauté, de la famille* et aujourd'hui de la « nation ». Le culte des ancêtres, le respect des traditions et des hiérarchies de toute nature, porteurs de discipline collective et gages de cohésion sociale, ont pour corollaire l'effacement, voire la soumission de l'individu. Puisant dans l'histoire culturelle de l'Asie (bouddhisme, confucianisme), les *valeurs asiatiques* se justifieraient encore par les contraintes du nombre – pensons aux 1 200 millions de Chinois – obligeant à faire fi de l'individu devant les impératifs de la survie du groupe. La faible *individuation* de l'être, se traduisant dans les langues par l'absence fréquente de la première personne (le Je, le Moi, etc.) et observable dans la vie sociale, s'inscrit parfaitement dans ce système de *valeurs asiatiques.*

Vol d'oies sauvages : les migrations d'oies sauvages prennent la forme de vagues successives de vols groupés en V, chaque vague recouvrant en partie celle qui la devance. Chaque groupe de produits connaissant un cycle de vie en quatre stades (importation-production domestique-exportation-abandon), Akamatsu, en 1937, a imagé l'évolution de la spécialisation productive du Japon par un vol d'oies sauvages.

Xéno-capitaux : capitaux d'origine étrangère.

Chapitre 3

Un système de croissance maritimo-industriel*

Sujets

1. Annales

Les grands ports et leur rôle dans l'organisation de l'espace de la façade pacifique de l'Asie, du détroit de Behring au golfe du Tonkin, mers, îles et archipels inclus (Extrême-Orient soviétique, Corée du Nord, Corée du Sud, la Chine maritime, Hong Kong, Macao, Taiwan, l'archipel japonais) (agrégation de géographie, 1992).

2. Sujets possibles

Les grandes flottes maritimes de l'Asie de l'Est.
Les grands ports de l'Asie de l'Est.
Singapour.
Hong Kong.
Taiwan.
La puissance portuaire de l'Asie.
Les effets géographiques de la croissance maritime.
Le rôle du commerce maritime dans le développement de l'Asie.
Les territoires frappés par la maritimisation des économies.
Exportations et importations *en* Asie de l'Est.
Exportations et importations *de* l'Asie de l'Est.

Cours

Une croissance associant la mer, le commerce et l'industrie

« Un papillon obscurcit le ciel, un grain de poussière couvre la terre entière. »
Les Brindilles, proverbe chinois du XVe siècle.

Introduction

Le grand secret de la réussite asiatique : la révolution du conteneur*. Les économies dynamiques d'Asie sont les produits de la révolution maritime des années 1950-1960 : conteneurs, minéraliers. On produit de manière éclatée, on achète loin, on exporte loin, grâce aux conteneurs !
La force des activités portuaires et maritimes de la région asiatique est démesurée. La construction navale, les flottes, les ports sont parmi les premiers du monde. Mais on ne peut se contenter de cette observation quantitative.
Évidemment, chaque pays a suivi un modèle de développement qui lui est propre : le Japon a commencé son industrialisation au XIXe siècle, la Corée a refusé les zones franches, Taiwan a fondé son décollage sur l'agriculture, Hong Kong s'est construite comme débouché (poumon capitaliste) de la Chine populaire, Singapour a maîtrisé les technologies. Mais il existe trois éléments de base communs : la valorisation de la main-d'œuvre, l'extraversion commerciale et la maritimisation de l'économie et du territoire. Il s'agit d'un développement fondé sur la mer, la captation et l'émission des flux qui alimentent la société de consommation mondiale.

1. Une puissance exceptionnelle des systèmes portualo-maritimes

Il faut se rappeler que le prix du transport d'un conteneur entre Marseille et Yokohama est légèrement inférieur au prix du transport par route de Marseille à Paris. La révolution des conteneurs est pleinement maîtrisée dans la zone asiatique.

1.1. Des ports et des façades maritimes parmi les premiers mondiaux

Occupant des places modestes dans les classements il y a un quart de siècle, les ports asiatiques sont maintenant parmi les premiers du monde et accroissent leurs trafics.

1.1.1. Les premiers ports du monde pour les conteneurs

Ils sont aux premiers rangs pour les transports de conteneurs*. Sur les vingt premiers ports du monde, dix sont asiatiques et treize sont riverains du Pacifique. Singapour s'équipe pour recevoir des 8 000 EVP*, alors que les 6 000 EVP* entrent seulement en fonction. Sur l'Asie, les 5 500 EVP* sont déjà en service ; signalons au passage que la Corée (51 %) et Taiwan (20 %) sont les plus grands constructeurs mondiaux de conteneurs.

Tableau 9. Les vingt premiers ports à conteneurs de la planète (1995)

Rang	Port	1 000 EVP (équivalent 20 pieds)	Rang	Port	1 000 EVP
1	***Hong Kong***	12 550	11	Anvers	2 329
2	***Singapour***	11 845	12	***Tokyo***	2 177
3	***Kaohsiung (T)***	4 900	13	New York	2 034
4	Rotterdam	4 787	14	Felixstowe (Royaume-Uni)	1 870
5	***Pusan (CS)***	3 826	15	***Manille***	1 690
6	***Kobe***	2 916	16	San Juan Porto Rico	1 590
7	Hambourg	2 890	17	***Keelung (T)***	1 558
8	**Long Beach (États-Unis)**	2 740	18	**Oakland (États-Unis)**	1 550
9	***Yokohama***	2 727	19	Brêmen	1 518
10	**Los Angeles**	2 519	20	***Bangkok***	1 337

Les noms en italique correspondent à des *ports asiatiques*, ceux en gras à des **ports du Pacifique**.

Cette prédominance des ports asiatiques (rangs 1, 2, 3, 5, 6, 9, 12, 15, 20) s'explique par la croissance industrielle, la volonté d'exporter et d'exporter loin, sans avoir à supporter des frais d'après-vente trop élevés : le transport conteneurisé assure une sécurité au produit qui peut être ainsi contrôlé dès la fabrication sans craindre d'altérations dues au transport. De plus, la manipulation des conteneurs est peu coûteuse et rapide, ce qui accélère la rotation des navires (avec des équipages flexibles).

1.1.2. De plus en plus de marchandises

Pour le trafic des marchandises, il y a les ports géants japonais (plus de 100 millions de tonnes) : Chiba, Kobe, Nagoya, Yokohama, Kawasaki. En outre, trois plates-formes se distinguent : Kwangyang, Shanghai et Singapour.

1.1.3. Les navires qui touchent les ports asiatiques sont des milliers

Singapour se targue d'être au premier rang mondial pour le nombre de navires touchant au port. S'il convient de relativiser cette domination, elle n'en est pas moins véritable ; la taille des navires qui fréquentent les ports asiatiques est souvent modeste. À côté des grands navires rouliers*, les compagnies asiatiques utilisent des flottes régionales et locales ; la multiplication des trafics de ferries pour les voyageurs accroît l'effet de nombre.

Tableau 10. Les trafics conteneurisés du monde

Rang	Pays	1991 (%)
1	États-Unis	16,9
2	***Japon***	9,3
3	***Singapour***	6,8
4	***Hong Kong***	6,6
5	***Taiwan***	6,6
6	Royaume-Uni	4,4
7	Pays-Bas	4,1
8	Allemagne	3,8
9	***Corée du Sud***	2,9
10	Espagne	2,3
11	Belgique	2,2
12	Émirats AU	2,2

Tableau 11. Les ports asiatiques et les grands ports du Pacifique						
Fort	Pays	Marchandises chargées (milliers de tonnes)	Marchandises déchargées (milliers de tonnes)	Total	Hydrocarbures	Voyageurs (milliers)
Rotterdam*	Pays-Bas	228 900	64 800	294 500	116 500	–
Nakhoda	Russie	5 000	5 000	10 000	–	–
Chiba	Japon	129 400	44 300	183 700	95 900	23
Kobe	Japon	92 200	78 700	171 000	2 050	8 300
Nagoya	Japon	82 000	55 200	137 200	25 423	116
Yokohama	Japon	71 100	57 100	128 400	43 500	196
Kawasaki	Japon	72 600	32 500	105 100	60 253	764
Osaka	Japon	61 500	33 600	95 100	489	3 296
Kita Kyushu	Japon	55 900	37 100	93 000	10 147	1 781
Yokkaïchi	Japon	38 500	20 000	58 500	29 908	–
Wakayama	Japon	35 200	20 200	55 200	23 360	–
Tokyo	Japon	49 100	24 600	53 700	-	–
Muroran	Japon	26 500	16 800	43 300	-	441
Kwangyang	Corée du Sud	73 000	27 200	100 200	-	–
Inchon	Corée du Sud	83 800	10 100	93 900	-	–
Ulsan	Corée du Sud	56 100	28 400	84 500	63 700	–
Pusan	Corée du Sud	45 100	36 500	1 700	–	–
Pohang	Corée du Sud	33 200	4 400	37 600	–	–
Shanghai	Chine	126 700	44 800	171 500	–	–
Hong Kong	Chine	76 672	34 276	110 948	–	–
Kaohsiung	Taiwan	62 800	12 800	75 700	–	–
Keelung	Taiwan	23 800	5 700	29 600	–	–
Taichung	Taiwan	24 100	1 900	26 100	–	–
Manille	Philippines	17 900	8 500	26 400	–	3 957
Kelang	Malaysia	20 800	13 000	33 800	2 697	–
Penang	Malaysia	8 800	5 500	14 300	3 109	–
Bangkok	Thaïlande	8 500	8 200	16 800	–	–
Singapour	Singapour	164 500	125 600	290 075	124	5 057
Surabaya	Indonésie	8 400	5 400	3 800	74	870
Belawan	Indonésie	6 400	4 800	11 200	1 478	228

* : Premier port du monde donné comme référence. Sont notés en **gras** les ports de plus de 100 millions de tonnes.

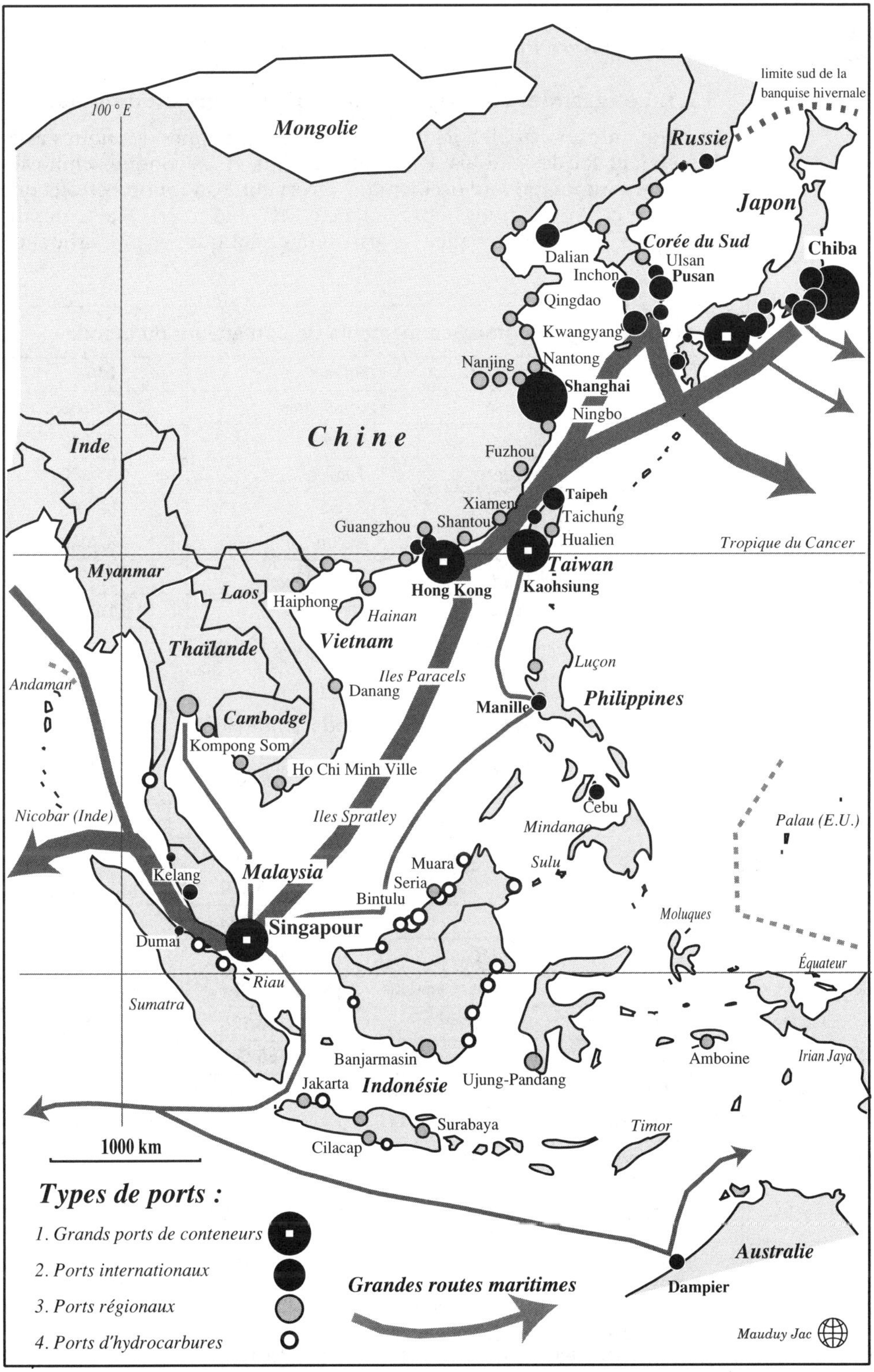

Les grands ports de l'Asie de l'Est.

1.2. *Les premières flottes maritimes au monde*

1.2.1. Les grandes compagnies asiatiques prennent du poids

Il y a cinquante ans, en dehors des entreprises nipponnes, les flottes asiatiques étaient locales. Certes, les pirates malais et les jonques chinoises alimentaient un imaginaire occidental concernant les rapports étroits que les commerçants asiatiques entretenaient avec la mer. Mais, depuis quinze ans, il faut compter avec les armateurs asiatiques et, en particulier, chinois.

Tableau 12. Les grands armements de conteneurs du monde

Rang	Armateurs	Pays	EVP*
1	Sealand	États-Unis	196 708
2	Maersk Line	Danemark	186 040
3	*Evergreen*	Taiwan	181 982
4	*COSCO*	Chine	169 795
5	*NYK*	Japon	137 018
6	Nedlloyd	Pays-Bas	119 599
7	*Mlitsuiosk*	Japon	118 208

Les noms en italiques correspondent à des *compagnies asiatiques.*

Tableau 13. Les grands armateurs

Rang	Armateurs	Pays	Capacité (EVP)	Nombre de navires
1	Maersk*	Danemark	185 805	94
2	***Evergreen****	Taiwan	160 108	75
3	**Sea Land***	États-Unis	153 658	84
4	***Cosco****	Chine	146 068	101
5	***NYK****	Japon	123 930	73
6	P & O*	Royaume-Uni	99 977	45
7	***Mitsui OSK***	Japon	88 238	62
8	DSR-Senator	Allemagne	85 843	49
9	***Hanjin****	Corée du Sud	85 466	35
10	Nedloyd	Pays-Bas	84 651	49
11	***KLine****	Japon	80 375	47
12	ZIM*	Israël	70 675	54
13	**APL***	États-Unis	69 685	41
14	Med Shipping	Suisse	67 649	60
15	Hapag Lloyd*	Allemagne	63 939	22

Les noms en italiques correspondent à des *armateurs asiatiques*, ceux en gras à des **armateurs du Pacifique** * : armateurs opérant sur le Pacifique.

Au milieu des grandes compagnies mondiales, on relève, du côté de Taiwan, Yang Min et Evergreen, et Uniglory, toutes deux contrôlées par Chang Yungfa, qui représentent aujourd'hui 15 % des capacités EVP. Eveegreen est devenue la deuxième société du monde alors que son créateur achetait pour la première fois un bateau en 1968. Homme de Keelung, Chang Yung Fa, représentatif de ces Chinois « lao pan », c'est-à-dire partis de rien, contrôle maintenant une flotte de navires, une compagnie aérienne (Eva Airways), une entreprise informatique, des entreprises industrielles et immobilières... La réussite de cet homme, qui a placé ses fils à la tête de ses entreprises et marié sa fille avec le président du groupe japonais Marubeni, tient aussi bien à ses propres ambitions qu'au développement de Taiwan : croissance industrielle et croissance des transports sont allées de pair.

À Hong Kong, ce sont les *tycoons** chinois et Hokkiens* qui contrôlent 8 % de la flotte mondiale, avec des compagnies comme WorldWide (M. YueKong Pao), OOCL (l'Orient Overseas Container Line de M. Tung) et Wah Kwong World Line (pétrolière de Hong Kong). Pour le Japon, les plus puissantes sont : NYK Line, Mitsui Line et Japan Line.

cf. *plan* p. 178

En Corée du Sud, Hyundai, HanJin, Cho Yang contrôlent une part importante du trafic.

1.2.2. Les pavillons de complaisance

Les registres d'immatriculation se sont multipliés. Les avantages fiscaux sont considérables, les tarifs d'immatriculation étaient, à l'origine, sept fois moins élevés qu'au Royaume-Uni et les contraintes d'embauche sont inexistantes, alors que les garanties (Lloyds, Veritas, NKK-NipponKontrol) sont assurées.

- **1960** : ouverture du Korean Register.
- **1966** : création du Singaporee Registry of Ship.
- **1990** : Independant Ship's Register of Hong Kong.

Singapour est ainsi parvenu au dixième rang mondial pour la flotte immatriculée dans son port.

Tableau 14. Les dix premières flottes du monde par pavillon

1975		1996	
Rang	**Pays**	**Rang**	**Pays**
1	Liberia	1	**Panama**
2	***Japon***	2	Liberia
3	Royaume-Uni de GB	3	Grèce
4	Norvège	4	Chypre
5	Grèce	5	Bahamas
6	**Panama**	6	Norvège
7	**États-Unis**	7	Malte
8	URSS/CEI	8	***Japon***
9	France	9	***Chine***
10	Italie	10	***Singapour***
		24	France

Les noms en italiques correspondent à des *flottes asiatiques*, ceux en gras à des **flottes du Pacifique** (au moins pour partie).

Tableau 15. Les flottes par nationalité des propriétaires					
Rang	Pays	TOTAL au 1-1-96 (1 000 tpl)	Pavillon		% mondial
			National	Étranger	
1	Grèce	118,3	50,3	68,0	17,1
2	***Japon***	87,1	23,6	63,5	12,6
3	Norvège	48,0	28,5	19,5	6,9
4	États-Unis	47,8	13,1	34,7	6,9
5	***Chine***	34,2	22,5	11,7	4,9
6	***Hong Kong***	31,0	6,7	24,2	4,5
7	Royaume-Uni	21,4	4,3	17,1	3,1
8	***Corée du Sud***	20,5	9,3	11,2	3,0
9	Allemagne	17,0	5,9	11,1	2,5
10	Russie	16,0	11,9	4,0	2,3
11	***Taiwan***	14,3	7,6	6,7	2,1
12	Suède	13,4	2,1	11,2	1,9
13	***Singapour***	12,5	7,6	4,9	1,8
14	Inde	11,9	10,8	1,1	1,7
15	Danemark	11,4	7,1	4,3	1,6

% Asie de l'Est : 29,8.
Les noms en italiques correspondent à des *propriétaires asiatiques*, ceux en gras à des **ports du Pacifique**.

Même entre Le Havre et Rotterdam, le cabotage est dominé par une compagnie asiatique !

1.3. La première zone mondiale de construction navale

1.3.1. L'Asie de l'Est produit plus de 80 % des tonnages mis à l'eau

Même le Japon rencontre aujourd'hui la concurrence de ses voisins asiatiques. Inexistants il y a cinquante ans, les chantiers navals de l'Est asiatique bénéficient d'une matière première à bas prix (les aciers et ferrailles locaux), d'une main-d'œuvre bon marché et, malgré tout, assez bien formée.

Tableau 16. Les dix premiers mondiaux en Tpl											
1955		1970		1992			1995				
Rang	Pays	Rang	Pays	Rang	Pays	%	Rang	Pays	1000 tpl	%
1	R-U	1	***Japon***	1	***Japon***	41,0	1	***Japon***	15 108	44,0
2	RFA	2	Suède	2	***Corée du Sud***	26,0	2	***Corée du Sud***	10 373	30,0
3	***Japon***	3	RFA	3	Allemagne	5,0	3	Danemark	825	5,3
4	Suède	4	R-U	4	***Taiwan***	3,5	4	***Chine populaire***	282	3,7
5	Pays-Bas	5	France	5	Danemark	3,1	5	Allemagne	1 189	3,4
6	France	6	Espagne	6	Espagne	2,8	6	***Taiwan***	757	2,2
7	Italie	7	Norvège	7	Italie	2,3	7	Pologne	541	1,6
8	Danemark	8	Italie	8	***Chine Populaire***	2,2	8	Italie	476	1,4
9	Norvège	9	Danemark	9	Pologne	1,6	9	Espagne	359	1,0
10	Espagne	10	Pologne	10	Croatie	1,5	10	Roumanie	358	1,0

	1955	1970	1992	1995
% Europe	82	49,6	23,4	18,3
% Asie de l'Est	5,5	48,9	84,8	80,5
Dont % Japon	15	48,5	41	44

1.3.2. Les deux tiers des navires du monde sont construits en Asie

Aux facteurs favorables, essentiels (ferrailles, acier à bas prix), il faut ajouter l'influence japonaise (délocalisations, savoir-faire, capitaux) et une main-d'œuvre douée et peu coûteuse. Il faut aussi évoquer les marchés captifs nationaux : les flottes locales se sont constituées à coup de subventions et les chantiers navals nationaux avaient le monopole de l'équipement des flottes. Dans ces conditions, les constructeurs asiatiques ont su éliminer la concurrence américaine et européenne, mais aujourdhui se profile pour eux la menace des constructeurs des pays ex-communistes en transition.

Tableau 17. Les navires : les 15 premiers pays du monde			
Rang	**Pays**	**Nombre de navires**	**% du total mondial**
1	***Japon***	355	40,1
2	***Corée du Sud***	141	15,9
3	Allemagne	79	8,9
4	Pays-Bas	41	4,6
5	***Chine populaire***	34	3,8
6	Pologne	29	3,2
7	***Singapour***	17	1,9
8	***Taiwan***	14	1,5
9	Danemark	23	2,6
10	Italie	15	1,6
11	Espagne	15	1,6
12	Norvège	12	1,3
13	Ukraine	10	1,1
14	Roumanie	9	1,01
15	Russie	9	1,01

% du total de l'Asie : 64 %
% du total des pays en transition : 7,31 %

2. Les systèmes maritimes au cœur de la croissance

2.1. Les ports : des zones franches et commerciales

Grâce aux réexportations, à Singapour et à Hong Kong, les exportations par tête d'habitant sont supérieures au PIB par tête.
Il est plus facile pour les exportateurs occidentaux de confier leurs marchandises aux opérateurs distributeurs, réexportateurs asiatiques (sogoshoshas japonaises, Sino-Singapouriens, Hongkongais, etc.). Le manque à gagner est compensé par l'efficacité des réseaux chinois et l'absence ou la modération des pots-de-vin.

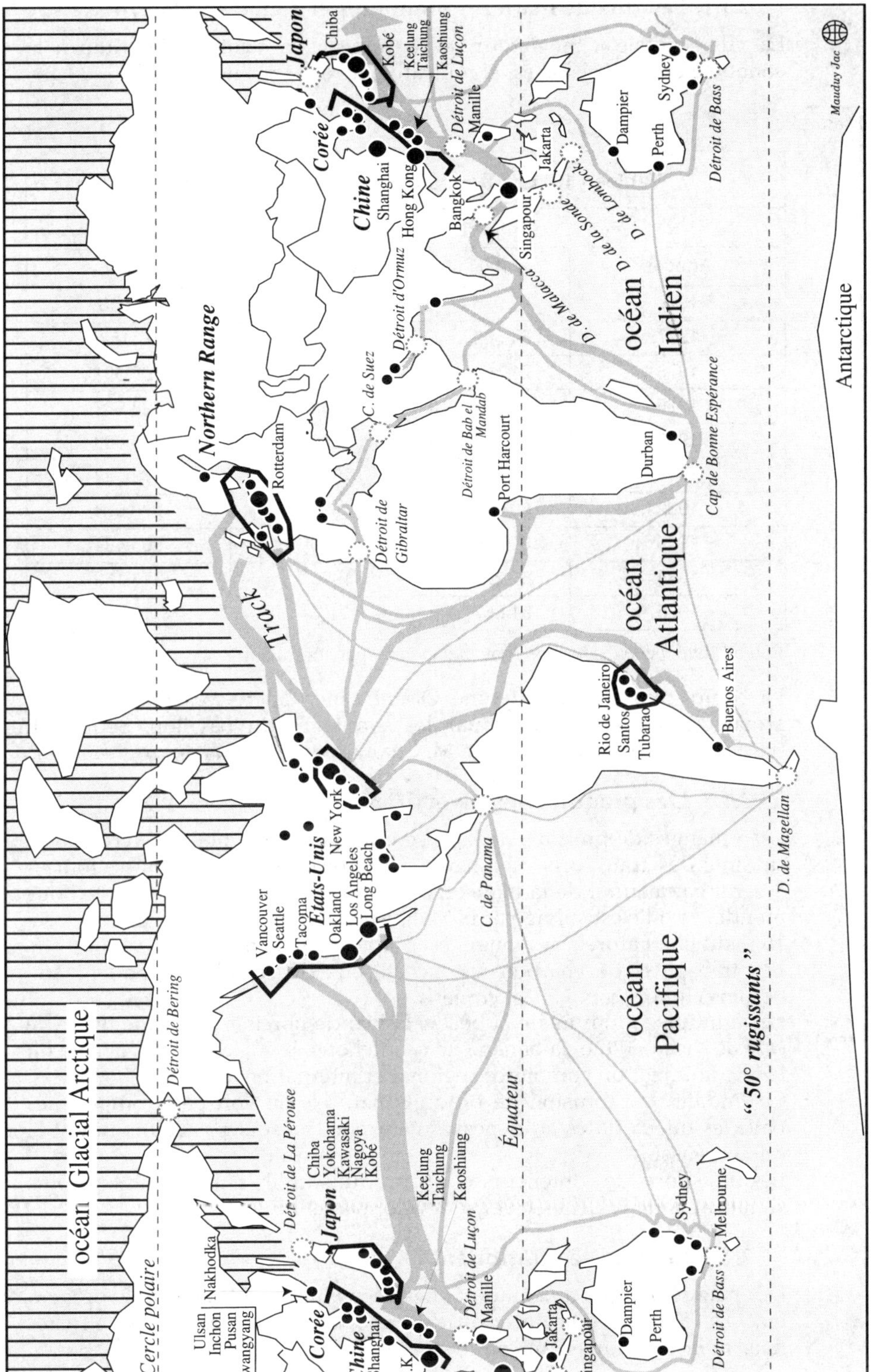

Détroits, routes et façades maritimes du monde.

2.1.1. Les flux de matières premières et d'énergie s'accroissent

La ville « totale », Singapour, port, *global City*, Venise, imperium à la conquête de ses voisins est significative de cette réalité.

cf. *synthèse* p. 116-119

Tableau 18. Les trafics de marchandises (1 000 t.)

Cargaisons générales			
Années	**Total**	**Années**	**Total**
1976	57 976	1986	90 058
1977	64 562	1987	91 156
1978	71 366	1988	105 591
1979	72 457	1989	128 987
1980	70 148	1990	138 689
1981	76 046	1993	273 723
1982	80 524	1994	290 074
1983	82 354	1995	305 484
1984	81 275	1996	316 169
1985	81 857		

Source : http ://www. singaport. gov. sg/portterm/portstats. htlm.

La compagnie d'État, Neptune Orient Line, fédère très librement des armateurs étrangers attirés par les avantages du pavillon. Seule PIL (Pacific International Lines), de M. Chang, possède plus de trois navires.

2.1.2. Des produits très diversifiés

Les échanges de produits de base se multiplient. On note une croissance sensible des transports régionaux d'hydrocarbures. L'Indonésie fournit 3 % du gaz naturel de la planète, compte pour 9 % dans les exportations mondiales. Elle est suivie par la Malaysia avec 8 %. Le Japon, qui importe 16 % du gaz naturel du monde, est 3e importateur mondial.

Les transports de charbon à coke et ceux de céréales répondent aux besoins chinois, japonais et coréens.

cf. *cours* p. 149-150

Les multiples produits de la pêche, la viande porcine, la viande ovine, le café, le cacao, le thé, la banane, le caoutchouc, le soja, le coton, la soie ou le jute animent un commerce régional et international.

Cependant, la profusion de produits naturels ne doit pas tromper. Les pays les mieux dotés en richesses naturelles ne sont pas ceux qui ont le mieux réussi.

Les transports de conteneurs et les produits qu'ils renferment sont plus significatifs de la richesse et du développement.

2.1.3. Les flux se multiplient

Des magnétoscopes aux automobiles, les volumes et les valeurs augmentent. De plus, les flux ne se dirigent pas seulement vers les pays riches mais alimentent aussi un commerce intrazone.

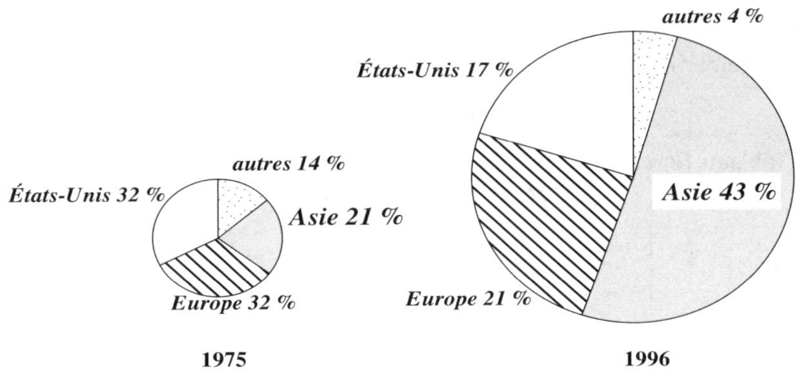

Circulation mondiale totale :
1975 : 17 410 320 conteneurs ; 1996 : 112 439 485 conteneurs

2. Répartition par zones géographiques des mouvements de conteneurs.

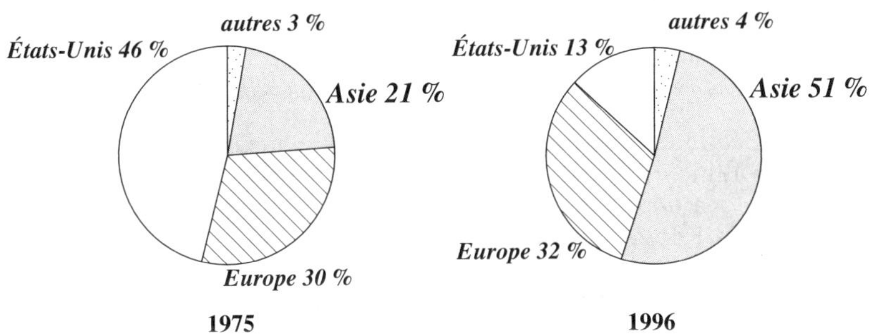

3. Répartition par zones géographiques des vingt premiers armateurs.

2.2. Les ports : d'immenses zones industrielles

cf. *cours* p. 147

Des familles solides organisent la production avec des ambitions apparemment modestes, mais à si long terme qu'elles deviennent gigantesques. Ainsi, la famille Wang, de Hong Kong, a créé en 1959 une usine de petits moteurs (Johnson Electric) qui animaient des jouets à trois sous. Aujourd'hui, la société produit 600 000 micromoteurs par jour devenant la deuxième entreprise du monde dans sa spécialité derrière une société japonaise. Évidemment, Johnson Electric produit en Chine (en ZES) et exporte 95 % de sa production. À Taiwan, la famille de Wang Yung-Ching est également exemplaire : ce descendant de planteur de thé formosan est à la tête de la première entreprise de plastiques du monde. Planteur de thé, livreur de riz, boutiquier, briquetier, artisan du bois, en 1954, il investit dans les PVC. Aujourd'hui, il dirige des sociétés cotées en bourse (Formose Plastics Co, NanYa Plastics Co, Formosa Chemical & Fibre Co) et produit des textiles, des meubles, des équipements de bureaux qu'il livre dans le monde entier grâce à sa compagnie maritime. De plus, il a installé des usines en Chine continentale et au Texas. Lily Chang, docteur en ingénierie, dirige Chen Song Machinerie à Hong Kong (2 500 emplois).

cf. *synthèses* p. 116-125

Tableau 19. Les cinq postes principaux des exportations des EDA de l'Asie de l'Est

Rang	Corée du Sud	%	Taiwan	%	Hong Kong	%	Singapour	%
1	Fils et tissus	9,9	Matériel informatique	12,7	Confection	16,2	Matériel informatique	24,1
2	Composants électroniques	9,1	Fils et tissus	8,7	Bonneterie	13,7	Produits raffinés du pétrole	18,3
3	Cuirs et chaussures	8,6	Articles divers dont jouets	6,8	Fils et tissus	7,2	Composants électroniques	9,9
4	Électronique grand public	5,9	Quincaillerie	6,5	Matériel informatique	6,6	Électronique grand public	7,5
5	Navires	5,2	Cuirs et chaussures	5,7	Horlogerie	6,5	Fournitures électriques	4,4
Total		38,8		38,4		50,2		64,2

En % du total.
Source : htttp ://www. oocl. com/ooclsvr/country/taiwan. htm#kao.

La diversification industrielle est certes inégale, mais l'activité du secteur secondaire alimente le trafic de conteneurs et le trafic portuaire avec constance et de manière sans cesse croissante : la comparaison entre, dans l'ordre, Hong Kong, Taiwan puis la Corée du Sud et Singapour met en évidence l'augmentation sensible de la valeur des produits confiés aux armateurs, les produits informatiques reléguant peu à peu la bonneterie

2.3. *Les ports : d'immenses entités urbaines tertiaires*

2.3.1. Des grandes cités commerçantes en expansion

cf. *synthèses* p. 116-119

Singapour, Venise industrielle, est devenue un monde total, souvent envahissant. Les cités de commerçants sont dominées par la diaspora chinoise qui ne les cèdent qu'aux commerçants des sogoshoshas japonaises. Les grands commerçants négociants asiatiques ont la taille des Marc Rich ou Bunge & Born et Cargill : Itoh, spécialisé dans l'huile de palme ; Marubeni, dans le blé et le soja ; Tokyo Menka, dans le coton ; Mitsui, Mitsubishi ou Sumitomo, dans les métaux et le cuivre, mais aussi Li Kashing (Hong Kong), Wang Yung-Chin (Taiwan), Chang Yungfa (Evergreen), Lee Byung-Chull (Samsung les trois étoiles), Wee Cho Yaw (fils de prince au Sarawak, directeur de l'United Chinese Bank de Singapour).
À Taiwan, le parti au pouvoir a créé un immense holding, Central Investment, holding comprenant des participations dans les sociétés financières et industrielles et, bien sûr, les médias. Le rachat, il y a vingt ans, d'une firme de commerce britannique par l'entrepreneur de Hong Kong Li Kashing avait stupéfié. C'est aujourd'hui très banal. Cependant, le capitalisme asiatique reste encore familial. Peu d'entreprises sont réellement passées au stade managerial. Force à l'échelle de l'Asie, faiblesse

à l'échelle monde ? Les zones franches ont pu jouer un rôle commercial, voire d'entraînement industriel mais, en dehors de Hong Kong et de Singapour « naturellement franches », il convient de ne pas exagérer l'apport au développement des zones surtout marquées par la présence des industries *foot loose**.

2.3.2. Des grandes cités financières dont le rôle se renforce

cf. *cours* p. 153
cf. *plan* p. 177

Une multitude de banques internationales sont implantées dans ce monde. Héritage britannique ? Certes. Mais les financiers locaux font jeu égal avec les Anglo-Saxons ! La banque la plus significative est l'United Overseas Bank (UOB est une banque hokkien* qui ne prête qu'aux Hokkiens), créée par une communauté chinoise spécialisée dans les échanges. L'UOB dispose d'un réseau régional qui quadrille l'Asie et le Pacifique (Sydney, Singapour, Séoul, Xiamen, Pékin, Canton Fuszhou, Canton). Elle est aussi associée avec une banque de Los Angeles et une banque de Bali. Mais elle dispose aussi d'une esquisse de réseau planétaire (Londres, New York). À l'origine, on trouve deux Chinois, Wee Kheng Chiang, bourgeois du Sarawak, et son employeur, Ong Tian Swee, un Hokkien*, lui aussi installé en Indonésie. L'UOB a réussi à absorber la Chung Khiaw Bank (à Singapour, en 1971) et, en 1973, la Lee Wah Bank (banque de la communauté cantonaise). Plus ancienne encore, l'Overseas Chinese Banking Corporation, est, elle aussi, hokkien.

Tableau 20. Les 25 premières capitalisations boursières dans le monde

VILLE	PAYS	Capitalisation (milliards de dollars)	Rang mondial	VILLE	PAYS	Capitalisation (milliards de dollars)	Rang mondial
New York	États-Unis	8 275	1	Taipeh	Taiwan	240	14
Tokyo	Japon	5 886	2	Milan	Italie	233	15
Londres	R-U	1 608	3	Madrid	Espagne	207	16
Toronto	Canada	855	4	Sao Paulo	Brésil	201	17
Francfort	Allemagne	621	5	Rio	Brésil	196	18
Paris	France	564	6	Bilbao	Espagne	174	19
Zurich	Suisse	407	7	Barcelone	Espagne	158	20
Hong Kong	Chine	403	8	Séoul	Corée du Sud	156	21
Amsterdam	Pays-Bas	345	9	Bangkok	Thaïlande	104	22
Sydney	Australie	296	10	Mexico	Mexique	104	23
Kuala Lumpur	Malaysia	292	11	Djakarta	Indonésie	9	24
Johannesbourg	Afrique du Sud	248	12	Manille	Philippines	752	25

Les noms en italiques correspondent aux *places asiatiques*.

cf. *cours* p. 162-164
cf. *tableau* 31 p. 163

La puissance du secteur boursier relève aussi de l'héritage anglo-saxon, mais il faut convenir que les marchés, le terme, correspondent à l'esprit spéculateur et joueur, mais aussi mathématique des Chinois et des Asiatiques qui ne répugnent pas à risquer leur avenir en bourse.

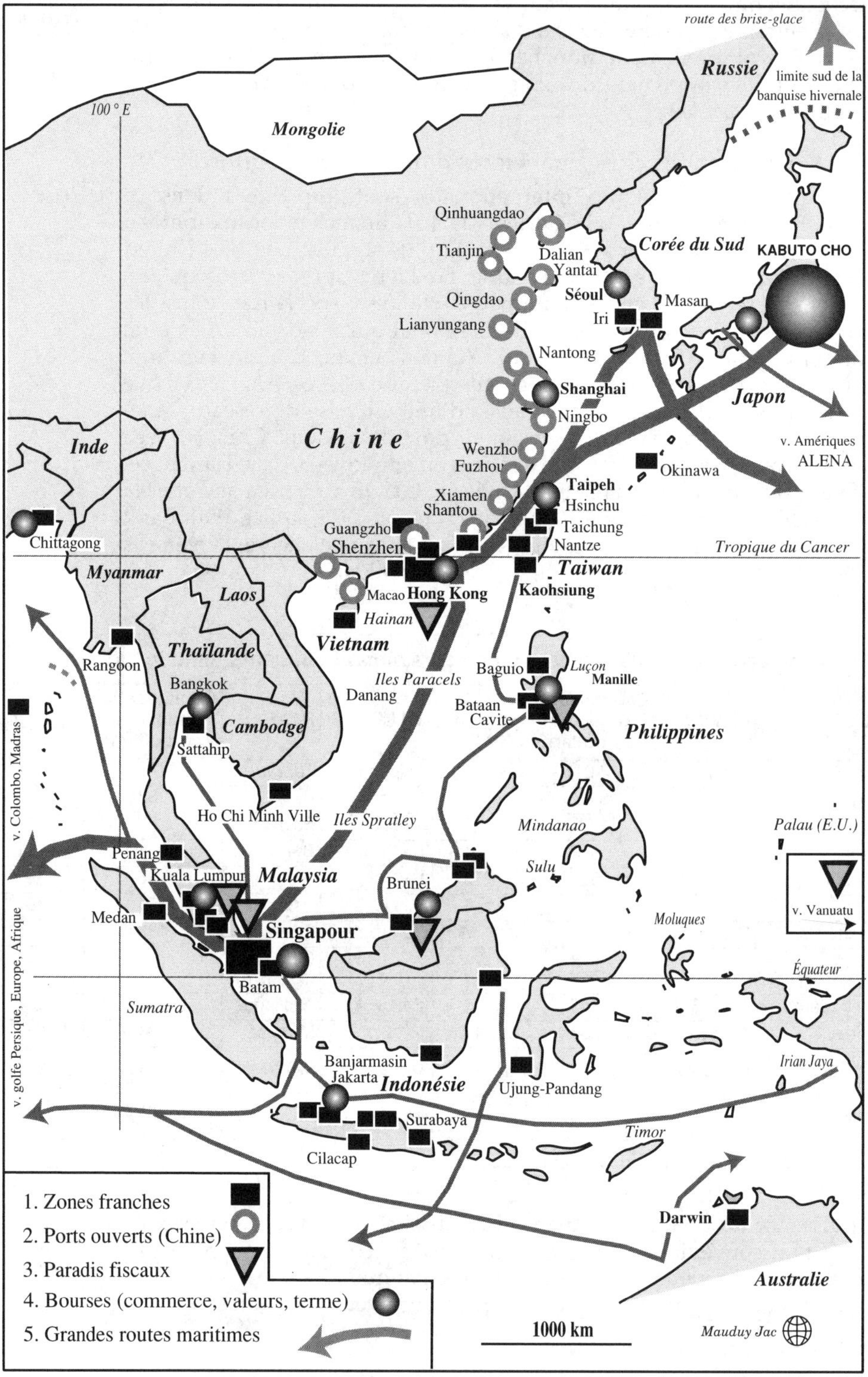

Facteurs attractifs des régions littorales de l'Asie de l'Est.

2.3.3. Des cités d'ingénieurs et de chercheurs

La tertiarisation des sociétés est une évidence. Pour Singapour, originale par la faible présence d'agriculteurs, le déclin du tertiaire est significatif d'une modification qualitative (le commerce représente 24 %, 22 % et 22 % de la population active, respectivement en 1975, 1980 et 1995, alors que les services financiers passent de 22 %, 30 %, à 31 % aux mêmes dates). Pour les autres pays, le déclin du secteur primaire, partout plus qu'esquissé, se traduit par un renforcement du secteur secondaire, mais aussi par une augmentation qualitative du secteur tertiaire. Les grandes écoles techniques de Corée, de Singapour, de Malaysia et de Taiwan forment des ingénieurs et des techniciens qui maîtrisent les processus industriels et les grands travaux comme leurs homologues occidentaux : on est loin des missions de formation américaines ou japonaises.

Tableau 21. Contribution des secteurs à la croissance du PIB L'exemple de Singapour

Secteurs	1988	1989	1990
Secteur manufacturier	4,4	2,4	2,1 %
Construction	– 0,3	0,1	0,3 %
Commerce	2,5	1,3	1,0 %
Transports	1,3	1,1	0,9 %
Secteur financier	2,7	3,8	3,4
Autres	0,5	0,5	0,6 %
Total croissance annuelle	11,1	9,2	8,3

La croissance, qui se ralentit au fur et à mesure que le pays s'équipe, reste forte. Mais c'est le secteur financier et des affaires qui en constitue le moteur premier devant le secteur manufacturier. Cette mutation singapourienne est significative de ce qui se passe en Corée, à Hong Kong et même à Taiwan. Les activités de service relaient la croissance industrielle et ces activités ne sont plus seulement commerciales, mais, de plus en plus, financières et d'ingénierie.

3. Les territoires reconstruits vers les façades maritimes

3.1. Les ports et les façades : exutoires des continents

Le renforcement des équipements au service des littoraux se fait au détriment de l'intérieur.

cf. *synthèses* p. 116-133

Les migrations humaines vers les zones portuaires sont fortes, car les salaires, si modestes soient-ils, exercent une forte attraction.

L'intérieur est abandonné au profit des littoraux.

3.2. *Les dissymétries territoriales : des littoraux au vent des investissements*

3.2.1. Les investisseurs s'implantent sur les littoraux équipés

cf. *carte* p. 105

Les grandes façades maritimes sont devenues les lieux privilégiés de l'activité humaine et les façades asiatiques occupent maintenant une place prépondérante dans ce système mondial maritimisé. Les stocks d'investissements directs étrangers qui s'implantent dans cette région sont essentiels. Facteurs de dépendance et de fragilité (menace d'un « effet tequila »), ils sont aussi la cause principale, ou parfois unique, de la croissance.

cf. *cours* p. 163

3.2.2. Les territoires sont reconstruits par l'activité maritime

Taiwan, tout comme la Corée, avait été réorganisée par les Japonais, en fonction des ports, pour leur approvisionnement en nourriture et en matières premières.

cf. *synthèses* p. 127, 130-131
cf. *plan* p. 142

Depuis le Moyen Âge, la Malaisie est orientée vers le détroit de Malacca, tendance renforcée par l'ère britannique. La Chine maoïste avait tenté, au moins verbalement, de rééquilibrer le territoire au profit de l'intérieur, afin de « corriger les injustices territoriales provoquées par les impérialismes », accusés d'avoir privilégié les ports pour exporter les matières premières « pillées » par les métropoles.

3.3. *La reconstruction du monde par les compagnies maritimes*

3.3.1. La création du pont intercontinental

Un véritable pont intercontinental ferroviaire a été créé par l'OOCL (Hong Kong) qui dispose de plus de 25 trains complets à double étage entre Long Beach et l'Atlantique ou le Golfe. Plus économique que le passage par Panama, ce multimodal s'impose de plus en plus car les porte-conteneurs de plus de 4 000 TEU ne peuvent pas franchir le canal de Panama. Evergreen (Taiwan) dispose d'un réseau transaméricain de chemin de fer double hauteur entre Chicago, Toronto, Montréal, Boston et New York à partir de Seattle, Vancouver et Los Angeles.

cf., dans la même collection, *Les États-Unis*, p. 197-200

3.3.2. Les grandes lignes maritimes placent l'Europe en second

Les deux lignes « tour du monde » créées par Evergreen en 1985 associant conteneurs et trains-blocs, l'une par l'Est (East Bound) et l'autre par l'Ouest (Westbound), modifient les espaces-temps planétaires.

Le commerce portuaire asiatique est certes intercontinental. Les ports taiwanais (voir tableau 22) commercent avec les États-Unis, l'Arabie Saoudite (pétrole), les pays de l'Union européenne (Allemagne, Royaume-Uni, France, Italie) qui sont ses fournisseurs et qui ont des excédents. Mais on voit la place considérable des échanges avec la zone asiatique : plus de 50 % des exportations et plus de 48 % des importations proviennent des pays voisins.

Tableau 22. Les grands clients des ports taiwanais (1995)						
Rang	**Pays**	**Exportations**	**%**	**Importations**	**%**	**Balance**
	Total	111 688	100	103 571	100	+ 8 116
1	États-Unis	26 410	23,60	20 769	20,05	+ 5 461
2	*Hong Kong*	26 121	23,40	1 842	1,78	+ 24 278
3	*Japon*	13 167	11,80	30 270	29,23	– 17 103
4	*Singapour*	4 407	3,95	2 958	2,86	+ 1 449
5	Allemagne	6 839	3,44	5 683	5,49	– 1 843
6	Pays-Bas	3 209	2,87	1 320	1,27	+ 1 889
7	*Thaïlande*	3 072	2,75	1 485	1,43	+ 1 587
8	*Malaysia*	2 900	2,60	2 953	2,85	– 53
9	*Sud Corée*	2 574	2,31	4 327	4,18	– 1 752
10	Royaume-Uni	2 408	2,16	1 643	1,59	+ 765
11	*Indonésie*	1 870	1,67	2 150	2,08	– 280
12	*Australie*	1 755	1,57	2 575	2,49	– 819
13	*Philippines*	1 653	1,49	643	0,62	+ 1 010
14	Canada	1 429	1,28	1 593	1,54	– 164
15	France	1 204	1,08	1 784	1,72	– 579
16	Italie	1 004	0,90	1 565	1,51	– 561
17	Brésil	775	0,69	592	0,57	+ 183
18	Belgique	622	0,56	850	82	– 227
19	Arabie Saoudite	449	0,40	1 763	1,70	– 1 313
20	Suisse	368	0,33	1 316	1,27	– 948
Autres pays du monde		2 443	11,14	5 483	14,95	– 3 040

En millions de dollars US.
Les noms en italiques correspondent aux *pays de la zone.*
Source : htttp ://www. oocl. com/ooclsvr/country/taiwan. htm#kao.

3.3.3. Les routes maritimes les plus intenses

Le Track* atlantique de la mégalopolis vers le Northern Range* (de l'Elbe à la Seine) reste essentiel, mais, depuis 1987, il est rattrapé par la voie Pacifique–Amérique du Nord. L'hémisphère nord reste privilégié. 23 % du trafic mondial se concentrent en Asie.

cf. *carte* p. 105

cours • 3

Conclusion

Réussite et fragilité se combinent, mais nous sommes en présence d'un modèle de développement original : un système de croissance maritimo-industriel différent du modèle victorien du XIXe siècle. Ici, ce n'est pas « l'esprit du capitalisme » qui fustige l'ambition, mais la solidarité familiale ! Ce capitalisme naissant – les grandes entreprises n'ont bien souvent connu qu'un seul maître et une seule génération – pourra rencontrer des difficultés lors de l'internationalisation inévitable qui va suivre. Ces puissances de la mer doivent maintenant contrôler les nouvelles techniques de communication et maîtriser les médias. Dans ce domaine, on peut se demander si les grandes puissances continentales, États-Unis et Chine, ne sont pas mieux armées, à court et moyen terme, que les tycoons asiatiques.

Synthèses cartographiques

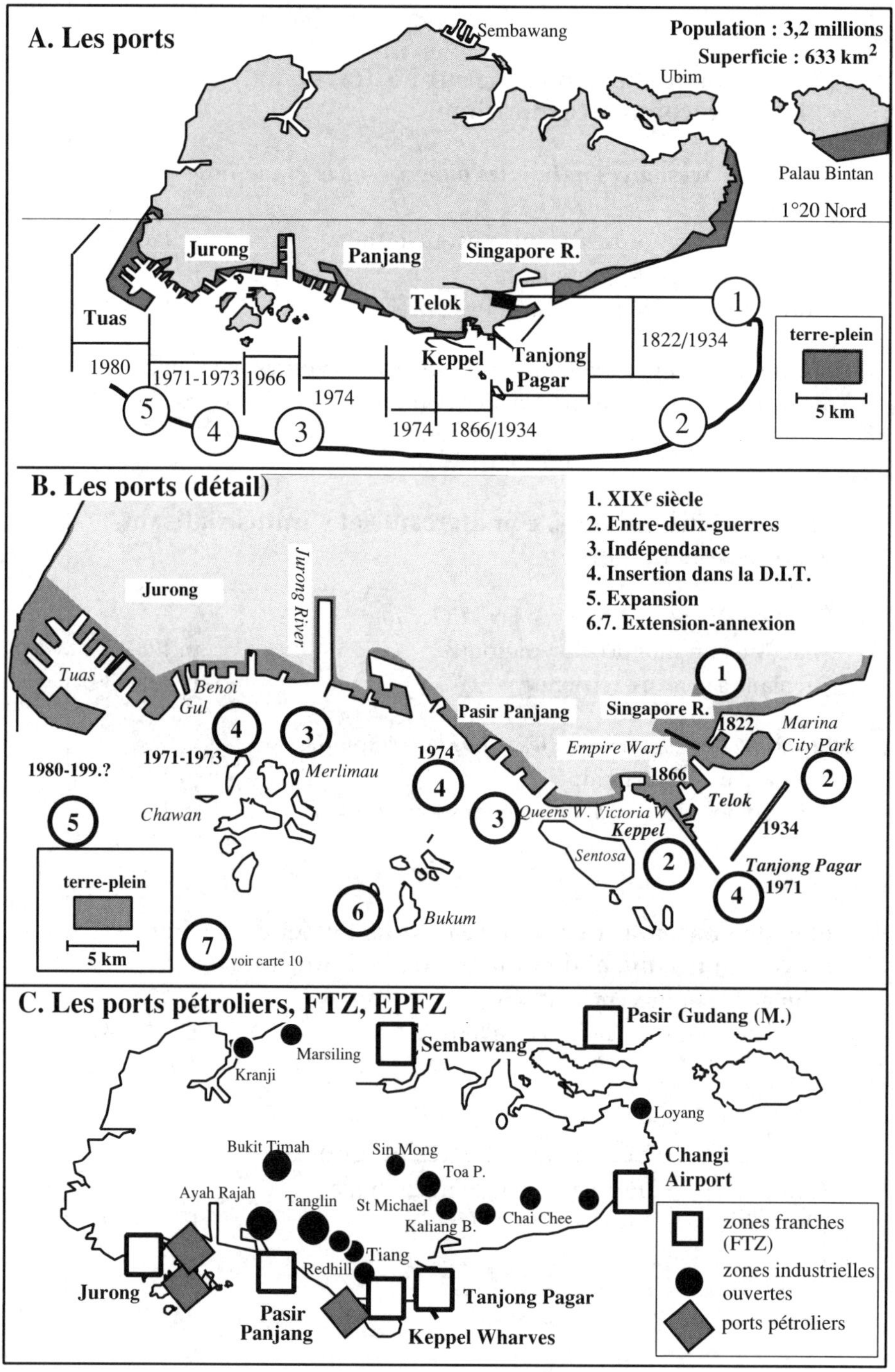

Singapour : la ville-port.

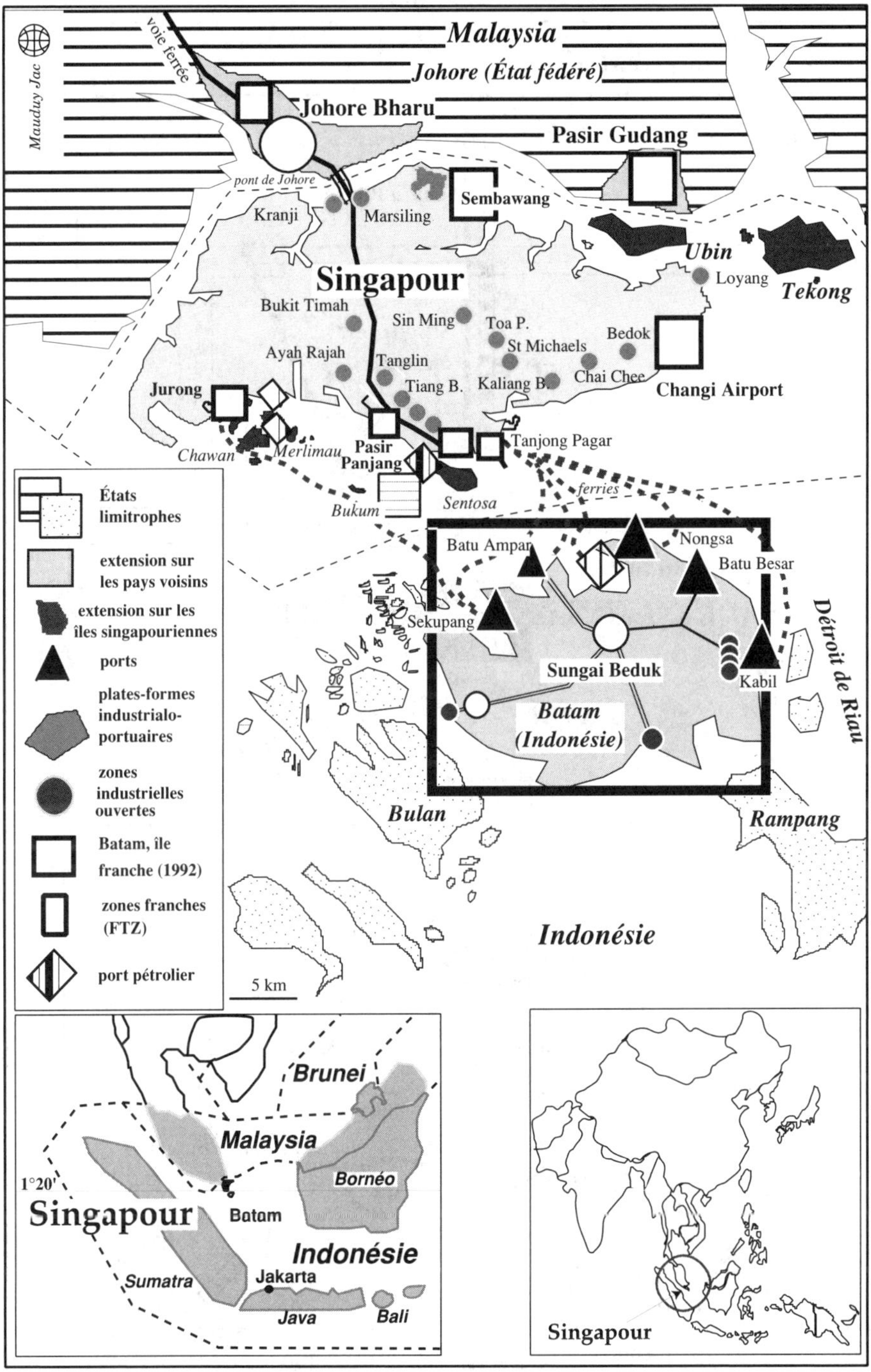

Singapour, la ville-port envahissante.

Singapour

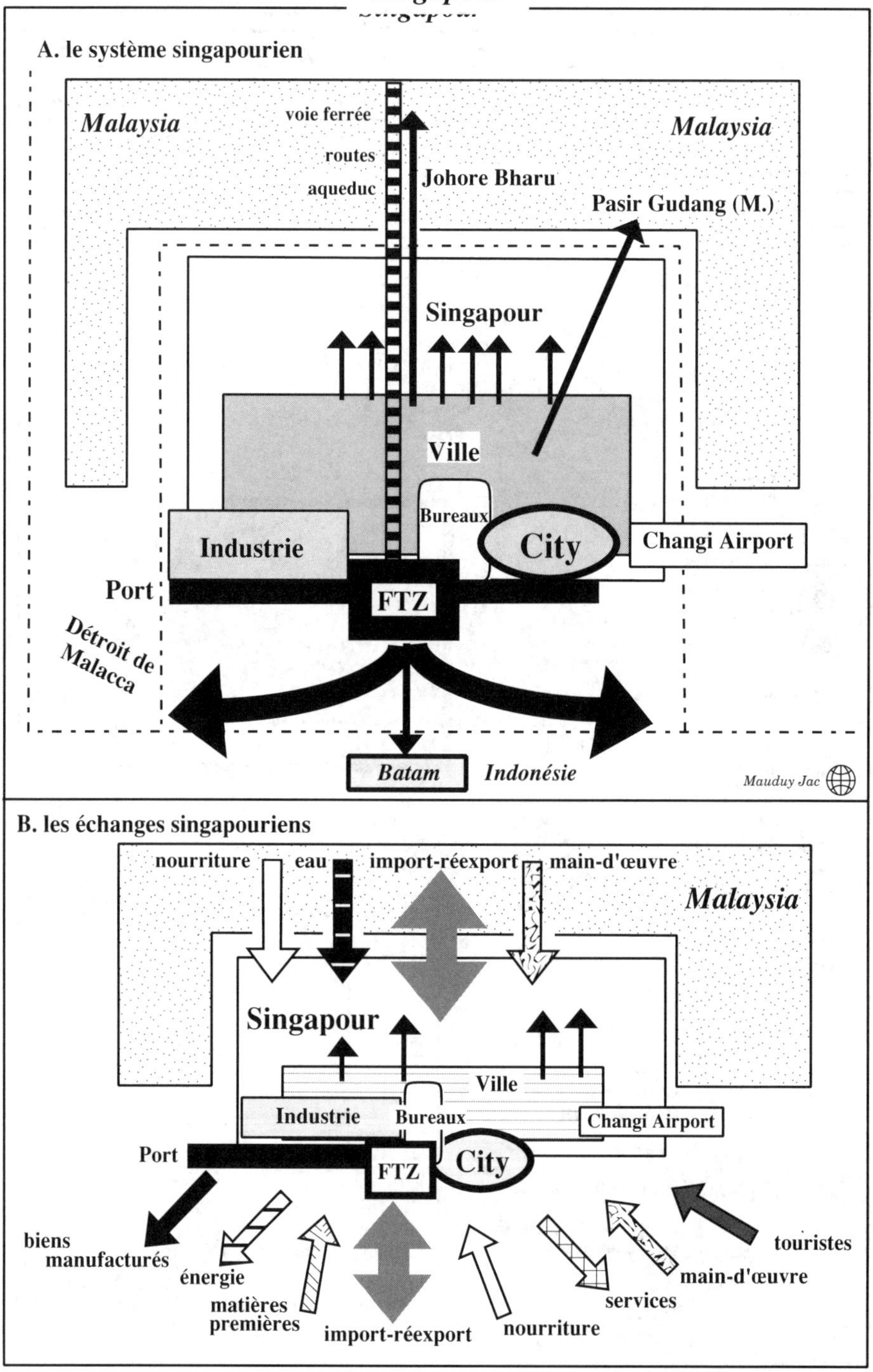
A. le système singapourien
Malaysia
voie ferrée
routes
aqueduc
Johore Bharu
Malaysia
Pasir Gudang (M.)
Singapour
Ville
Bureaux
Industrie
City
Changi Airport
Port
FTZ
Détroit de Malacca
Batam
Indonésie
Mauduy Jac
B. les échanges singapouriens
nourriture
eau
import-réexport
main-d'œuvre
Malaysia
Singapour
Ville
Industrie
Bureaux
Changi Airport
Port
FTZ
City
biens manufacturés
énergie
matières premières
import-réexport
nourriture
services
main-d'œuvre
touristes

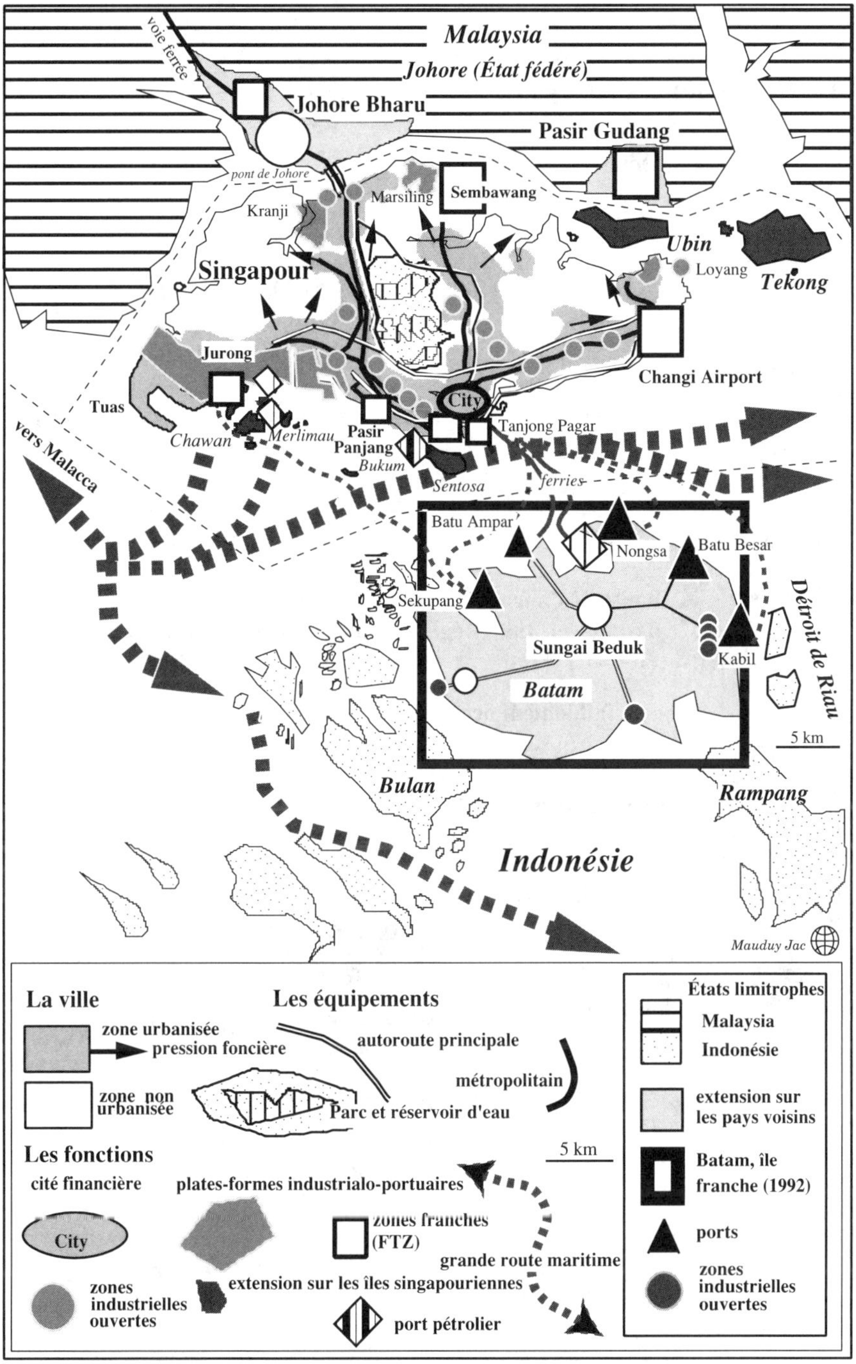

Singapour : Venise industrielle de l'Asie.

Hong Kong : port de la Chine postmaoïste

La Chine populaire

Chine

La ZES

zone économique spéciale

université, recherche

zone urbanisée

production industrielle

La RAS

limite de l'ancienne concession britannique
devenue en 1997 Région Administrative Spéciale

zone faiblement occupée

zone occupée (rizière, loisirs, habitat)

zone urbanisée

production industrielle

port

aéroport de Kai Tak

aéroport de Chep Lap Tok

route maritime

liaison ferries

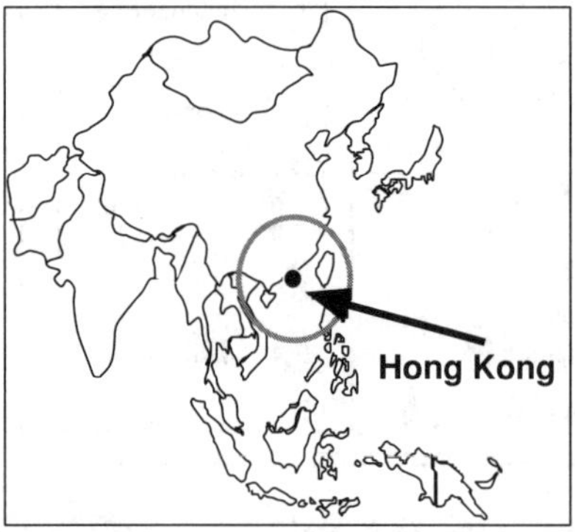

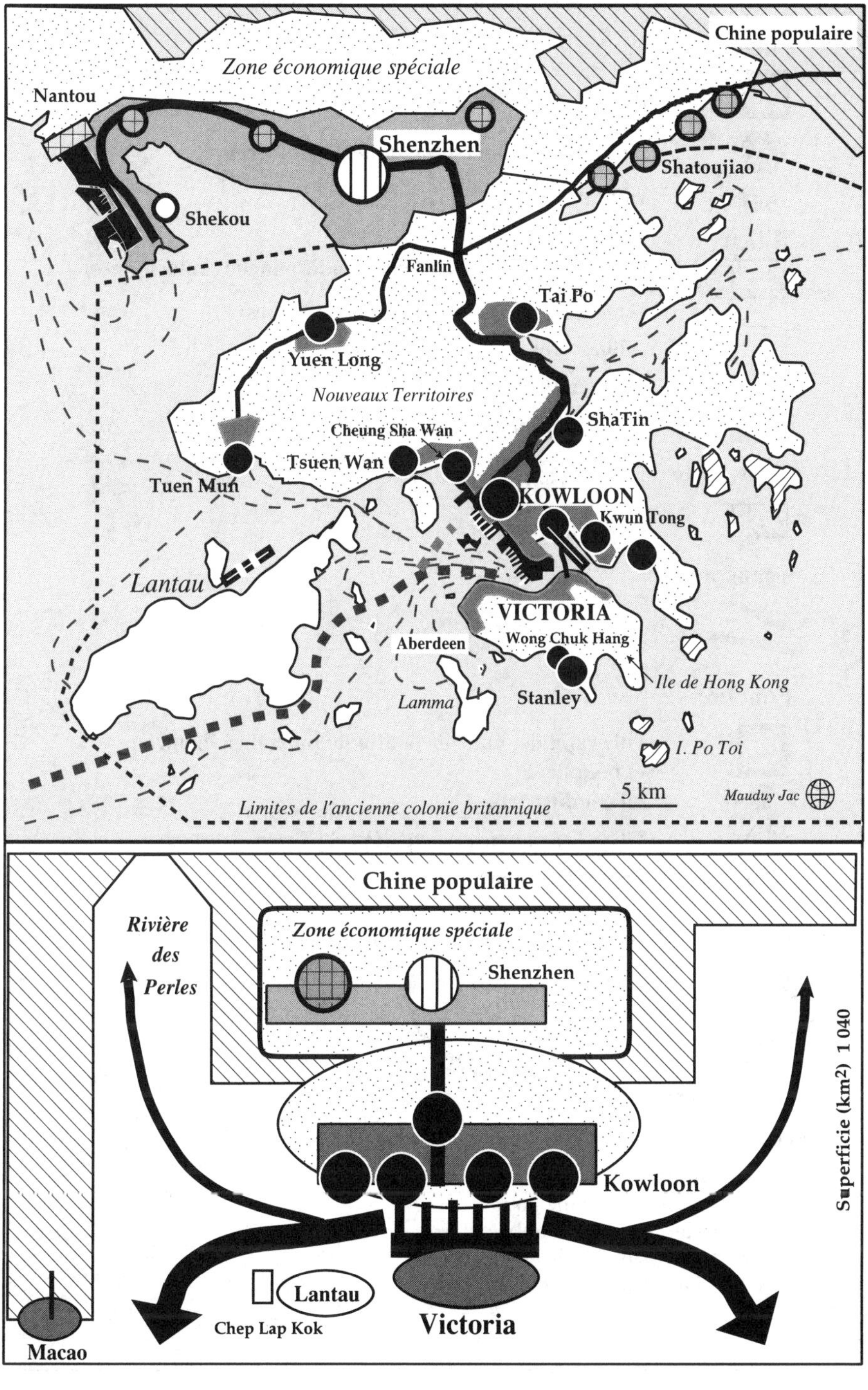

Chine populaire
Zone économique spéciale
Nantou
Shenzhen
Shekou
Shatoujiao
Fanlin
Tai Po
Yuen Long
Nouveaux Territoires
Cheung Sha Wan
Tsuen Wan
ShaTin
Tuen Mun
KOWLOON
Kwun Tong
Lantau
VICTORIA
Aberdeen
Wong Chuk Hang
Stanley
Ile de Hong Kong
Lamma
I. Po Toi
5 km
Mauduy Jac
Limites de l'ancienne colonie britannique
Chine populaire
Rivière des Perles
Zone économique spéciale
Shenzhen
Superficie (km²) 1 040
Kowloon
Lantau
Chep Lap Kok
Victoria
Macao

Taiwan : l'île porte-conteneurs

Villes

plus de 3 millions d'habitants agglomérés

plus de 1,5 million d'habitants agglomérés

villes principales

Milieu

montagne vide (agricultures traditionnelles autochtones)

versants (développement fruitier, vignes)

collines (thé, riz dans les vallées)

plaine rizicole et maraîchère

plaine rizicole maraîchère et produits tropicaux

hydro-électricité

mer et aquaculture

Transports

voie ferrée

autoroute

Fonctions

ville capitale; pouvoir politique; puissance financière et boursière

ville industrielle

FTZ (*Free Trade Zone*) **et EPFZ** (*Export Processing Free Zone*)

Parc scientifique

TAIWAN : l'île porte-conteneurs ... en mutation

port de conteneurs

exportations

importations

délocalisation des activités industrielles en Chine pour bénéficier du différentiel de niveau de développement, de niveau de vie et des bas salaires chinois

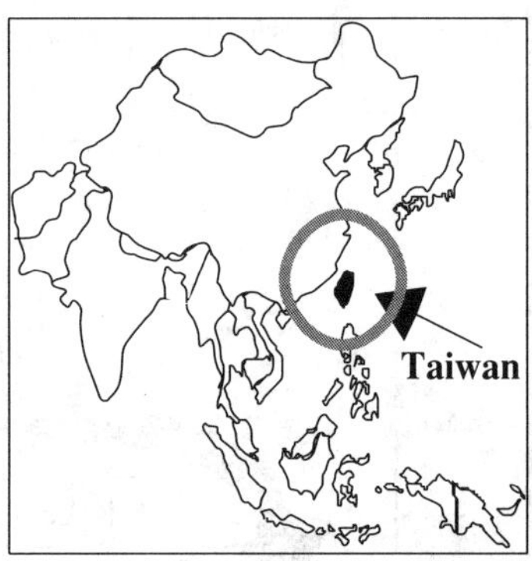

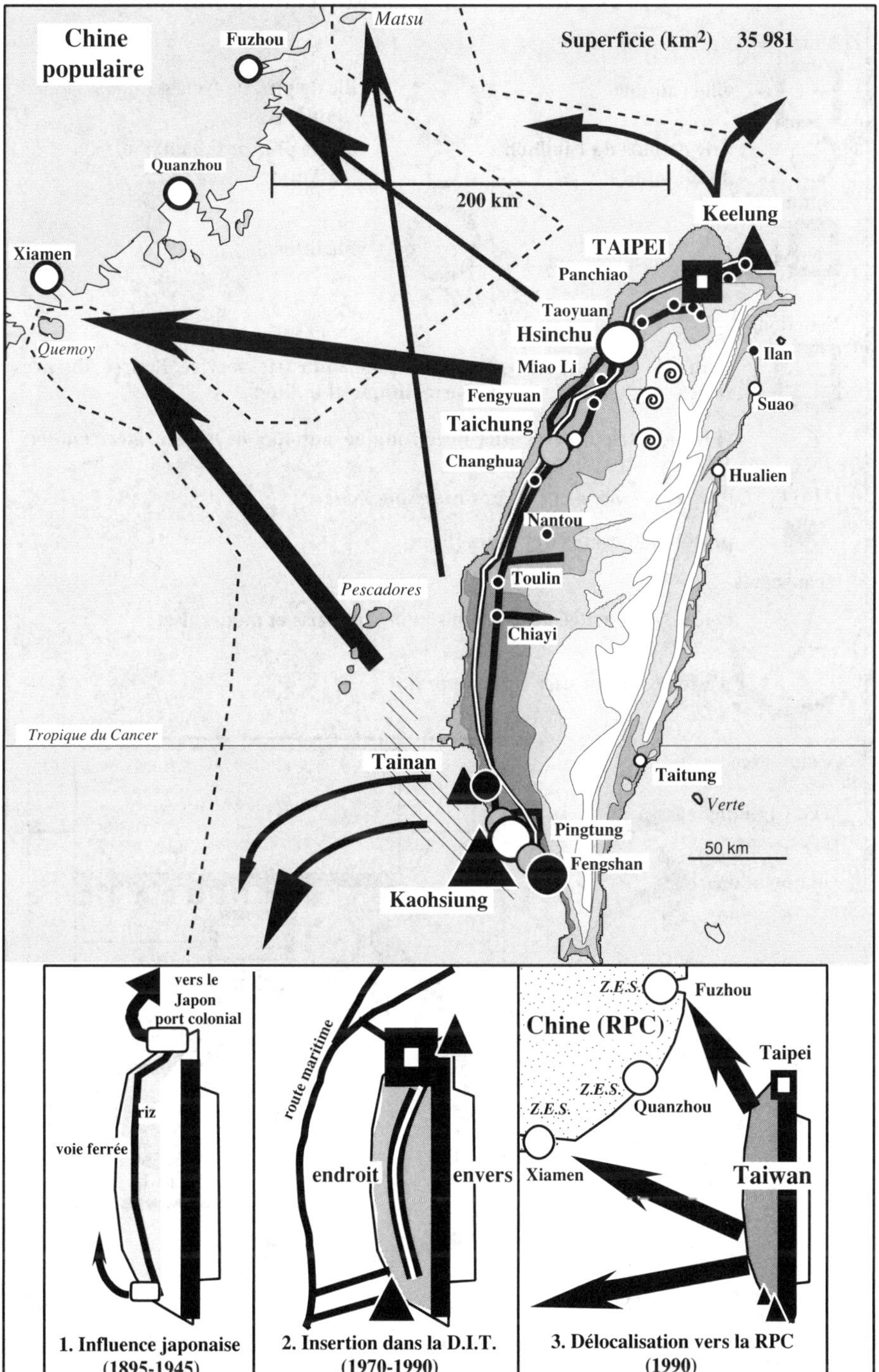
Chine populaire
Fuzhou
Matsu
Superficie (km2) 35 981
Quanzhou
200 km
Keelung
Xiamen
TAIPEI
Panchiao
Taoyuan
Hsinchu
Ilan
Quemoy
Miao Li
Suao
Fengyuan
Taichung
Changhua
Hualien
Nantou
Toulin
Pescadores
Chiayi
Tropique du Cancer
Tainan
Taitung
Verte
Pingtung
50 km
Fengshan
Kaohsiung
vers le Japon
port colonial
riz
voie ferrée
1. Influence japonaise (1895-1945)
route maritime
endroit
envers
2. Insertion dans la D.I.T. (1970-1990)
Z.E.S.
Fuzhou
Chine (RPC)
Taipei
Z.E.S.
Z.E.S.
Quanzhou
Xiamen
Taiwan
3. Délocalisation vers la RPC (1990)

Corée du Sud : une capitale et des ports

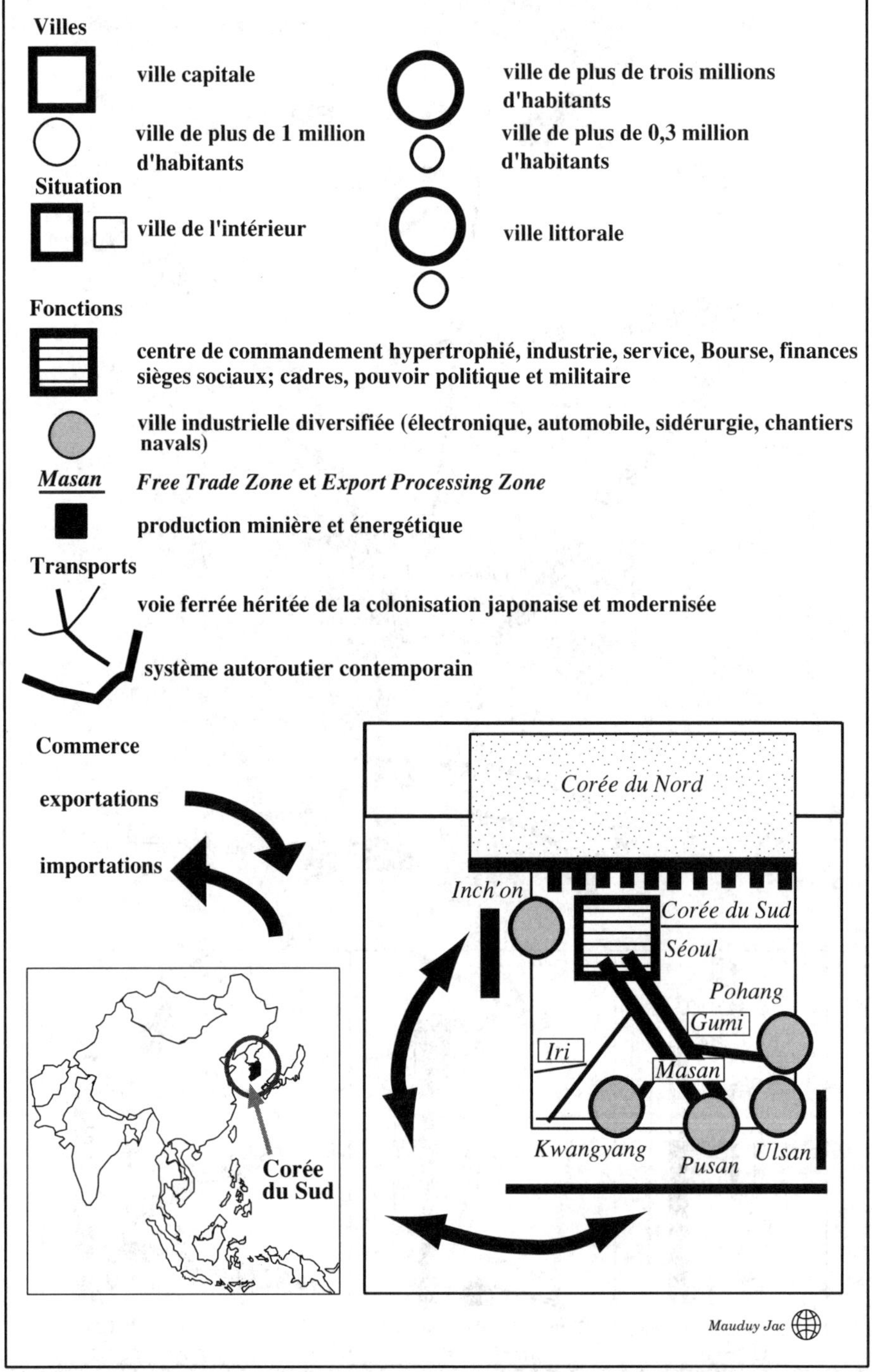

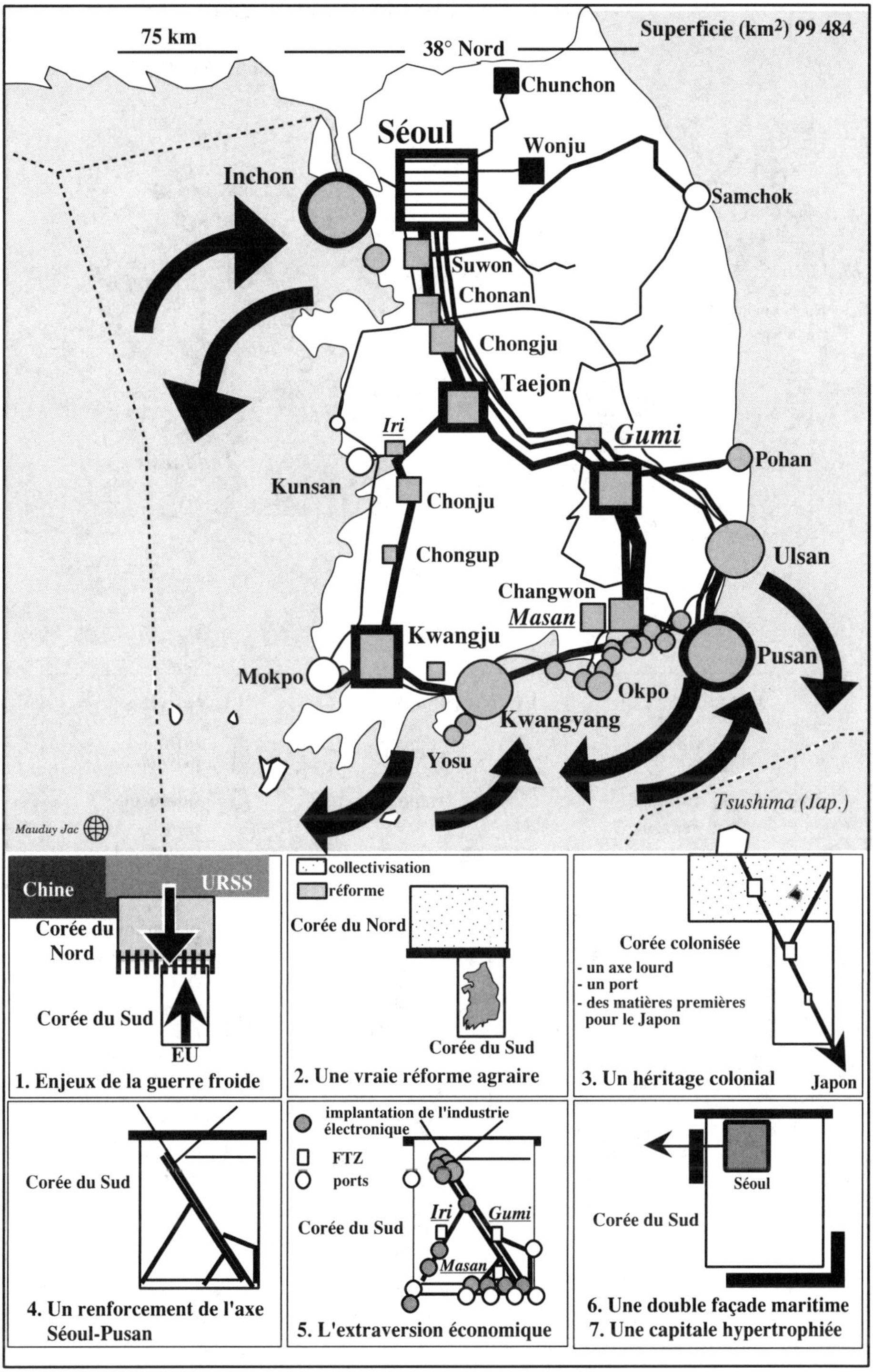
75 km
38° Nord
Superficie (km2) 99 484
Chunchon
Séoul
Wonju
Inchon
Samchok
Suwon
Chonan
Chongju
Taejon
Iri
Gumi
Pohan
Kunsan
Chonju
Chongup
Ulsan
Changwon
Masan
Kwangju
Pusan
Mokpo
Okpo
Kwangyang
Yosu
Tsushima (Jap.)
Mauduy Jac
Chine
URSS
Corée du Nord
Corée du Sud
EU
1. Enjeux de la guerre froide
collectivisation
réforme
Corée du Nord
Corée du Sud
2. Une vraie réforme agraire
Corée colonisée
- un axe lourd
- un port
- des matières premières pour le Japon
3. Un héritage colonial
Japon
Corée du Sud
4. Un renforcement de l'axe Séoul-Pusan
implantation de l'industrie électronique
FTZ
ports
Corée du Sud
Iri
Gumi
Masan
5. L'extraversion économique
Séoul
Corée du Sud
6. Une double façade maritime
7. Une capitale hypertrophiée

Malaisie : un monde dissymétrique

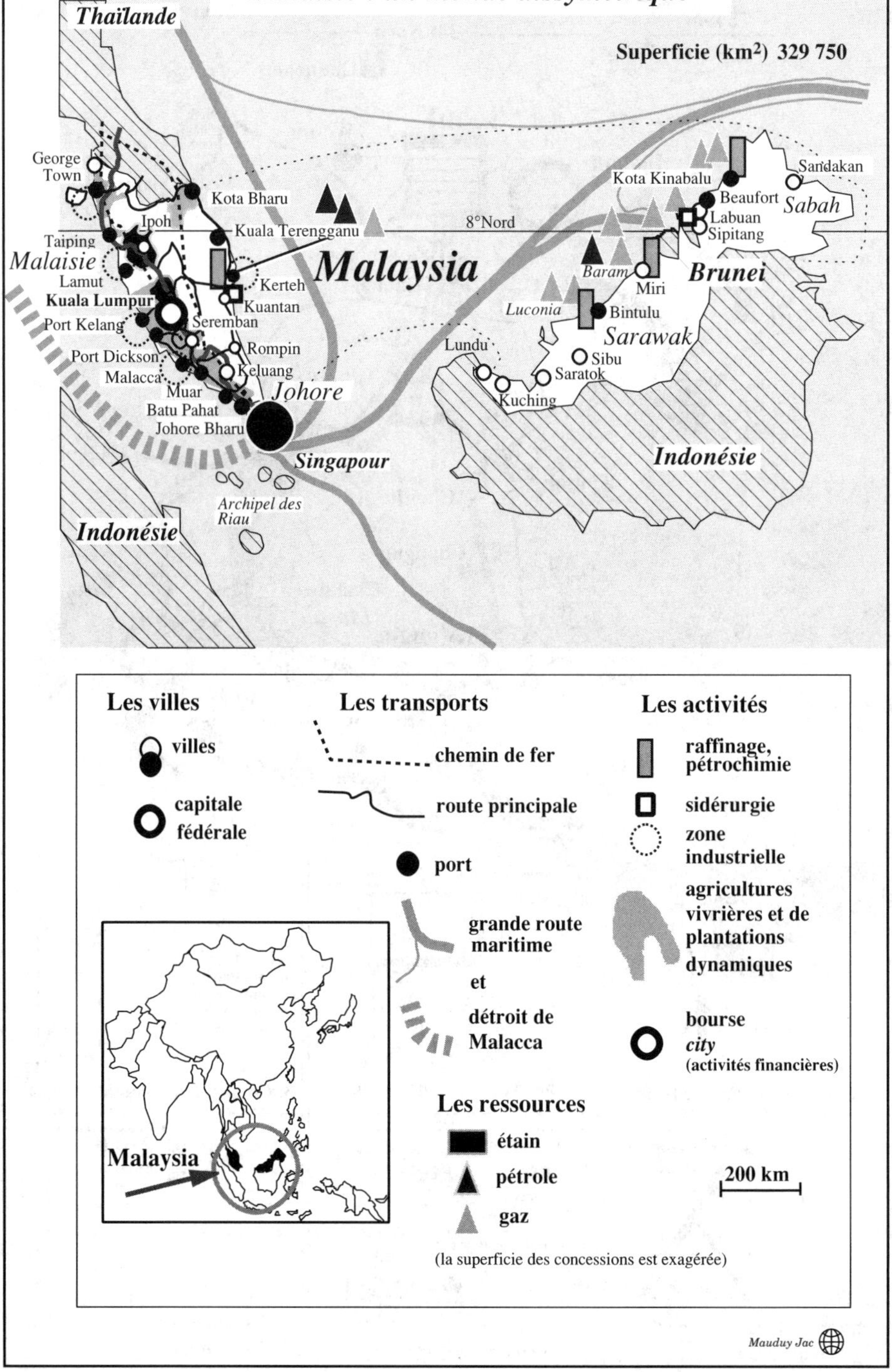

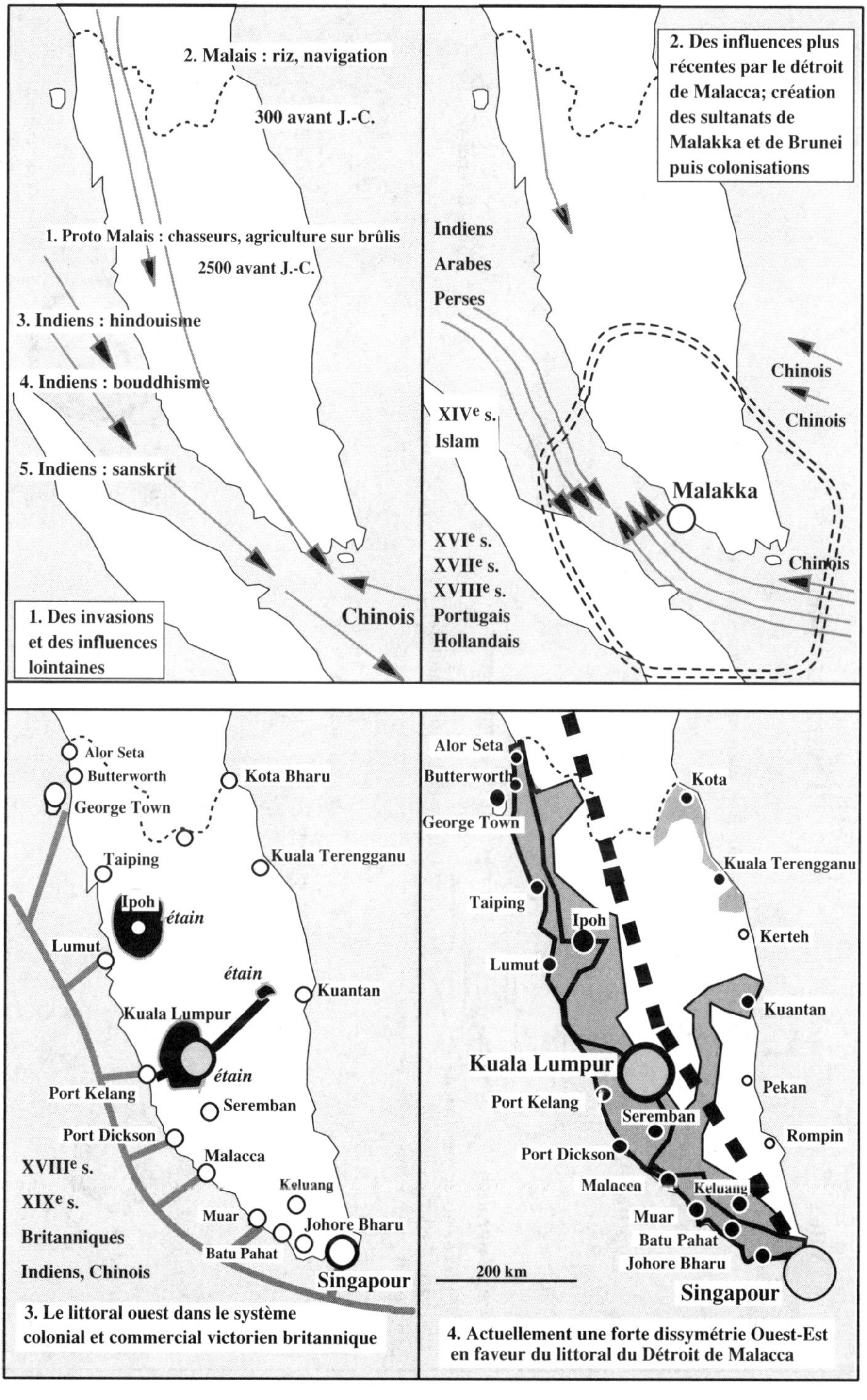
2. Malais : riz, navigation
300 avant J.-C.
1. Proto Malais : chasseurs, agriculture sur brûlis
2500 avant J.-C.
3. Indiens : hindouisme
4. Indiens : bouddhisme
5. Indiens : sanskrit
Chinois
1. Des invasions et des influences lointaines
2. Des influences plus récentes par le détroit de Malacca; création des sultanats de Malakka et de Brunei puis colonisations
Indiens
Arabes
Perses
XIVe s.
Islam
Malakka
Chinois
Chinois
Chinois
XVIe s.
XVIIe s.
XVIIIe s.
Portugais
Hollandais
Alor Seta
Butterworth
George Town
Kota Bharu
Taiping
Kuala Terengganu
Ipoh
étain
Lumut
étain
Kuantan
Kuala Lumpur
étain
Port Kelang
Seremban
Port Dickson
Malacca
XVIIIe s.
XIXe s.
Britanniques
Indiens, Chinois
Keluang
Muar
Johore Bharu
Batu Pahat
Singapour
3. Le littoral ouest dans le système colonial et commercial victorien britannique
Alor Seta
Butterworth
George Town
Kota
Kuala Terengganu
Taiping
Ipoh
Kerteh
Lumut
Kuantan
Kuala Lumpur
Pekan
Port Kelang
Seremban
Rompin
Port Dickson
Malacca
Keluang
Muar
Batu Pahat
Johore Bharu
200 km
Singapour
4. Actuellement une forte dissymétrie Ouest-Est en faveur du littoral du Détroit de Malacca

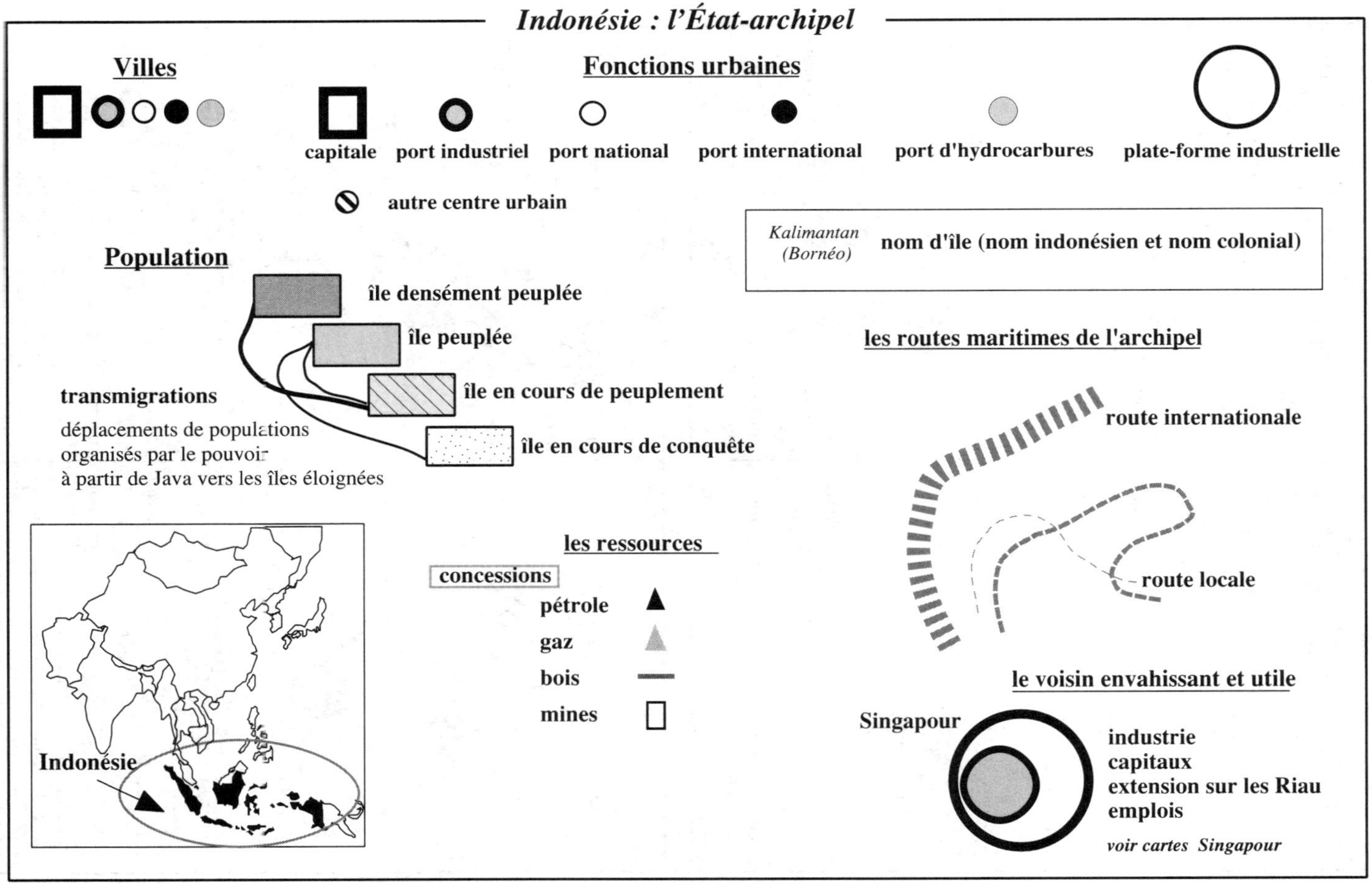
Indonésie : l'État-archipel
Villes
Fonctions urbaines
capitale
port industriel
port national
port international
port d'hydrocarbures
plate-forme industrielle
autre centre urbain
Kalimantan
(Bornéo)
nom d'île (nom indonésien et nom colonial)
Population
île densément peuplée
île peuplée
île en cours de peuplement
île en cours de conquête
transmigrations
déplacements de populations
organisés par le pouvoir
à partir de Java vers les îles éloignées
les routes maritimes de l'archipel
route internationale
route locale
Indonésie
les ressources
concessions
pétrole
gaz
bois
mines
le voisin envahissant et utile
Singapour
industrie
capitaux
extension sur les Riau
emplois
voir cartes Singapour

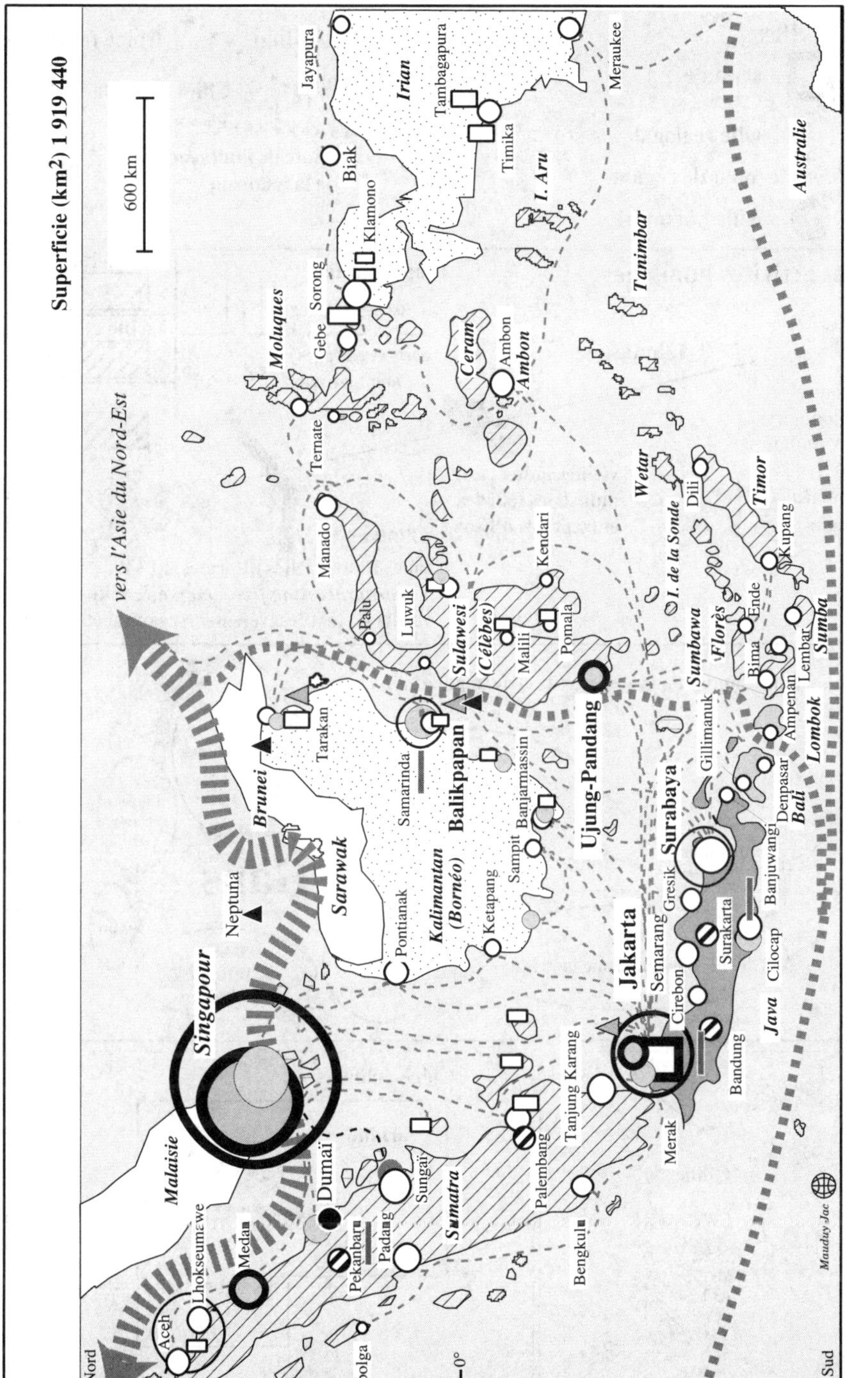

Superficie (km²) 1 919 440
600 km
vers l'Asie du Nord-Est
8° Nord
0°
10° Sud
Malaisie
Singapour
Neptuna
Sarawak
Brunei
Kalimantan (Bornéo)
Balikpapan
Samarinda
Tarakan
Pontianak
Ketapang
Sampit
Banjarmassin
Sulawesi (Célèbes)
Ujung-Pandang
Palu
Luwuk
Manado
Malili
Pomala
Kendari
Ternate
Moluques
Gebe
Sorong
Klamono
Biak
Jayapura
Irian
Tambagapura
Timika
Meraukee
I. Aru
Tanimbar
Ceram
Ambon
Wetar
Timor
Dili
Kupang
I. de la Sonde
Sumbawa
Florès
Ende
Bima
Lembar
Sumba
Lombok
Ampenan
Gillimanuk
Denpasar
Bali
Banjuwangi
Surabaya
Gresik
Semarang
Surakarta
Cilocap
Java
Jakarta
Cirebon
Bandung
Merak
Tanjung Karang
Palembang
Bengkulu
Sumatra
Sungai
Padang
Pekanbaru
Dumaï
Medan
Lhokseumewe
Aceh
Sibolga
Australie
Mauduy Jac

Chine : le retour vers le littoral

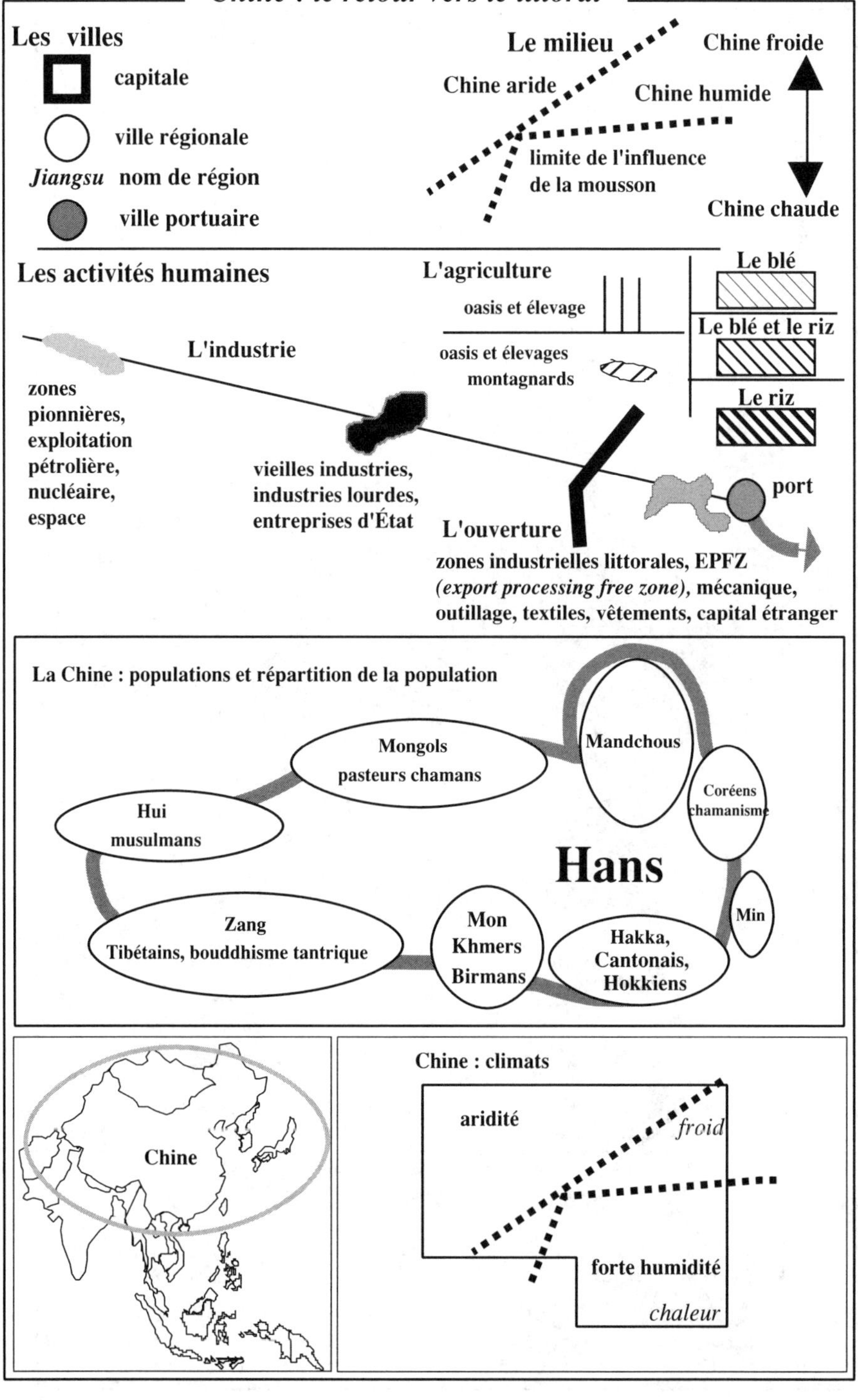

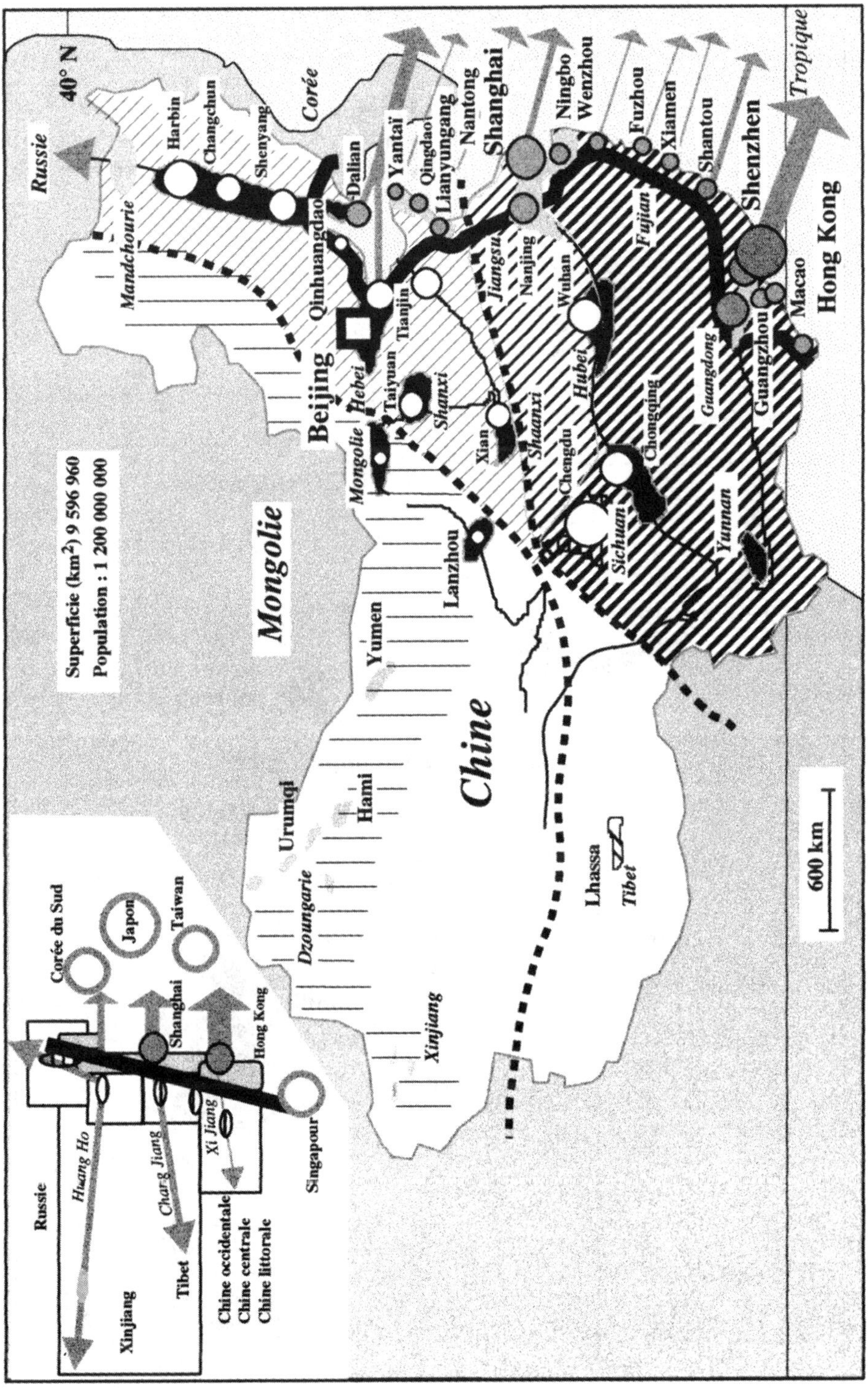
Superficie (km²) 9 596 960
Population : 1 200 000 000
Russie
40° N
Corée
Mongolie
Chine
Mandchourie
Harbin
Changchun
Shenyang
Dalian
Qinhuangdao
Beijing
Tianjin
Hebei
Taiyuan
Shanxi
Yantaï
Qingdao
Lianyungang
Nantong
Shanghai
Ningbo
Wenzhou
Fuzhou
Xiamen
Shantou
Shenzhen
Hong Kong
Macao
Guangzhou
Guangdong
Fujian
Jiangsu
Nanjing
Wuhan
Hubei
Xian
Shaanxi
Chengdu
Chongqing
Sichuan
Yunnan
Lanzhou
Yumen
Hami
Urumqi
Dzoungarie
Xinjiang
Lhassa
Tibet
Tropique
600 km
Corée du Sud
Japon
Taiwan
Singapour
Hong Kong
Shanghai
Huang Ho
Chang Jiang
Xi Jiang
Russie
Xinjiang
Tibet
Chine occidentale
Chine centrale
Chine littorale

Philippines : le littoral et les migrations

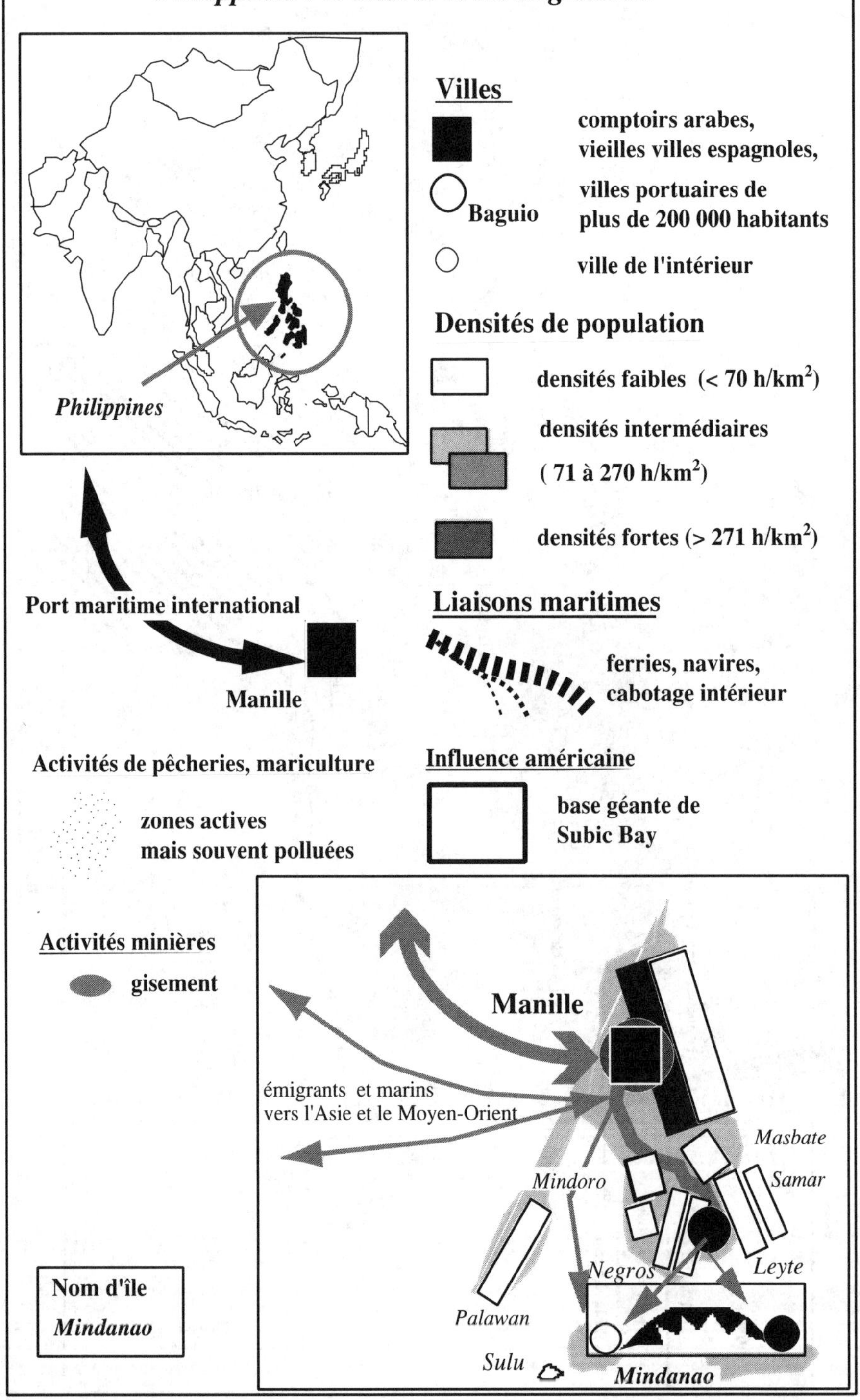

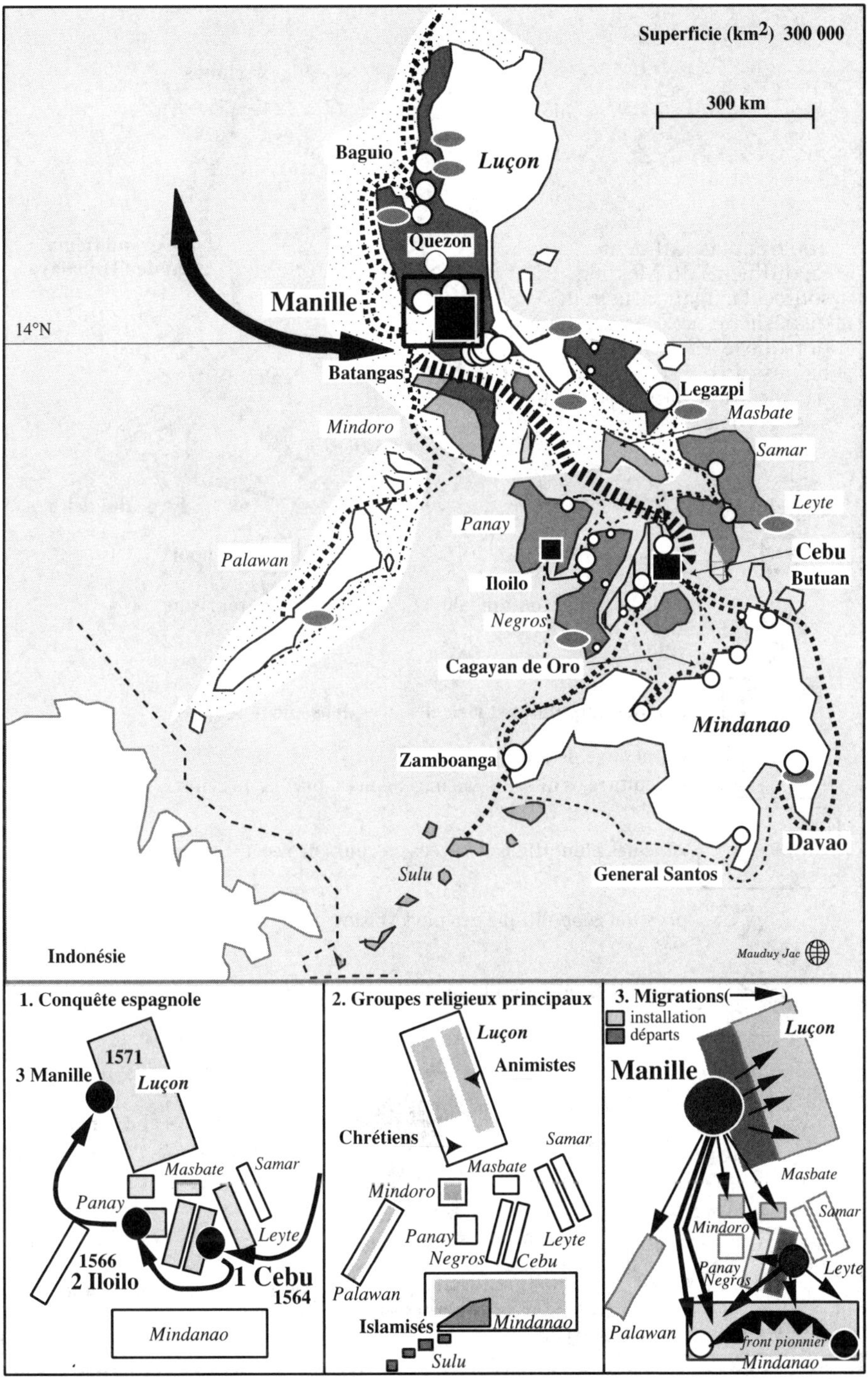
Superficie (km²) 300 000
300 km
Baguio
Luçon
Quezon
Manille
14°N
Batangas
Legazpi
Masbate
Samar
Mindoro
Leyte
Panay
Cebu
Palawan
Iloilo
Butuan
Negros
Cagayan de Oro
Mindanao
Zamboanga
Davao
Sulu
General Santos
Indonésie
Mauduy Jac
1. Conquête espagnole
1571
3 Manille
Luçon
Masbate
Samar
Panay
Leyte
1566
2 Iloilo
1 Cebu
1564
Mindanao
2. Groupes religieux principaux
Luçon
Animistes
Chrétiens
Samar
Masbate
Mindoro
Panay
Leyte
Negros
Cebu
Palawan
Islamisés
Mindanao
Sulu
3. Migrations
installation
départs
Luçon
Manille
Masbate
Mindoro
Samar
Panay
Negros
Leyte
Palawan
front pionnier
Mindanao

Cambodge : le Mékong, une voie magnifique... inexploitée

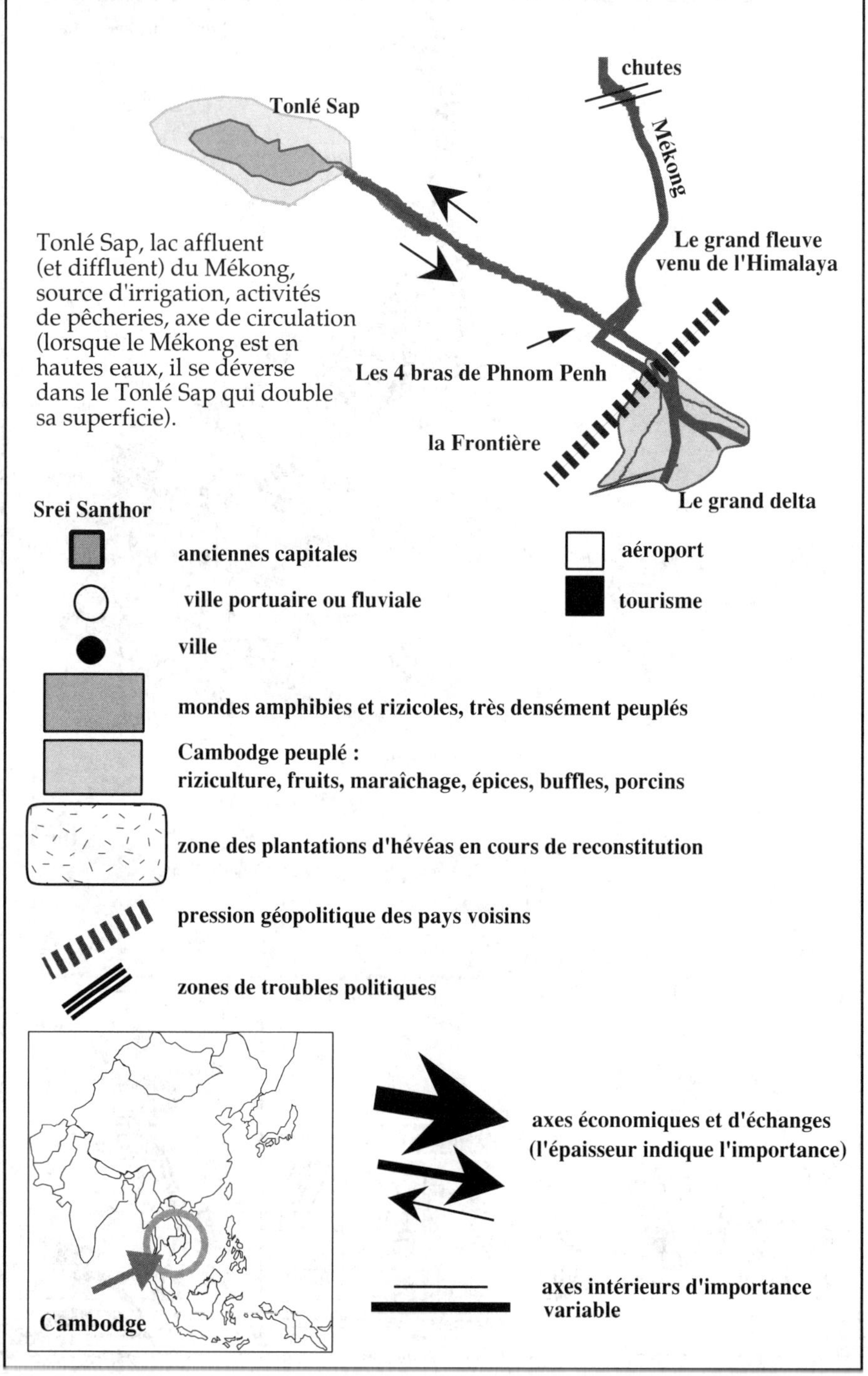

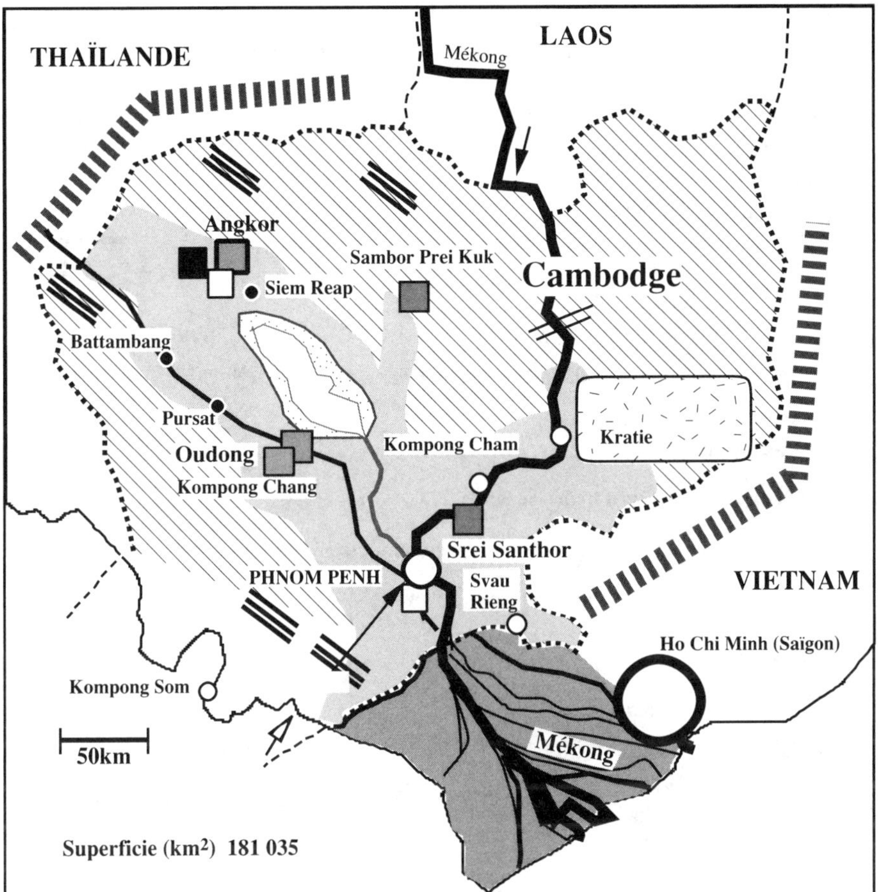

Le delta du Mékong et le Tonlé Sap constituent l'axe vital du pays. (Le delta supporte des densités trés élevées comme la périphérie du Tonlé Sap). En amont de Kratie, le Mékong est une voie fluviale fermée. L'attraction thaïlandaise et celle du Vietnam, par l'intermédiaire de Saïgon, sont très efficaces.

La tentative de développer un port autonome (Kampong Som) se heurte à la concurrence du Mékong et à l'insécurité sur la route Kompong Som-Phnom Penh.

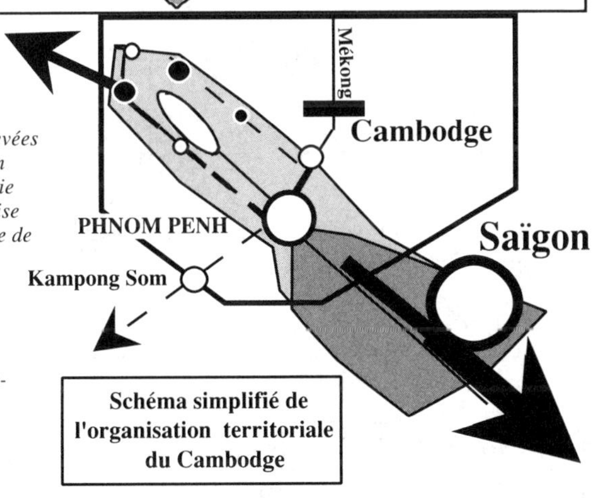

Schéma simplifié de l'organisation territoriale du Cambodge

Brunei : des hydrocarbures et des pétroliers

Villes

Transports

autoroutes

aéroport

Fonctions urbaines

Bandar Seri Begawan : capitale

puissance financière internationale

ville portuaire

bourg agricole et forestier

ville industrielle (raffinage, liquéfaction)

pouvoir politique

centre religieux

Ressources

gisements d'hydrocarbures

plaine littorale : riz (Malais) et maraîchage (Chinois)

forêt ombrophile, cultures sur brûlis

Échanges

exports

raffinés

imports
biens de consommation
équipements militaires
Airbus
Grands travaux

environ 40 000
immigrants pour servir
290 000 habitants

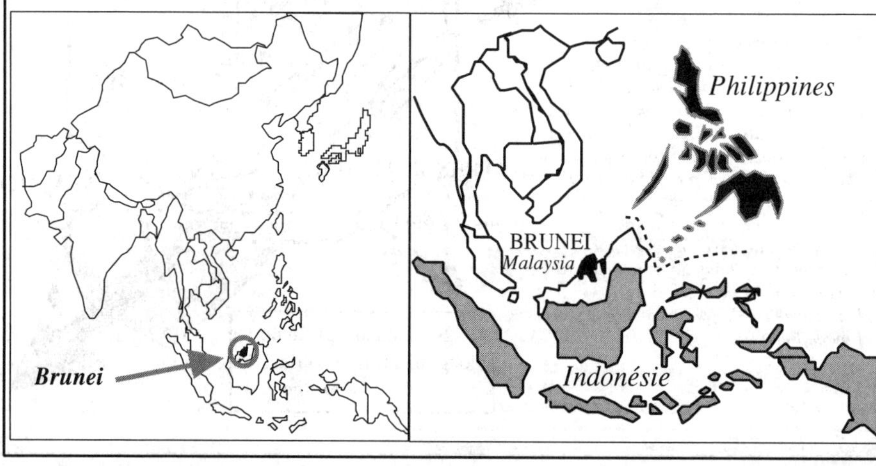

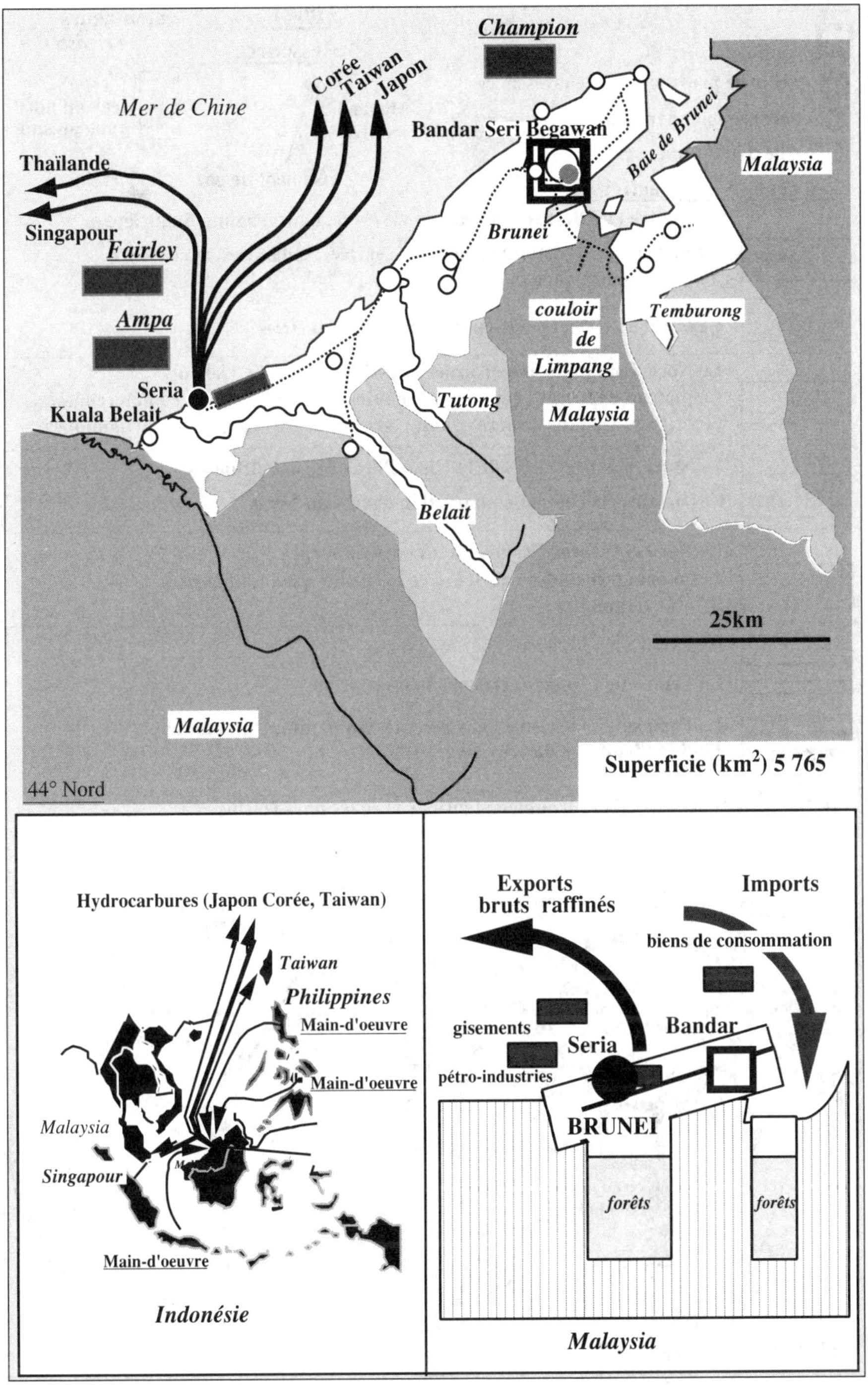
Champion
Mer de Chine
Corée
Taiwan
Japon
Bandar Seri Begawan
Baie de Brunei
Malaysia
Thaïlande
Singapour
Fairley
Ampa
Brunei
couloir
de
Limpang
Temburong
Seria
Kuala Belait
Tutong
Malaysia
Belait
25km
Malaysia
Superficie (km²) 5 765
44° Nord
Hydrocarbures (Japon Corée, Taiwan)
Taiwan
Philippines
Main-d'oeuvre
Main-d'oeuvre
Malaysia
Singapour
Main-d'oeuvre
Indonésie
Exports
bruts raffinés
Imports
biens de consommation
gisements
Seria
Bandar
pétro-industries
BRUNEI
forêts
forêts
Malaysia

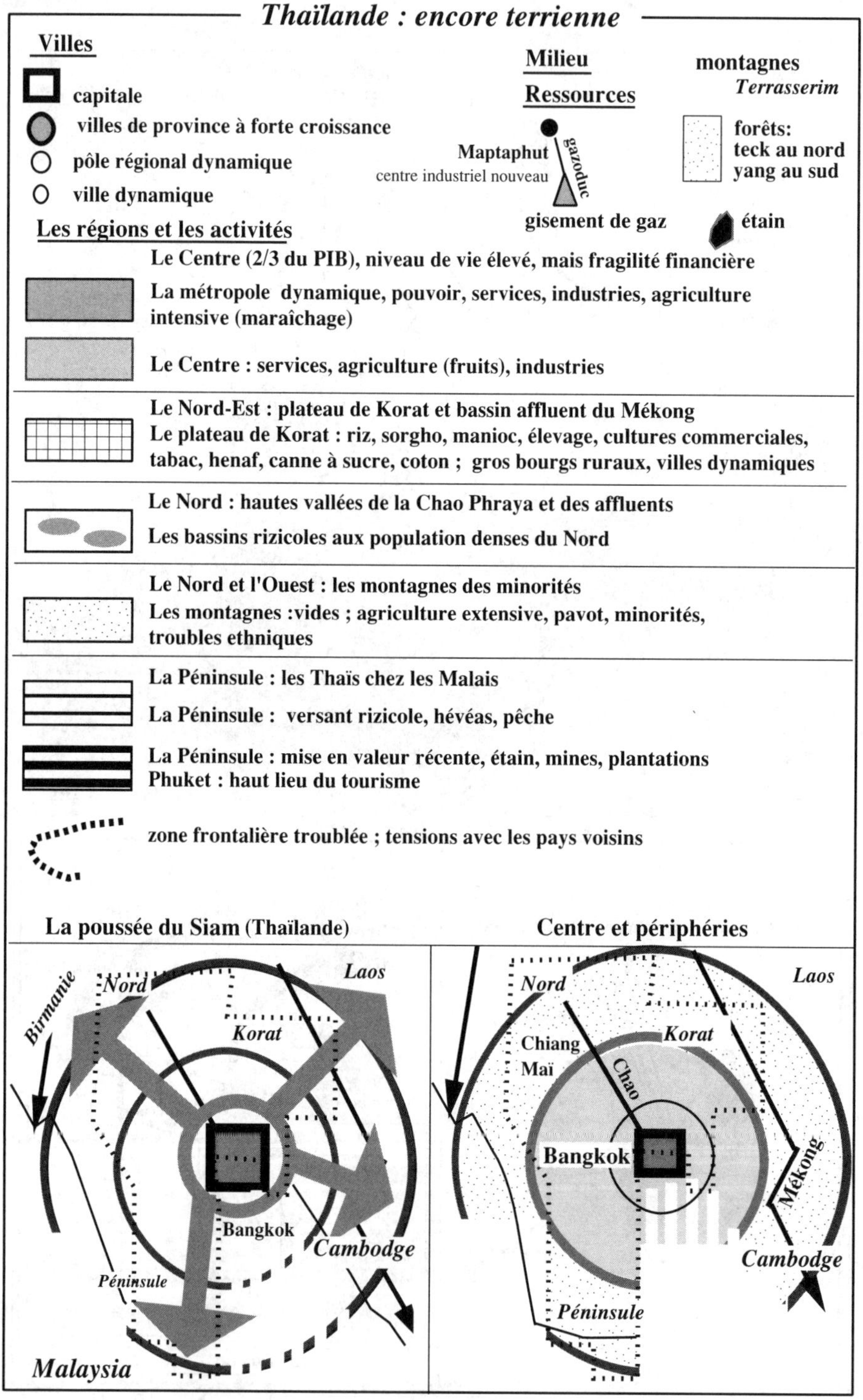
Thaïlande : encore terrienne
Villes
capitale
villes de province à forte croissance
pôle régional dynamique
ville dynamique
Milieu
Ressources
Maptaphut
centre industriel nouveau
gazoduc
gisement de gaz
montagnes
Terrasserim
forêts:
teck au nord
yang au sud
étain
Les régions et les activités
Le Centre (2/3 du PIB), niveau de vie élevé, mais fragilité financière
La métropole dynamique, pouvoir, services, industries, agriculture intensive (maraîchage)
Le Centre : services, agriculture (fruits), industries
Le Nord-Est : plateau de Korat et bassin affluent du Mékong
Le plateau de Korat : riz, sorgho, manioc, élevage, cultures commerciales, tabac, henaf, canne à sucre, coton ; gros bourgs ruraux, villes dynamiques
Le Nord : hautes vallées de la Chao Phraya et des affluents
Les bassins rizicoles aux population denses du Nord
Le Nord et l'Ouest : les montagnes des minorités
Les montagnes :vides ; agriculture extensive, pavot, minorités, troubles ethniques
La Péninsule : les Thaïs chez les Malais
La Péninsule : versant rizicole, hévéas, pêche
La Péninsule : mise en valeur récente, étain, mines, plantations
Phuket : haut lieu du tourisme
zone frontalière troublée ; tensions avec les pays voisins
La poussée du Siam (Thaïlande)
Birmanie
Nord
Laos
Korat
Bangkok
Cambodge
Péninsule
Malaysia
Centre et périphéries
Nord
Laos
Chiang
Maï
Korat
Chao
Bangkok
Mékong
Cambodge
Péninsule

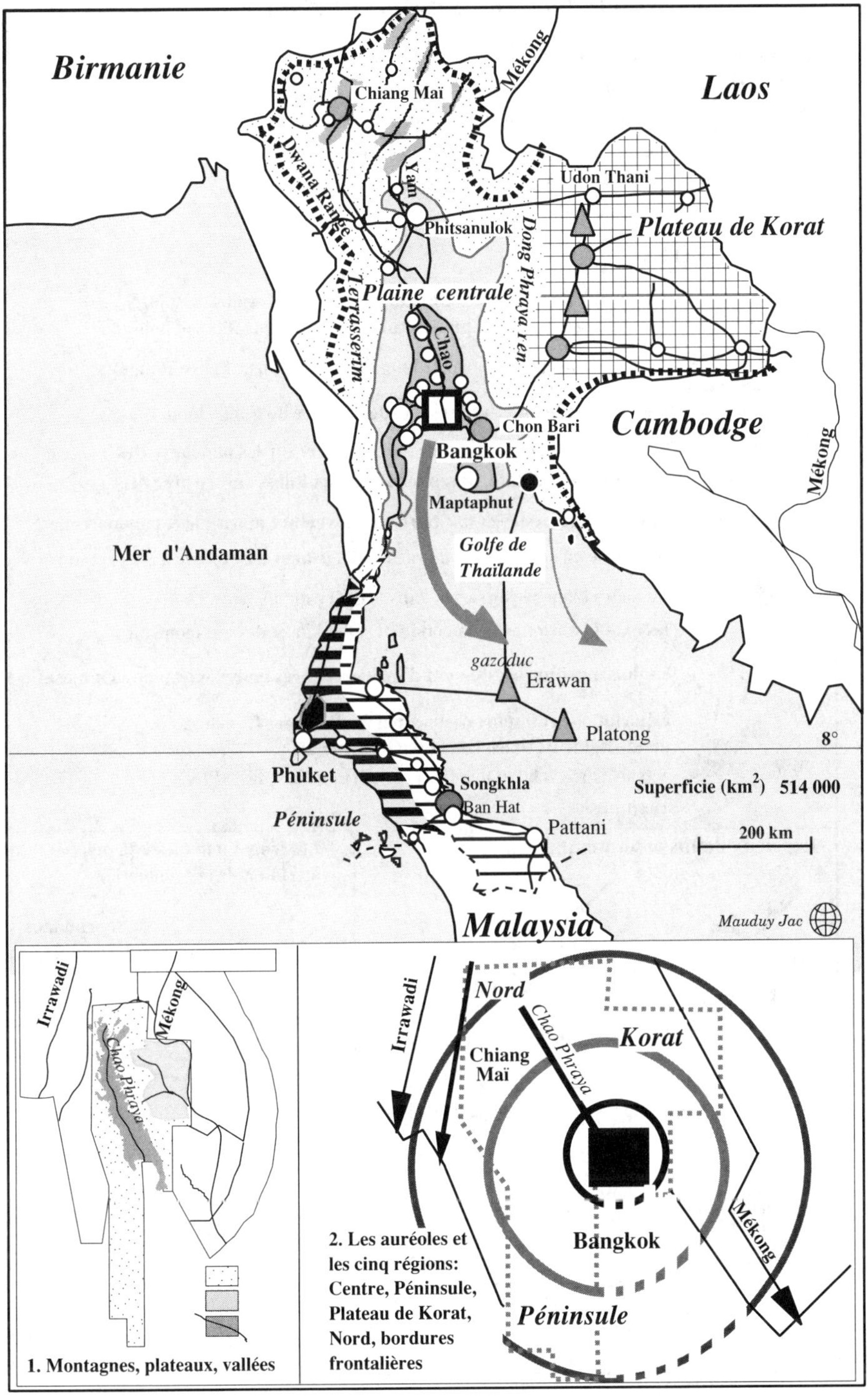
Birmanie
Laos
Mékong
Chiang Maï
Dwana Range
Yam
Udon Thani
Phitsanulok
Plateau de Korat
Dong Phraya Yen
Plaine centrale
Terrasserim
Chao
Chon Bari
Cambodge
Bangkok
Mékong
Maptaphut
Golfe de Thaïlande
Mer d'Andaman
gazoduc
Erawan
Platong
8°
Phuket
Songkhla
Ban Hat
Superficie (km²) 514 000
Péninsule
Pattani
200 km
Malaysia
Mauduy Jac
Irrawadi
Mékong
Chao Phraya
1. Montagnes, plateaux, vallées
Irrawadi
Nord
Chao Phraya
Korat
Chiang Maï
Mékong
Bangkok
2. Les auréoles et les cinq régions: Centre, Péninsule, Plateau de Korat, Nord, bordures frontalières
Péninsule

Vietnam : entre aventure et ouverture

LES VILLES

Les trois capitales :
pouvoir, administration ; bureaucratie à Hanoï (Nord : Tonkin)
vestiges du passé à Hué (Centre : Annam)
ouverture économique, activités commerciales et industrielles à Saïgon (Sud : Cochinchine)

autres villes

LES ACTIVITÉS

Le grenier à riz du Mékong ; les grandes plantations de soja, maraîchage, agrumes, pisciculture, crevettes, cocotiers et bois

Le deuxième grenier à riz le long du Sông Hông (fleuve Rouge)

Le littoral rizicole, les versants de la vallée du Sông Hông,

À l'intérieur (vide), dans les montagnes et sur les plateaux, des plantations (thé, café, hévéa) et des agricultures encore précaires

LE CHOIX : l'aventure terrestre et militaire ou l'ouverture maritime et commerciale ?

le pétrole *off shore* (faute de raffinerie, le brut est exporté à Singapour)

les zones franches ouvertes dans le cadre du *doi moi*

les axes historiques de la conquête coloniale et des antagonismes

les îlots maritimes (gisement d'hydrocarbures mais contestation chinoise)

exportations et importations à partir des zones franches.
investissements thaïs, singapouriens, malais ;
« troisième cycle du produit », « périphérie » des NPIA

capitaux

Les deux deltas et les montagnes

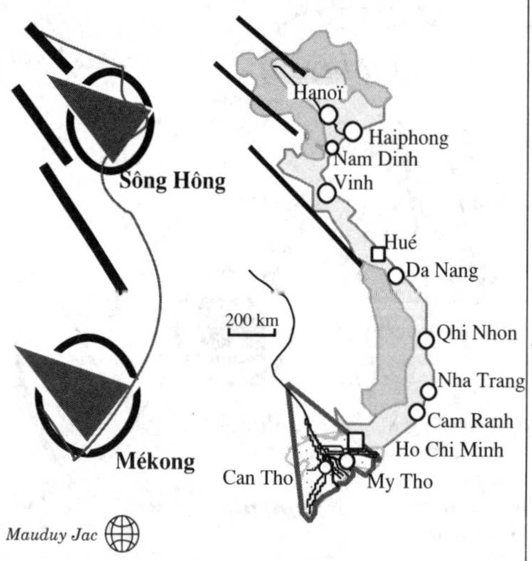

Les trois Vietnams et la poussée méridionale et occidentale

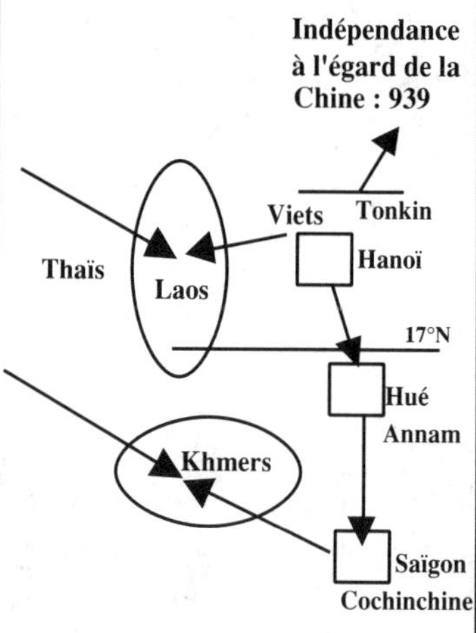

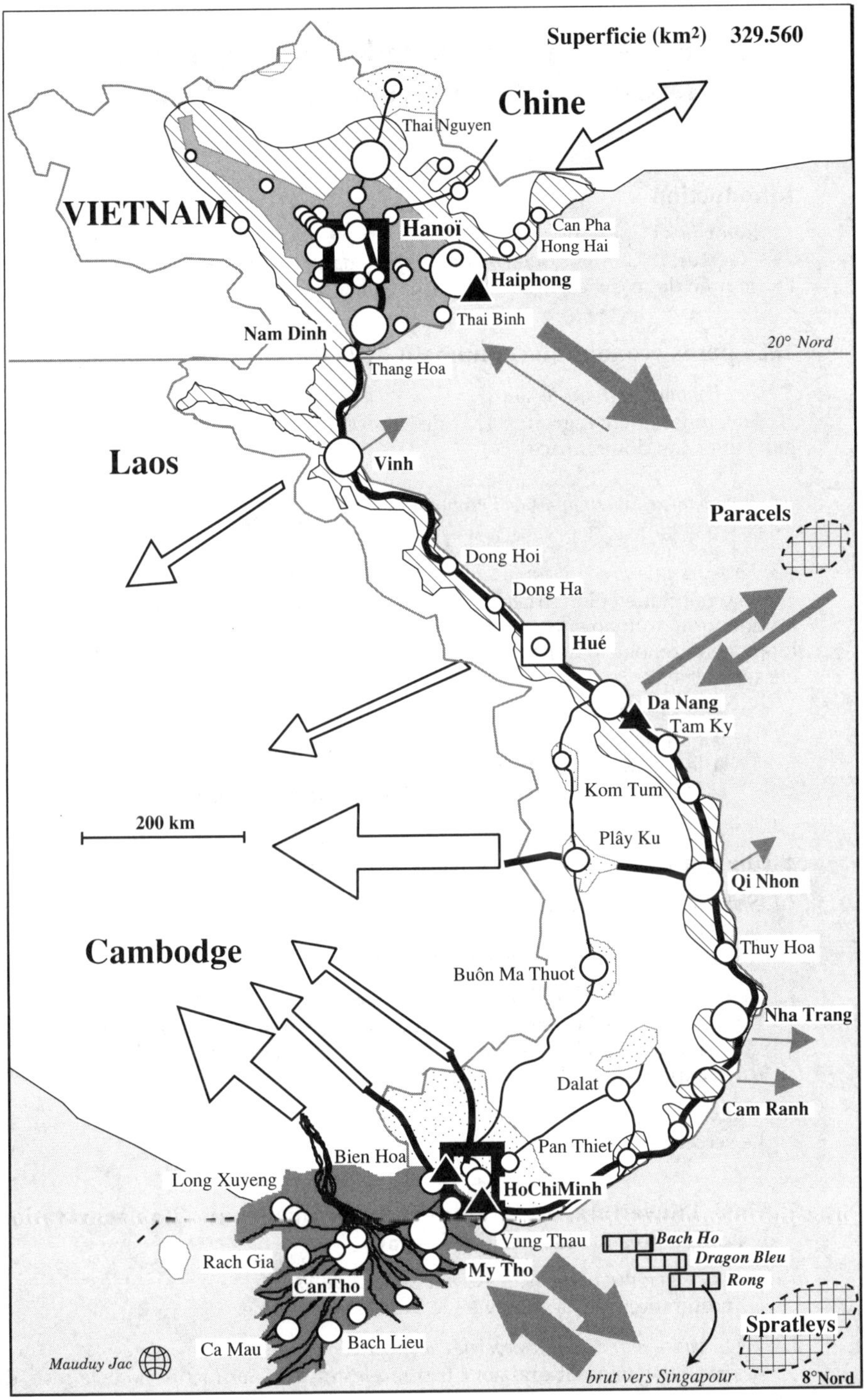
Superficie (km2) 329.560
Chine
Thai Nguyen
VIETNAM
Hanoï
Can Pha
Hong Hai
Haiphong
Thai Binh
Nam Dinh
20° Nord
Thang Hoa
Laos
Vinh
Paracels
Dong Hoi
Dong Ha
Hué
Da Nang
Tam Ky
Kom Tum
200 km
Plây Ku
Qi Nhon
Cambodge
Thuy Hoa
Buôn Ma Thuot
Nha Trang
Dalat
Cam Ranh
Pan Thiet
Bien Hoa
Long Xuyeng
HoChiMinh
Vung Thau
Bach Ho
Dragon Bleu
Rong
Rach Gia
My Tho
CanTho
Spratleys
Ca Mau
Bach Lieu
Mauduy Jac
brut vers Singapour
8°Nord

Plan

Effets géographiques de la croissance maritime : la Chine retourne vers l'océan Pacifique

Introduction

cf. *clés* p. 81

Réformes et politique de « la porte ouverte » ont bouleversé la Chine côtière. Des facteurs externes jouent donc maintenant pleinement, puisqu'on accepte l'économie de marché pour renforcer le poids du littoral chinois.

cf. *carte* p. 180

1. Le poids économique et humain de la Chine côtière se renforce

1.1. Les hommes sont sur la côte

La Chine côtière regroupe 41 % de la population et en particulier la population han (chinoise) dominatrice.

cf. *carte* p. 131

1.2. Les secteurs dynamiques de l'économie s'y trouvent également

1.3. Facteurs internes et externes jouent en faveur de la Chine côtière

Une politique volontariste de mise en valeur des régions côtières, liée à l'échec économique du maoïsme et à la mise en place d'une nouvelle stratégie de développement, renoue avec le passé colonial si décrié par le maoïsme. Les Chinois ont été sensibles à :

- la nécessaire insertion dans la division internationale du travail,
- l'attraction des vitrines du « capitalisme à la japonaise »,
- le rôle de la diaspora chinoise,
- la montée en puissance de l'aire du Pacifique nord.

cf. *plan* p. 176

2. Une grande puissance maritime s'organise autour de trois axes

2.1. Shanghai, malgré ses difficultés de développement, redevient l'un des grands ports de la planète

cf. *tableau* p. 98

Les ports s'ouvrent au système-monde.

2.2. Le littoral : de la main-d'œuvre peu coûteuse

Une « *sun belt* de la sueur* » à la chinoise (exploitation de la main-d'œuvre bon marché) se développe du Fujian au Guandong. La seule ZES de Shenzen produit 21 % des exportations chinoises.

2.3. Autour du golfe de Bohai, une façade maritime se met en place

Le secteur industriel se développe (textiles, vêtements, outillage).

3. Ainsi, l'ouverture et les réformes s'accompagnent d'une aggravation des disparités en faveur du littoral

cf. *cours* p. 196

3.1. Une pression démographique pesante sur le littoral

L'immigration clandestine vers le littoral se renforce.

3.2. Aggravation des inégalités sociales et fragilité du niveau de vie

Les salaires sur le littoral sont très modestes, mais attractifs pour le reste du pays.

3.3. Accroissement des disparités spatiales

Abandon des programmes d'aménagement de la Chine intérieure, sauf les programmes qui peuvent servir au développement littoral.

Conclusion

Les disparités sont troublantes et déstabilisent le régime qui doit renforcer son contrôle sur les migrations, calmer les récriminations des bureaucrates communistes et de l'armée éloignés des régions dynamiques, obtenir une certaine obéissance – et des impôts – des satrapes régionaux qui contrôlent les littoraux. La mort de Deng Xiaoping, en 1997, a accru ces tensions : ouvrir est plus difficile que fermer, mais revenir en arrière n'est possible qu'au prix d'une grande violence.

Clés et repères

Conteneurs : voir *Révolution du conteneur.*

EPFZ : *Export Processing Free Zone,* zone franche de production.

EVP : équivalent vingt pieds ; mesure de la capacité d'un conteneur. Un vingt-pieds a pour dimensions : 2,4 × 2,4 × 6,1 m (6,1 m = 20 pieds).

Façades maritimes : désigne un ensemble de ports, nombreux et puissants, qui sont au service d'un *hinterland* industriel et tertiaire actif, et en relation par les routes transocéaniques avec d'autres régions du monde, riches et sources d'échanges elles aussi.

***Foot loose* :** qui lèvent le pied. Il s'agit d'entreprises nécessitant seulement des infrastructures légères et qui déplacent leurs lieux de production au gré des événements.

Hokkiens : Chinois du Sud, très présents dans la diaspora chinoise.

Navire roulier : navire dans lequel les marchandises sont chargées et déchargées par roulage (*roll on/roll off ou ro/ro*).

Northern Range : rangée des ports de l'Europe du Nord-Ouest qui desservent la mégapole européenne, du Havre à Hambourg. C'est l'une des plus puissantes façades maritimes du monde avec la façade du Nord-Est des États-Unis et la façade japonaise.

Révolution du conteneur : mis au point aux États-Unis vers 1956, le conteneur est une boîte métallique normalisée pouvant être facilement transbordée, déchargée et placée sur un camion, un wagon ou dans un navire. Ses dimensions sont standardisées : 2,4 m × 2,4 m pour une longueur de 6,1 m ou 12,2 m (20 ou 40 pieds). L'unité employée pour mesurer les conteneurs est l'EVP ou équivalent vingt pieds. La capacité d'un conteneur peut atteindre 15 tonnes. Le conteneur est très bien adapté au transport des marchandises manufacturées conditionnées dans des emballages standardisés et protecteurs.

Sueur : « ateliers à sueur » désigne le choix économique de valorisation d'une main-d'œuvre peu coûteuse dans des ateliers aux investissements en capital réduits, et, donc, où le travail humain fournit l'essentiel de l'énergie mise en œuvre.

Système de croissance maritimo-industriel : développement fondé sur la mer, la captation des flux et l'émission de flux de produits manufacturés pour alimenter la consommation mondiale.

Tjb (tonneaux de jauge brute) : exprime la capacité en volume d'un navire ; un tonneau équivaut à environ 2,83 m^3.

Tpl (tonne de port en lourd) : le poids total que peut transporter un navire.

Track : grande route maritime.

Track atlantique : route maritime qui coupe l'Atlantique le plus au nord (pour bénéficier des effets de la rotondité de la terre), à la limite de la dérive des icebergs.

***Tycoons* :** *cf.* p. 49.

Chapitre 4

Des flux en plein essor : un « miracle collectif ». L'Asie de l'Est et le Pacifique, une aire d'échanges en cours d'intégration ?

Sujets

Les échanges intrazones en Asie du Pacifique.
Les échanges « extérieurs » de l'Asie du Pacifique.
L'Asie de l'Est dans le commerce mondial.
Le commerce en Asie : échanges internationaux ou échanges intrafirmes ?
Les grands flux de produits dans le Pacifique.
Les routes maritimes et les détroits en Asie de l'Est.
La place des NPIA dans le commerce mondial.
Clients et fournisseurs de l'Asie du Pacifique.
La place des États-Unis dans le système d'échanges des pays de l'Asie du Pacifique.
Le Japon, centre de l'Asie du Pacifique ?
La Chine face à la mondialisation.
Peut-on parler d'un espace financier de l'Asie orientale ?
La montée des marchés émergents en Asie du Pacifique : espoirs et risques.
Les Dragons, nouveaux pays créditeurs et nouveaux pays investisseurs.
Le tourisme en Asie de l'Est.
Le rôle des flux humains dans l'intégration de l'Asie du Pacifique.
Les migrations dans la région est-asiatique.
Le commerce de Singapour.
Le commerce de Hong Kong.
Le commerce de la Chine populaire.
Les échanges triangulaires entre Hong Kong, Taiwan et la RPC.
La division internationale du travail en Asie du Pacifique.

Des flux de marchandises, de capitaux, d'hommes et d'informations en plein essor : un « miracle collectif »

«... dans l'amoncellement des nuages blancs ne pas voir les nuages blancs. »
Les Brindilles, proverbe chinois du XVe siècle.

Introduction

L'industrialisation et le développement nous ont déjà introduits dans les dynamiques d'échanges qui en sont inséparables. Envisageons toujours le fameux « miracle asiatique », mais en donnant la priorité, cette fois, aux flux économiques et humains qui semblent participer autant de ses causes que de ses effets. Révélateurs d'interdépendances, ces flux permettent de mieux cerner ce caractère collectif du miracle déjà évoqué. Suivant l'ordre usuel d'une balance des paiements, nous envisagerons le mouvement des marchandises avant celui des capitaux. Quant à l'information, indépendamment des supports écrits, y compris électroniques et audiovisuels qui en sont les vecteurs spécifiques, n'oublions jamais qu'elle circule par le biais des objets, des capitaux et des hommes.

1. Des nations commerçantes

1.1. *Une conséquence du choix de la voie de développement par l'IPE*

cf. *cours* p. 96-98
cf. *carte* p. 99

Le tableau 23 montre d'abord des taux d'extraversion*, dans l'ensemble élevés. Dragons et Tigres exportent une valeur représentant 20 %, 25 %, voire 30 % de leur PIB. Évidemment, les taux supérieurs à 100 % de Hong Kong et de Singapour sont spéciaux et ne s'expliquent que par les importantes fonctions d'entrepôt et de transit de ces deux ports qui exportent et importent des quantités considérables de produits « pour compte d'autrui ». Singapour assure une grande partie des importations et exportations de ses voisins : Malaisie, Indonésie. Exportations et réexportations additionnées peuvent alors dépasser, en valeur, le montant du PIB. Les explications sont de même nature pour Hong Kong, avec un rôle spécifique vis-à-vis de la Chine de Pékin. Jusqu'en juillet 1997, la colonie aura été le grand port « étranger » de la Chine continentale, par le biais duquel celle-ci sera constamment restée en contact avec le monde capitaliste, Taiwan compris. Les faibles coefficients d'ouverture (< 20 %), pour leur part, renvoient soit à un état de fermeture économique encore important (économies attardées de Birmanie, Laos, etc.), soit au poids particulier de l'économie interne (Japon et Chine).

Tableau 23. Données de base en 1995 concernant le commerce
(tableau de référence utilisé tout au long du chapitre)

Indicateurs	Exportations (X) (milliards de dollars)	Importations (M) (milliards de dollars)	PIB/PNB (milliards de dollars)	[(X + M) / 2] / PIB (%)	X / PIB (%)
Birmanie	0,846	1,272	7,2	3	2
Brunei	2,162	3,142	3,975	67	54
Cambodge	0,227	1,056	2,26	28	10
Chine	124,9	112,6	780,8	15	16
Corée du Nord	0,92	1,55	20,9	6	4
Corée du Sud	123	132,8	421,1	30	29
Hong Kong	173,288	192,29	151,3	121	115
Indonésie	45,2	41,5	188	23	24
Japon	430	292	4 960,7	7	9
Laos	0,348	0,587	1,92	24	18
Malaisie	74,045	77,527	80,343	94	92
Philippines	15,7	25,8	72,5	29	22
Singapour	118,265	124,507	75,681	160	156
Taiwan	111,68	103,57	264	41	42
Thaïlande	55,464	73,266	158,9	41	35
Vietnam	5,2	7,5	19,65	32	26
France	268,4	256,4	1 549,2	17	17

Sauf exception, dans les tableaux, X est mis pour exportations et M pour importations.

L'autre réalité, inapparente dans le tableau, est le développement dans le temps de ce commerce. À l'heure actuelle, les pays en développement de l'Asie de l'Est représentent plus d'un tiers des échanges de l'ensemble des pays en développement et près de 10 % du commerce mondial. On considère que le développement de leur commerce, entre 1992 et 2002, rendra compte du tiers de la croissance des échanges mondiaux. Leur part dans le commerce mondial continuera donc de s'accroître.

Certes, ceci est conforme à la voie de développement choisie. Mais il ne suffisait pas d'opérer le choix « promotion des exportations »*, encore fallait-il parvenir à imposer ses produits sur les marchés étrangers. Les exportations, promues au rang de moteur de la croissance, ont augmenté depuis 1965 de 10 % par an en moyenne, aucune autre partie du monde n'ayant dépassé, ni égalé, cette performance. Résultat : parmi les 30 premiers exportateurs mondiaux, on trouve les quatre Dragons, trois Bébés Tigres et la Chine continentale, soit huit pays d'Asie du Pacifique, contre deux pays latino-américains (le Mexique, au 18e rang, et le Brésil au 25e rang). Le choix de l'industrialisation par promotion des exportations, contre la substitution d'importations, se lit clairement. Et pourtant, ainsi que le rappellent Éric Bouteiller et Michel Fouquin, les Dragons, médiocrement pourvus ou dépourvus de ressources minérales, ont débuté leur carrière de nations exportatrices par des produits « qui ne sont pas de ceux qui font la fierté des gouvernements ou des fonctionnaires. La Corée du Sud a commencé par exporter des perruques réalisées avec les cheveux des jeunes paysannes. Taiwan a débuté par l'exportation de sucre, de conserves de champignons de Paris et d'asperges ».

cf. *avertissement* p. 6

Si ces « productions locales » permirent d'amorcer l'insertion dans l'économie internationale, elles étaient impuissantes à assurer le décollage économique et la transformation efficace des systèmes productifs. Nous savons que ces produits furent relayés par des biens industriels plus élaborés, dont les uns étaient issus d'ateliers de montage implantés par la sous-traitance internationale et les autres de ces usines de production de biens intermédiaires et d'équipements mises en place peu à peu par un capitalisme national qui, tout en visant prioritairement les marchés des voisins plus attardés, ou ceux, plus lointains, des pays développés de l'OCDE, dédaigna de moins en moins les débouchés d'un marché domestique qui allait s'élargissant. La permanente capacité de redéploiement commercial dont ont fait preuve les Dragons est l'une des clés de leur réussite.

cf. *cours* p. 106

1.2. De la primo-exportation à celle des produits manufacturés*

Pour les nations de l'Asie du Sud-Est, la donne de départ était quelque peu différente. Non dépourvues de ressources naturelles, elles ont d'abord cherché à les échanger contre des équipements. La Thaïlande, comme la Malaisie, ont proposé des produits agricoles bien ciblés, de l'étain ou du caoutchouc. À la fin des années 1970, les produits primaires comptaient encore pour 75 % des exportations de la Thaïlande et pour 79 % de celles de la Malaisie.

Mais c'est l'Indonésie, nation pétrolière, membre de l'OPEP dès 1962, qui, ayant toutes les raisons de miser sur sa précieuse source d'énergie, s'est le plus rapprochée, durant une période, d'une voie de développement basée sur la valorisation d'une ressource naturelle majeure. L'Indonésie, entre 1974 et 1986, a relevé du syndrome mexicain ou algérien. Françoise Cayrac-Blanchard a bien analysé le cas. Les booms pétroliers de 1974 et 1979 ont déversé sur le pays une manne inespérée, le pétrole assurant environ 70 % des recettes d'exportations. Le clan des « nationalistes » secoue alors le joug du FMI et des prudents technocrates du plan pour pousser des projets ambitieux. Mais le quasi-krach de la Pertamina, la puissante et incontrôlée compagnie pétrolière d'État, qui laisse 10 milliards de dollars de dettes à éponger (1975), puis la récession et la baisse du prix du pétrole après 1982, et surtout en 1986, ont interrompu cette période faste. Mais, contrairement à certains pays d'Amérique latine, l'Indonésie n'a pas eu à renégocier sa dette. Elle a su pratiquer une politique monétaire réaliste et moderniser son agriculture. L'autosuffisance en riz est atteinte en 1984, et ce succès – qui reste fragile – va durer. Autre succès, on parvient à réduire le taux d'accroissement de la population. À partir de 1986, le gouvernement suit les conseils du FMI et opte pour la libéralisation de l'économie et une réduction du rôle de l'État, traditionnellement dominant en l'absence d'une bourgeoisie influente. Plusieurs trains de mesures lancent la déréglementation (banque, commerce, investissements). Les exportations non pétrolières sont développées (contreplaqués, textiles, produits chimiques, alimentation, chaussures, etc.). À partir de 1987, leurs recettes dépassent celles du pétrole. Vers 1995, celui-ci ne représente plus guère que le tiers des exportations du grand archipel.

Le cas indonésien est assez exemplaire. La Malaisie et la Thaïlande, qui ont mélangé les genres PSI* et PPE* jusque dans la deuxième moitié de la décennie 1980, s'engagent alors, à l'instar de l'Indonésie, dans la promotion des exportations de produits industriels. La petite récession de 1985-1986 aura vraisemblablement joué le rôle d'un accélérateur dans ces basculements.

cf. *cours* p. 106

Entretemps, les Dragons franchissaient de nouvelles étapes en matière de commerce international. Indépendamment du tourisme international, source importante de devises à Hong Kong et à Singapour, les Dragons sont devenus exportateurs de services commerciaux, de services de transports et de services financiers.

La qualité des prestations des Singapore Airlines est réputée. La compagnie dessert 40 pays et ne se contente pas d'acheminer sur Singapour les voyageurs en provenance d'Amérique et d'Europe. À partir de ces continents, les avions de Singapore Airlines desservent les plus importantes destinations asiatiques. Autre grand transporteur international, le Chinois de Taiwan, Evergreen. Classé parmi les premiers transporteurs maritimes dans le secteur des porte-conteneurs, Evergreen vend des services complets de transport de « porte à porte »*. Transporteur logisticien*, Evergreen possède aussi des sociétés de commerce, de transport routier et aérien (Eva) et détient des intérêts dans l'hôtellerie et la finance sur les deux rives du Pacifique.

cf. *cours* p. 100-107

cf. *cours* p. 106

Enfin, autre champ d'activité donnant lieu à de la facturation internationale, la banque et la finance. L'activité internationale des banques asiatiques et les recettes de courtage des opérations monétaires et financières de places comme celles de Hong Kong et de Singapour, constituent une importante source d'entrée de devises. C'est ici que les recettes brutes des services sont les plus élevées. Néanmoins, la part des exportations de services dans la balance des transactions courantes* des deux cités portuaires reste faible en raison du poids exceptionnel des réexportations qui gonflent le poste marchandises. Mais, si à Hong Kong on ne prend en considération que les exportations d'origine locale, la vente des services représente plus de la moitié des exportations totales – biens + services – (52,36 % : voir tableau 24). Les statistiques permettent de dégager deux leçons. Comme dans le commerce des marchandises, Dragons, Tigres et Chine occupent des rang honorables : sept parmi les trente premiers, contre un seul pays latino-américain. La part des services dans les exportations totales reste le plus souvent en dessous de la moyenne mondiale

(20,33 % en 1994). Les 24,73 % de la Chine continentale sont pour une bonne part imputables au tourisme international.

Tableau 24. Dragons, Tigres et Chine dans le palmarès des exportateurs de services					
Pays Données 1994	Exportations de services (milliards de dollars)	Rang	Soldes balance des services	Part des services dans le total des exportations (biens + services) (%)	Soldes balance des transactions courantes
États-Unis	178,2	1	53,2	25,82	– 134
France	89,1	2	19,2	11,18	32,4
Italie	59,1	3	1,1	12,63	32,1
Royaume-Uni	58,6	4	7,8	27,40	– 20
Japon	57,2	5	– 52	22,23	55,1
Allemagne	53,1	6	– 45,7	23,67	19
Hong Kong réexportations non comprises	31,6	10	13,2	17,29 52,36	– 10,6
Singapour réexportations non comprises	22,9	12	10	11,81 16,33	3,9
Corée du Sud	18,8	14	– 1,4	19,19	– 11,3
Chine	16,2	16	0,5	24,73	17,3
Taiwan	13,5	18	– 7,6	12,70	équilibre
Thaïlande	11,3	22	– 4,6	12,37	– 17,9
Mexique	8,6	25	– 3,5	9,83	3,8
Malaisie	6,4	30	– 2,3	19,94	– 6
Indonésie	nd	> 30e	nd	nd	nd

En fait, sauf à Singapour et à Hong Kong, le décollage d'un secteur tertiaire moderne est encore récent. À l'aube du prochain siècle, l'économie de service se présente comme la nouvelle frontière des économies asiatiques en développement.

1.3. *DIT asiatique ou pacifique ?*

Les horizons géographiques de ce commerce sont, certes, mondiaux, mais sa forte polarisation sur l'Asie et les États-Unis en constitue le trait dominant.

cf. *synthèse* p. 171

Le commerce extra-régional, si l'on exclut l'Amérique du Nord, est minoritaire. Parmi les clients un tant soit peu notables en Europe, l'Allemagne, à laquelle se joignent parfois le Royaume-Uni et les Pays-Bas, ou encore, mais déjà plus rarement, l'Italie et la France. La part de ces Européens dans les destinations, ne dépasse qu'exceptionnellement les 15 % (Philippines : 13,4 % ; Hong Kong : 10,4 %). La part de ces mêmes Européens dans les importations asiatiques, en tant que fournisseurs, passe le plus souvent sous la barre des 10 %, voire des 5 %. L'Europe, et singulièrement la France, ne sont finalement pas des partenaires importants pour les pays de l'Asie orientale. Et si l'excédent cumulé réalisé par l'Asie du Pacifique (Japon compris) sur l'Europe occidentale et l'Amérique du Nord s'élève à 150 milliards de dollars en 1994, « soit l'équivalent d'un choc pétrolier » (Bouteiller, Fouquin), l'Europe n'acquitte que la plus faible part de la facture. Pour l'essentiel, ce sont bien les États-Unis qui ont constitué, et qui constituent toujours, le réceptacle majeur des produits de l'Extrême-Orient asiatique, Japon compris. Avec, en moyenne, 20 % à 30 % des destinations des marchandises exportées, le marché américain représente un débouché vital pour les fabrications *made in Asia*. Plus remarquable encore est la nature de ces échanges.

cf. *tableau* 19 p. 108

Alors que les PED d'Asie exportent une gamme très diversifiée d'articles manufacturés, du textile aux composants électroniques, les États-Unis adressent à la zone des produits bruts, tels que du bois et des produits agro-alimentaires qui vont du blé au Coca-Cola ; soit l'inverse de classiques échanges Nord-Sud. Mais il ne faut pas caricaturer, les exportations américaines consistent encore en produits issus des branches à technologie avancée : avions civils et militaires, matériel électronique professionnel, automatismes industriels, matériel scientifique, systèmes informatiques et logiciels. Néanmoins, le bilan de ces échanges fait ressortir un fort excédent asiatique.

De la même manière, mais à un moindre degré, l'Asie du Pacifique connaît un excédent dans ses échanges commerciaux avec l'Europe occidentale. On constate des déséquilibres de flux entre les trois pointes de la triade mondiale*. Un premier fait majeur est observable : en ces années 1990, le Japon est toujours le champion de l'excédent commercial, excédent dont les soldes souvent négatifs des NPIA (voir tableau 24) constituent partiellement la contrepartie. Le reste de l'excédent japonais est résorbé par les déficits des États-Unis et de l'Europe occidentale.

En ce qui concerne leur contenu, les exportations des Dragons sont sectoriellement plus déployées que celles des Tigres. L'analyse des spécialisations à l'exportation révèle la hiérarchie industrielle en vigueur dans la zone.

Au sommet, le Japon, dont les exportations se concentrent sur les biens manufacturés les plus sophistiqués. Aujourd'hui, les Dragons talonnent le maître et le concurrencent sur les postes les plus *high-tech*.. Pourtant, dans le détail, l'avance du Japon se maintient. Même une branche comme les constructions navales trahit le décalage qui subsiste entre le Japon et son brillant second, la Corée du Sud. En dépit d'une remarquable percée, les Coréens restent tributaires de la technologie japonaise, notamment au niveau des moteurs marins. Seul le Japon est capable de produire tous les types de navires, y compris de voyageurs. Il est aussi le seul à explorer sérieusement la NGV (navigation à grande vitesse) avec son programme de développement de cargos ultra-rapides TSL (Techno Super Liners).

cf. *cours* p. 102-103

La construction navale est typique de l'inachèvement du rattrapage du Japon par les Dragons. Mais ce rattrapage est déjà suffisant pour que, désormais, des échanges de produits de plus en plus similaires se développent entre le centre nippon et les Dragons. On assiste à la montée d'un commerce intra-branches*, à l'image de celui qui prévaut en Europe occidentale. Il faut scruter des balances commerciales par postes très désagrégées pour continuer de lire la hiérarchie économique entre le Japon et ses suiveurs immédiats. Dans les échanges Corée du Sud-Japon que trouve-t-on ? Côté coréen, aux exportations, des produits du textile, des biens de consommation divers de moyenne technologie. Côté japonais, des biens d'équipement, du matériel électrique, des machines diverses et des produits chimiques. Même configuration entre Taiwan et le Japon. Dans ces échanges bilatéraux, les produits manufacturés, dans les deux sens, dominent les échanges dans d'écrasantes proportions.

En revanche, Chine et bébés Tigres, on s'en douterait, exportent encore beaucoup de produits primaires.

Ces échanges sont conformes à une division verticale intra-asiatique du travail. Le Japon dégage sur les pays asiatiques un solde industriel excédentaire, grâce aux biens complexes à fort contenu technologique. Dragons, Tigres et Chine compensent une partie de ce déficit par leurs ventes au Japon d'articles manufacturés divers, au contenu technologique moins sophistiqué, voire banalisé. Les pays de l'ASEAN sont essentiellement exportateurs de produits issus des activités d'assemblage de l'électronique (Thaïlande, Malaisie) et du textile (Indonésie). Les produits primaires (pétrole, étain, caoutchouc, bois, riz) sont désormais minoritaires. Les exportations de la Chine la rapprochent de ce dernier groupe. On saisit mieux la position critique actuelle des Dragons. Concurrencés sur les produits bas de gamme par les pays de l'ASEAN, ils doivent s'orienter toujours plus vers la production de biens intensifs en technologie, ceux dans la fabrication desquels le Japon continue de disposer d'un avantage, voire d'un monopole, de savoir-faire. Les glissements sectoriels et géographiques des spécialisations se poursuivent donc selon un schéma d'Akamatsu, complété. Les Dragons délocalisent à leur tour en Chine et dans l'ASEAN. La zone cherche ainsi ses régulations. Dans cette quête d'un équilibre dynamique, l'Amérique du Nord, surtout, et l'Europe occidentale, plus secondairement, représentent des horizons indispensables, si bien que la DIT asiatique s'inscrit plus largement dans une DIT du Pacifique. Au détour, on a vu poindre les flux d'investissements étrangers.

cf. *clés* p. 91

cf. *cours* p. 60 p. 191

2. Les flux de capitaux

2.1. *Les financements exogènes ont constitué une première génération de flux de capitaux*

■ *L'aide et les prêts : pluie de dollars, mousson de yens.* L'aide américaine, dans le courant des années 1950, n'a pas été ménagée pour les pays situés aux lisières des rideaux de fer* et de bambou* : Turquie et Grèce à l'ouest de l'Eurasie ; Corée, Taiwan, Philippines et Thaïlande, après Dien Bien-Phu, en Asie orientale. En 1956-1957, le montant de cette aide a pu représenter jusqu'à 7,8 % du PNB de Taiwan et 10,8 % de celui de la Corée du Sud. Il faudra attendre le début de la décennie 1980 pour assister à sa quasi-disparition, soit à ce moment où le Japon réfléchit aux moyens de recycler les colossaux excédents que ses échanges extérieurs accumulent. La générosité de Tokyo ne sera pourtant pas immédiate, ni spontanée. En 1985, le montant de sa

cf. *synthèse* p. 20-21

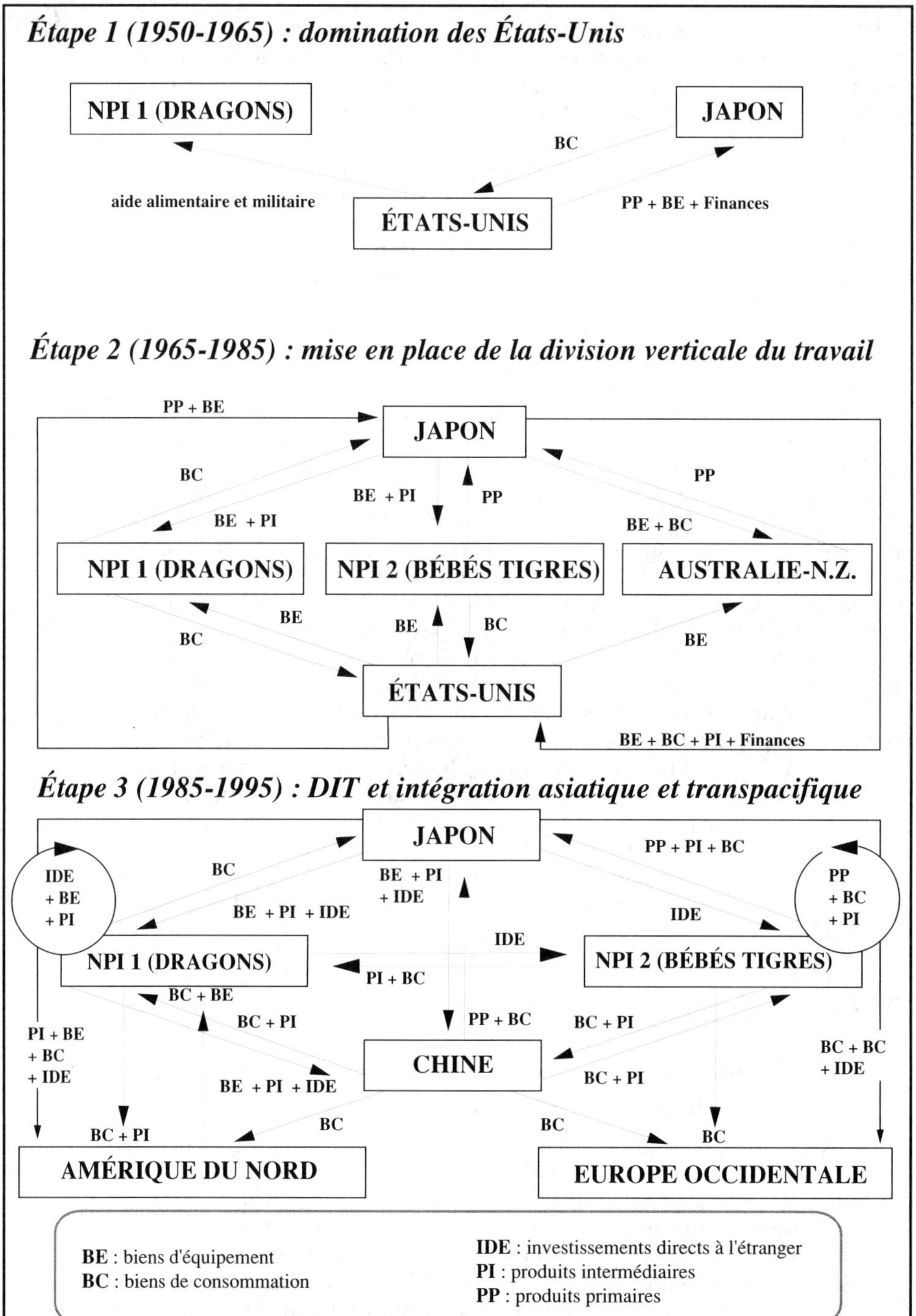

Source : d'après Bouteiller et Fouquin, *Le développement économique de l'Asie orientale*, La Découverte, Paris, 1997 ; compléments de Nathalie Fabry.

4. La genèse de la DIT asiatique et pacifique.

contribution à l'aide publique au développement (APD)* ne représentait que 0,29 % de son PNB, ne le plaçant qu'au 15e rang des donateurs parmi les 18 pays que comptait l'OCDE à l'époque. De plus, en valeur courante, le montant global tendait alors à régresser : 6 milliards de dollars en 1981 ; 3,5 en 1985. Pour qu'une « mousson humide » de yens prenne le relais de la pluie de dollars, il faudra à la fois la pression des partenaires du G7 et le choc de *l'endaka**, en 1986. Dans le prolongement du rapport Maekawa*, un plan de recyclage des capitaux excédentaires en direction des pays en développement, pour un montant d'environ 10 milliards de dollars par an pendant trois ans, est adopté. La hausse du yen en facilitera l'exécution. Les dons et prêts bilatéraux vont essentiellement profiter à l'Asie. En 1985, l'APD japonaise y dirige 67,7 % de son flux. La réalité actuelle ne dément pas cette prédilection. Près des deux tiers de l'aide au développement de Tokyo profitent aujourd'hui encore à l'Asie. Les données les plus récentes indiquent d'abord que le Japon, avec quelque 13 à 14 milliards de dollars, est le premier pays donateur brut, loin devant les États-Unis ou la France, et ensuite qu'il concentre son aide sur ses voisins d'Asie (voir tableau 25).

Tableau 25. Les 10 principaux bénéficiaires de l'aide japonaise entre 1988 et 1992

1. Indonésie	14,5	6. Bangladesh	3,6
2. Chine	10,3	7. Égypte	2,9
3. Philippines	8,2	8. Pakistan	2,6
4. Thaïlande	5,6	9. Turquie	2,6
5. Inde	4,9	10. Sri Lanka	2,4

En % du total de l'aide japonaise.
NB : il s'agit de l'aide publique.

Et sur le front de la dette ? Faut-il parler de réussite en cette matière, en considérant que, dans l'ensemble, les pays de la région ont déjoué son piège ? Nous laisserons le lecteur juge, non sans lui avoir livré quelques éléments d'information (voir tableau 26).

Autre élément d'appréciation, aucun pays de la région ne détient le triste privilège de figurer dans le groupe des 17 pays dont le significatif ratio du service de la dette sur les exportations (voir dernières colonnes du tableau 26) dépasse les 50 %. Les plus mal lotis sur ce critère sont l'Indonésie (30 %), suivie par les Philippines (26 %). La Thaïlande, troisième « mal classée », avec 16 %, est dans la moyenne des PED. On ne peut que souscrire à la conclusion que « le fardeau de la dette » n'a pas lesté la croissance en Asie de l'Est, alors que sa responsabilité est généralement admise dans la stagnation économique de l'Amérique latine durant les années 1980 qui font figure ici de « décennie perdue ». En revanche, en Asie, pendant la même période, on était déjà davantage préoccupé par les flux d'investissements directs étrangers (IDE*) que par la dette.

Tableau 26. État de la dette des PED par ensembles					
	Montant des dettes (millions de dollars)		%	Montant de la dette / valeur des exportations de biens et services (%)	
	1990	1995	1995	1990	1995
Total PED	1 510,009	2 067,722	100	18,3	16,3
Amérique latine – Caraïbes	476,739	607,194	29,4	26,3	30,3
PECO et ex-URSS	262,107	379,798	18,4	16,8	15,4
Maghreb – Moyen-Orient	180,812	216,971	10,5	14,7	13,7
Afrique subsaharienne	190,260	223,298	10,8	17,8	14,7
Asie du Sud	128,441	167,623	8,1	27,6	24,9
Asie du Pacifique	271,651	472,837	22,9	15,3	10,7

■ *Une Asie longtemps faiblement « investie »*. Lorsqu'on examine les stocks d'IDE*, on est frappé par la faible importance du tiers monde comme champ d'accumulation de l'investissement productif international. Pour l'essentiel, les flux d'IDE, originaires des pays riches, se sont massivement orientés vers ces mêmes pays riches. L'Asie orientale, pourtant moins exclue que les autres continents sous-développés, n'avait pas vu, jusqu'à une époque récente, déferler sur ses rivages les milliards de dollars de capitaux étrangers, trop souvent invoqués, sans discernement, pour expliquer son décollage économique. L'Asie du Pacifique, Japon compris, n'accueillait que 11 % du stock de l'IDE mondial en 1992, soit bien moins que l'Europe occidentale ou que l'Amérique du Nord, respectivement détentrices de 43 % et 28 %. Mais l'Asie du Pacifique précédait l'Amérique latine (8 %), l'Afrique (2 %) et le Moyen-Orient (1 %).

■ *Les IDE de contrôle des filières de produits primaires.* Jusque dans les années 1960, les investissements internationaux notables se sont concentrés dans le secteur primaire, notamment pétrolier. Ils sont principalement le fait des majors américaines ou britanniques. Jusqu'en 1968, l'investissement extérieur japonais est « resté pratiquement insignifiant » (Michel Fouquin). À partir des années 1970, le Japon investit dans les productions primaires en Asie, en Australie, au Canada, afin de maîtriser son ravitaillement en matières premières et en substances énergétiques.

Si dans les années 1960 le grand « défi américain » (J.-J. Servan-Schreiber, Denoël, 1967) des multinationales d'outre-Atlantique consiste prioritairement à s'assurer l'accès au marché intérieur européen, elles ne se désintéressent pas pour autant des continents en développement, comme l'Amérique latine et l'Asie, sur lesquels elles recherchent une main-d'œuvre bon marché. Soucieux d'attirer les investissements internationaux, les États de l'Asie du Pacifique vont multiplier les incitations. Outre une législation sociale peu contraignante, des régimes avantageux et sécurisants sont progressivement mis en place en faveur du capital étranger. En concentrant les avantages juridiques et les infrastructures, les zones franches ont constitué une forme extrême de ce processus.

Démarrées dans la deuxième moitié des années 1960 chez les Dragons, ces politiques se sont généralisées dans les années 1980 au fur et à mesure que les déréglementations nationales ont gagné les domaines de la finance et des services. Le capital étranger peut s'investir à présent sans grandes limites, n'importe où et dans n'importe quel secteur. Un mouvement général de privatisation du secteur public lui a fourni un supplément d'opportunités.

Désormais, l'Asie orientale est le deuxième pôle récepteur d'IDE après l'Europe occidentale, et le premier du monde en développement. Mais ce dernier fait est déjà ancien. En 1995, le flux entrant d'IDE dans l'Union européenne à 15 s'est élevé à 112 milliards de dollars, tandis que toute l'Asie n'en accueillait que 68.

Mais si l'on s'en tient au champ plus restreint des régions en développement, alors la place de l'Asie apparaît véritablement exceptionnelle. Trois constats suffiront à le montrer :

– Au début de la décennie 1980, l'Amérique latine fait encore jeu égal avec l'Asie en développement pour l'attraction des investissements productifs ; au milieu de la décennie, l'attraction asiatique est devenue plus de deux fois supérieure à celle de l'Amérique latine. C'est deux fois et demi plus depuis le début des années 1990. Le reste du monde en voie de développement voit sa part absolue se tasser et l'Europe orientale n'est pas devenue ce foyer récepteur susceptible de détourner, au détriment du tiers monde, une bonne part des capitaux du Nord développé. Fait plus remarquable encore, l'Asie distance les autres candidats à l'accueil d'IDE dans un contexte d'explosion des mouvements de capitaux.

Tableau 27. Les IDE dans les PED (en millions de dollars US et %)

	1994	%	1995	%
Tous PED	80 120	100	90 346	100
Amérique latine-Caraïbe	20 811	26	17 799	19,7
PECO et ex-URSS	8 362	10,4	12 482	13,8
Maghreb et Moyen-Orient	3 681	4,6	2 129	2,4
Afrique subsaharienne	2 987	3,7	2 187	2,4
Asie du Sud	1 242	1,6	2 046	2,3
Asie du Pacifique	43 037	53,7	53 703	59,4

– Concernant les dernières années disponibles (1994, 1995) : là aussi, l'Asie du Pacifique caracole en tête sans désemparer (voir tableau 27).

– Enfin, arrêtons-nous sur deux États de la zone. Sur la Chine d'abord, parce qu'elle se range aujourd'hui parmi les premiers pays d'accueil de l'IDE, accaparant ces temps-ci et à elle seule 12 % de l'IDE mondial, soit 38 % de celui destiné aux PED. Avec un flux entrant net de

38 milliards de dollars en 1995, la Chine n'a été devancée que par le Royaume-Uni et les États-Unis (60 milliards pour ces derniers). En 1996, avec un montant estimé supérieur à 40 milliards, la Chine pourrait avoir dépassé le Royaume-Uni. Seconde réalité remarquable : c'est à Singapour que l'on enregistre le plus fort ratio au monde du montant de l'IDE par habitant. Sur la base des flux entrants cumulés entre 1985 et 1995, Singapour aurait reçu 13 650 dollars US par habitant. Les suivants immédiats, Belgique, Luxembourg et Pays-Bas font pâle figure avec respectivement 6 900 et 4 410 dollars US / hab.

2.2. *Le relais pris par les investissements originaires de la région*

Longtemps, les investisseurs ont été des agents extérieurs à la zone : Américains, Britanniques, Néerlandais. Mais, parce que développé et enrichi avant ses voisins, le Japon, puissance économique émergente voici 25 ans, est le premier « régional » venu se mêler à ce jeu de nantis. L'Asie orientale n'a pas été systématiquement prioritaire dans ses investissements, mais les effets de voisinage, le dynamisme de la zone, le jeu des complémentarités, l'ont amené à s'intéresser de plus en plus à la région. Il a, une fois de plus, ouvert la voie et montré l'exemple.

Avant 1970, les investissements japonais en Asie se limitaient à quelques opérations destinées soit à accéder à des marchés locaux protégés, soit à contrôler un ravitaillement en matières premières ou en énergie. Après 1970, ces investissements se sont poursuivis, mais de nouvelles motivations sont apparues. Les industries de base (sidérurgie, chimie), comme certaines grandes industries d'équipement (construction navale), gourmandes en intrants primaires, en énergie, en main-d'œuvre peu qualifiée (ouvriers spécialisés) et, de plus, polluantes, se retrouvent, avec la montée des concurrents, en état de désavantage comparatif dans l'archipel. Leur délocalisation s'impose. Les IDE menés dans les NPIA 1, puis 2, permettent de poursuivre ces activités devenues indésirables au Japon. La stratégie combine délocalisation et réexportation vers le Japon ou les pays développés. La grande poussée de l'investissement japonais dans la première moitié de la décennie 1980 avait quelque peu délaissé l'Asie. Maintenir des parts de marché aux États-Unis et en CEE est l'impératif qui s'impose alors. Le regain d'intérêt pour l'Asie n'est redevenu sensible qu'à partir de 1987-1988. Le Japon a mis les bouchées doubles. Ainsi que l'illustre le tableau 28, en 1992 le Japon dispute aux États-Unis les premières places pour les IDE accueillis en Asie orientale.

Au point que d'aucuns se demandent si le Japon n'aurait pas reconstitué, pacifiquement, une nouvelle « sphère de coprospérité asiatique »*. Un trait remarquable de ces IDE japonais en Asie, est leur concentration sur quelques activités manufacturières : matériel électrique et électronique, activités chimiques et sidérurgiques, textile, matériel de transport (automobile, construction navale). Alors que depuis au moins dix ans les investissements japonais dans le monde sont majoritairement orientés vers les services et la finance, en Asie ce sont les branches industrielles qui en captent plus de la moitié (55 % pour les IDE cumulés entre 1951 et 1992). Si la prévalence pour l'industrie demeure, les raisons d'investir dans la région obéissent maintenant à des motivations plus variées. Se défausser en Asie d'activités en perte de vitesse et/ou nuisantes n'est plus un mobile prédominant. Désormais, les entreprises japonaises s'intéressent autant à l'expansion des marchés qu'aux ressources humaines et logistiques susceptibles, dans un contexte de hausse du yen et des coûts de production dans l'archipel, de leur permettre de rester compétitives. Les firmes japonaises se préoccupent à présent moins des circuits d'approvisionnement en matières premières que de ceux des composants et équipements formant les segments de grandes filières industrielles, comme l'automobile ou l'électronique. On voit par là comment les flux de capitaux (IDE) et les flux de marchandises sont liés. La multinationalisation des firmes et l'éclatement international des lignes de production qu'elle induit, obligent à des échanges linéaires ou croisés entre les usines qui concourent à l'élaboration d'un même produit ; ces va-et-vient de composants, de produits semi-finis, comptabilisés comme des import-export, ne sont finalement que des mouvements intra-firmes. La division spatiale du travail mise en place par Toyota en Asie du Sud-Est, à la fin des années 1980, en fournit une parfaite illustration. L'intégration régionale est poussée par les deux familles de flux, marchandises et accessoirement services d'une part, capitaux de l'autre. C'est enfin au tour des bébés Tigres et de la Chine de devenir aujourd'hui la cible prioritaire de l'IDE japonais. Inversement, la relative désaffection à l'égard des Dragons est à mettre au compte de conditions de production « dégradées » par des coûts en hausse ; l'intérêt, ici et maintenant, réside dans la croissance de la demande intérieure. Finalement, les grandeurs en % du tableau 29 suggèrent l'existence de trois vagues dans l'investissement japonais récent :

Tableau 28. Classement des investisseurs étrangers en Asie du Pacifique

Pays hôtes	Investisseur n° 1	Investisseur n° 2	Investisseur n° 3
Japon	États-Unis	Pays-Bas	Suisse
Corée du Sud	Japon	États-Unis	Allemagne
Taiwan	Japon	États-Unis	Pays-Bas
Hong Kong	Japon	États-Unis	Royaume-Uni
Singapour	États-Unis	Japon	Royaume-Uni
Indonésie	Japon	États-Unis	Pays-Bas
Thaïlande	Japon	États-Unis	Royaume-Uni
Malaisie	Japon	États-Unis	Royaume-Uni
Philippines	États-Unis	Japon	Royaume-Uni
Chine	États-Unis	Japon	Allemagne

IDE cumulés en 1992.
NB : Cette liste n'inclut pas les investisseurs asiatiques de Hong Kong, Singapour, Taiwan et Chine.
Source : Lasserre P. ; Schütte H., *Stratégies pour L'Asie-Pacifique*, Dunod, 1996.

– une destination vers les Dragons, plutôt déclinante après un âge d'expansion ;
– vers les pays de l'ASEAN, la vague a culminé en 1990-1991 ;

– enfin, la Chine semble l'hôte de plus en plus apprécié des investisseurs japonais.

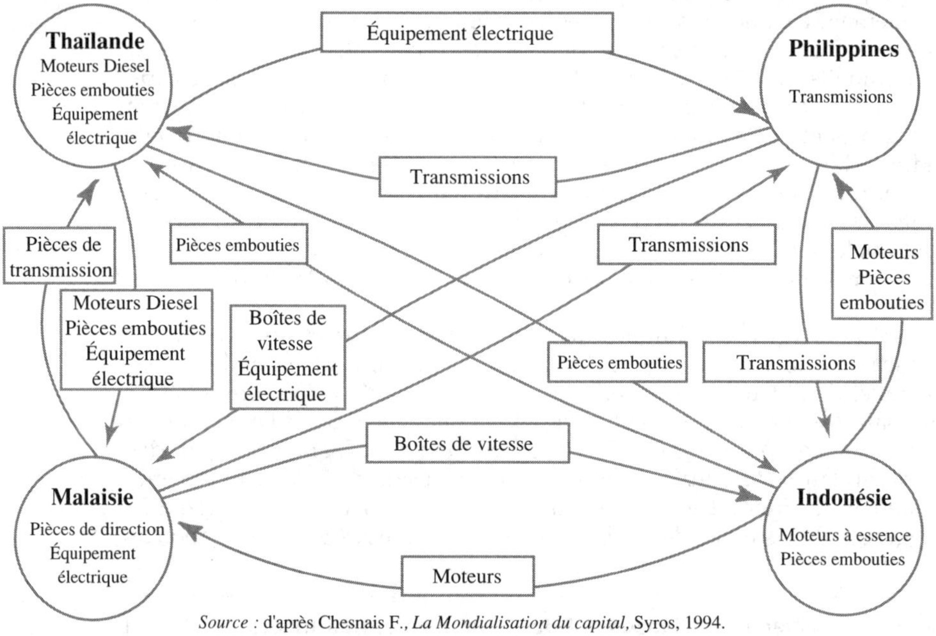

Source : d'après Chesnais F., *La Mondialisation du capital,* Syros, 1994.

5. Spécialisation et échanges intra-entreprises réalisés par les filiales de Toyota dans le Sud-Est asiatique.

Tableau 29. Les IDE manufacturiers japonais en Asie									
Flux entrants annuels (millions de dollars courants et %)									**Cumul net**
Années	**1987**	**1988**	**1989**	**1990**	**1991**	**1992**	**1993**	**1994**	**1951-1994**
Asie	1 679	2 371	3 220	3 068	2 928	3 104	3 659	5 181	14 872
	100 %	100 %	100 %	100 %	100 %	100 %	100 %	100 %	100 %
dont NPI 1	878	775	1 347	804	641	438	736	847	2 662
	52,29 %	32,69 %	41,83 %	26,21 %	21,89 %	14,11 %	20,11 %	16,35 %	17,9 %
ASEAN	704	1 360	1 554	2 028	1 945	1 808	11 474	2 241	7 468
	41,93 %	57,36 %	48,26 %	66,10 %	66,43 %	58,25 %	40,28 %	43,25 %	55,22 %
Chine	69	203	207	161	308	650	1 377	1 853	4 188
	4,11 %	8,56 %	6,43 %	5,25 %	10,52 %	20,94 %	37,63 %	35,77 %	28,16 %

L'expérience japonaise est aujourd'hui reproduite partiellement par les Dragons. Les mêmes causes produisant les mêmes effets, on retrouve dans l'attitude des nouveaux investisseurs des motifs déjà rencontrés avec le Japon.

- Nécessité de délocaliser face à la montée des coûts internes de production.
- Désir de s'implanter sur des marchés protégés (en dehors de la région surtout) ou dynamiques comme ceux de la région. Les fabuleuses virtualités du marché chinois ont de quoi tenter plus d'un candidat.
- Recherche d'intéressantes perspectives de profit. Fabrice Hatem, mentionnant des données recueillies par le JETRO* et l'Eximbank*, indique que les taux de profits réalisés par les firmes industrielles japonaises en Asie sont très nettement supérieurs à ceux observés en Europe ou aux États-Unis. Voilà qui laisse de l'espoir aux autres.

Les conditions de réalisation de ces investissements se sont trouvées favorisées par une libéralisation de l'accueil des IDE dans pratiquement tous les pays de la région potentiellement hôtes. Du côté des investisseurs, la montée en puissance de firmes susceptibles de s'internationaliser, comme les *cheabols** coréens ou les groupes industriels chinois de Taiwan ou de Hong Kong, n'est pas étrangère à cette extraversion des capitalismes nationaux. Enfin, on doit souligner la croissance des réserves financières détenues par les NPI 1 et leurs entreprises.

Les « quatre » avaient jusqu'ici fondé l'essentiel de leur expansion à l'étranger sur le développement des exportations. L'élément nouveau est sans conteste l'émergence d'ambitieuses stratégies d'investissement à l'étranger. Les rôles sont par là redistribués. Le Japon n'est plus le seul grand pays créditeur dans la région. Après les Dragons, les Tigres lui emboîtent le pas. La Malaisie et laThaïlande, dans cet ordre, sont les pays les plus actifs. Le tableau 30 résume l'essentiel de l'activité des investisseurs dans la zone. Pour 1995, l'OMC* a estimé que globalement plus de 70 % des investissements étrangers directs reçus provenaient de la région même. Le tableau 30 montre encore des facultés émettrices en capitaux inégales. Les Dragons sont évidemment de plus gros exportateurs de capitaux que les Tigres. La Corée, néanmoins, ne dispose pas d'autant de ressources que Taiwan, les soldes commerciaux, négatifs en Corée, positifs à Taiwan, constituent un commencement d'explication. L'énorme stock originaire de Hong Kong et accumulé en Chine ne doit pas faire illusion. Une bonne partie de ces capitaux, si elle est bien entrée en Chine *via* Hong Kong, n'est pas directement originaire de la colonie. Pour autant qu'on puisse le savoir, Taiwan serait le premier investisseur en Chine ; mais, afin de sauvegarder les apparences diplomatiques, une part notable des capitaux originaires de l'île transiterait par Hong Kong ; il faudrait retrancher ici pour ajouter là. Les hommes d'affaires chinois de la diaspora recourraient ainsi à la médiation de Hong Kong pour investir en Chine. Enfin, des entrepreneurs privés chinois, nouvellement enrichis, investiraient chez eux par le détour de Hong Kong, afin de bénéficier des avantages consentis aux étrangers. Si les chiffres concernant les investissements étrangers en Chine restent voilés d'opacité, comme tout ce qui concerne l'activité financière de la diaspora chinoise, le rôle de Hong Kong comme sas économique entre la Chine continentale et le reste du monde, y compris les mondes chinois extérieurs, est parfaitement confirmé. Qu'adviendra-t-il des relations extérieures de la Chine lorsque l'écran juridique constitué par la place de Hong Kong s'évanouira avec la réintégration de la cité dans le champ de souveraineté de Pékin ? L'observation des mouvements de capitaux y gagnera, peut-être, en transparence.

Tableau 30. Les IDE intra-asiatiques (millions de dollars / stocks / 1994)

De	Vers	Thaïlande	Malaisie	Philippines	Indonésie	Chine
NPIA 1		1 282,2	1 989,3	630,8	12 042,7	24 958,9
Corée du Sud		29,4	155,8	14,9	1 849,1	722,8
Taiwan		474,6	1 095,3	267,8	2 487,5	3 391
Hong Kong		211,1	333,0	287,9	6 041,7	19 665,4
Singapour		567,1	405,3	60,1	1 664,4	1 179,6
ASEAN		74,8	4,9	216,4	469,4	692
Thaïlande		–	4,4	56,0	11,7	234,9
Malaisie		68,3	–	160,2	421,8	201,0
Philippines		6,4	0,5	–	35,9	140,4
Indonésie		0	0	0,2	–	115,7
Chine		89,1	7,3	17,2	91,0	–

2.3. *Des marchés financiers émergents*

Depuis le début des années 1980, le développement de bourses de valeurs dans des PED a conduit à parler de marchés financiers émergents. C'est en Asie que ces marchés se sont le plus développés. Nous l'avons vu, les habitants de l'Asie de l'Est investissent beaucoup, tant dans leurs pays respectifs que chez leurs voisins. Par ailleurs, depuis 1990, faut-il le répéter, la région est l'une des principales destinations des flux de capitaux privés. Les conditions, sinon de l'apparition, du moins de la montée en puissance de marchés boursiers, étaient donc réunies. Résultat : dans les années 1993-1995, les seuls marchés asiatiques tendent à représenter de 7 % à 9 % de la capitalisation mondiale, soit un poids équivalent à celui de la place de Londres. Aucun autre continent en développement n'a vu comme l'Asie se développer des bourses de valeurs. Une remarque s'impose d'ailleurs à propos du qualificatif « émergent ». Les bourses de Hong Kong et de Singapour, par leur ancienneté, leur puissance et la variété de leurs produits, ne relèvent pas de la catégorie des marchés émergents, mais de la catégorie des marchés développés.

Le développement des bourses tend à modifier substantiellement le mode de financement des entreprises et du développement, au plan interne comme au plan externe. En effet, les capitaux étrangers pénètrent de plus en plus les économies des pays d'Asie par le truchement des marchés boursiers, ce qui est conforme à l'un des objectifs avoués des marchés émergents.

La brusque expansion des flux de capitaux étrangers est attribuable à trois facteurs : rapidité de la croissance, bonne tenue des fondamentaux de l'économie et degré d'intégration élevé au marché mondial. La part des marchés émergents dans les portefeuilles mondiaux de titres internationaux a plus que doublé, passant de 7 % à 15 %. L'Asie en a récolté sa part, même si les flux de portefeuilles en actions sont restés minoritaires par rapport aux IDE. Ils n'ont en effet jamais excédé plus de 25 % du total des capitaux privés et publics, ce qui constitue une notable différence avec l'Amérique latine.

Les marchés de valeurs représentent néanmoins, en Asie comme ailleurs, un vecteur d'acheminement de l'épargne étrangère permettant d'éviter une dépendance excessive vis-à-vis des flux créateurs de dettes et vis-à-vis des taux d'intérêt. Les entreprises, qui constituent la base même de l'activité économique, se procurent de plus en plus, par cet intermédiaire, les fonds propres dont elles ont besoin pour grandir.

cf. *tableau* 20 p. 109

Cette collaboration de l'épargne d'origine interne et de l'épargne d'origine étrangère est susceptible d'entraîner des modifications dans le contrôle et la direction des entreprises asiatiques. En théorie, le capitalisme asiatique, au caractère largement familial, devrait évoluer vers un capitalisme managérial. Mais cette mutation n'est pas pour le moment amorcée. Enfin, si le recours à la bourse marque une forme de normalisation du financement de l'économie, il reste que cette médaille a son revers. Les marchés émergents ont montré récemment leur fragilité. La crise financière, monétaire et boursière qui a frappé le Mexique en décembre 1994 a jeté une ombre sur les marchés émergents et les espérances de profit qu'ils avaient nourries chez les financiers et les spéculateurs. Ce doute, qui s'est traduit par des dégagements brutaux ici et là, a entraîné des baisses sensibles des bourses qualifiées d'émergentes. C'est cette contagion de la défiance, pénalisante pour les marchés émergents, que l'on a baptisée « effet tequila ». Entre 1994 et 1996, les marchés asiatiques n'ont pas été épargnés. Le tableau 31 est déjà dépassé. En l'été 1997, une nouvelle tempête souffle sur les systèmes monétaires et financiers de la Thaïlande, de l'Indonésie, de Singapour...

Tableau 31. Performances de quelques marchés d'actions émergents entre 1994 et 1996

Pays	1994	1995	1996
Indonésie	– 27	+ 4,5	–
Malaisie	– 20,7	+ 2,8	–
Thaïlande	– 11,1	– 5,6	– 32,29
Taiwan	+ 19,7	– 30	–
Corée du Sud	+ 22,1	– 12,7	– 24,87
Singapour	+ 5,4	+ 3,9	– 3,97
Hong Kong	– 29,9	+ 20,9	–

Variations en % des valeurs estimées en dollars.

Ces crises témoignent surtout de l'extrême volatilité de ces marchés. Il est douteux que l'on assiste pour autant à moyen terme à un retour en arrière dans l'évolution du mode de financement des économies asiatiques.
Les marchandises, les services, les capitaux et, avec eux, les informations, circulent... Et les hommes ?

3. Le nouveau système migratoire de l'Asie du Pacifique

3.1. L'essor récent de la mobilité internationale

On peut appréhender, avec Gildas Simon, cette mobilité selon trois clefs.

■ *Expansion*.. Premier foyer de peuplement de la planète, à cause de la Chine, cette région n'est pas devenue pour autant le premier pôle mondial d'émigration. La relative stabilité traditionnelle des populations a été néanmoins bousculée, depuis 1945, par les conflits qui ont secoué cette partie du monde : les *boat people** vietnamiens et les réfugiés cambodgiens dans les camps de Thaïlande en ont constitué de tragiques et médiatiques illustrations. Mais le fait nouveau, et d'importance, depuis le début des années 1980, tient au fort développement de migrations de travail lié à l'expansion économique des rivages asiatiques du Pacifique et aux transformations accélérées du contexte géopolitique. Tous les États de la zone sont concernés. Indonésie, Philippines, Vietnam, Chine fonctionnent de manière quasi exclusive comme des pôles d'émigration. La Thaïlande, Taiwan, Hong Kong et la Corée du Sud sont à la fois émetteurs et récepteurs de flux migratoires. Brunei et le Japon sont les principaux foyers d'emplois, l'immigration y reste en général temporaire. La Malaisie et Singapour constituent d'abord des pays d'accueil et secondairement des terres d'émigration.

■ *Diversification*. Second trait de ces migrations, leur diversification récente. Les figures emblématiques traditionnelles du migrant asiatique étaient soit le coolie, ce travailleur non qualifié voué aux travaux de force, soit le commerçant itinérant, le plus souvent chinois. Aujourd'hui, ce sont de plus en plus des travailleurs qualifiés, japonais, coréens, taiwanais et même philippins, qui circulent dans la zone et à l'extérieur de celle-ci. En amont des migrations de travail, les migrations pour cause d'études ont pris de l'importance. À la fin des années 1980, plus de 300 000 Asiatiques étudiaient dans les universités européennes et américaines (160 000 aux États-Unis). La combinatoire motifs-durées est riche, depuis les courts séjours à caractère professionnel ou pour affaires, (plus de 300 000 Sud-Coréens et 1 million de Japonais concernés en 1989), jusqu'aux migrations définitives vers l'Australasie et l'Amérique du Nord, en passant par les migrations temporaires sous contrat, de quelques mois à trois ans, à destination de certains États de la zone comme le Japon, ou en direction du Moyen-Orient. Au sein de ces mouvements d'hommes, on doit une nouvelle fois mentionner l'importance des Chinois.

■ *La mobilité spécifique des Chinois.* On se bornera à rappeler brièvement les caractéristiques des migrations chinoises en suivant Gérard-François Dumont.

cf. *plan* p. 176

– Première caractéristique, l'émigration chinoise est multipolaire, puisqu'elle s'est dispersée dans les divers pays de la région. La Chine forme un couple migratoire avec l'Asie du Sud-Est dans son ensemble puisque 80 % des Chinois répandus dans le monde y résident.
– Deuxième grande caractéristique, la communauté chinoise émigrée est organisée en réseaux, avec une composante ethnique et/ou familiale très marquée. Les relations de toutes sortes, dont celles liées aux affaires ne sont pas les moins importantes, s'articulent préférentiellement sur ces réseaux. En les parcourant, les hommes, les informations, les capitaux, les instrumentalisent pour le plus grand profit de la communauté.
– Il résulte des deux premières une troisième caractéristique qui est cette capacité à conserver ses habitudes culturelles et ses normes sociales propres. D'où l'homogénéité et la forte identité du groupe malgré sa dissémination en Asie.
– Enfin, dernière caractéristique : 90 % des membres de la diaspora proviendraient de trois provinces méridionales et côtières de la Chine, à savoir du Fujiang, du Guandong et de l'île de Hainan.

3.2. *Les facteurs de cette nouvelle mobilité*

L'Asie du Pacifique bouge et cette ébullition ne cesse de modifier la carte économique et sociale de la région. Le premier facteur de la mobilité tient justement aux contrastes économiques que les inégalités de la croissance et du développement creusent et/ou entretiennent.
« Qu'on le veuille ou non, les travailleurs migrants font partie du miracle économique asiatique », affirme Gary Silverman, ajoutant « [qu'] à Singapour, près de 20 % de la main-d'œuvre sont étrangers ». Pénurie de bras et salaires élevés ici, pléthore de main-d'œuvre et salaires misérables là, les conditions de la mobilité sont réunies. On comprend que des travailleurs philippins, indonésiens, thaïlandais ou chinois, dont les salaires ne dépassent pas les 100 dollars par mois (500 F à 600 F), regardent la Corée du Sud, Taiwan, Singapour ou le Japon, comme autant d'« eldorados » avec leurs salaires oscillant entre 1000 et 3000 dollars. Malgré les entraves à l'immigration posées par certains États, rien ne vient décourager les candidats au départ, car la pression est décidément trop forte. Davantage de réglementation signifie seulement encore davantage de corruption. En effet, une véritable industrie de l'immigration clandestine est apparue en Asie. Elle y prospère.
On ne rappellera pas en quelles circonstances les États-Unis, le Canada, l'Australie s'étaient, à partir de la fin du XIXe siècle, fermés à l'immigration asiatique. Or, depuis la fin de la Deuxième Guerre mondiale, ces restrictions ont été progressivement levées. L'émigration a repris vers ces destinations, elle s'est amplifiée au cours des trois dernières décennies. Ainsi, on est passé de 445 000 admissions légales aux États-Unis dans les années 1960, à 1 630 000 dans la décennie 1970 et à 2 800 000 entre 1981 et 1990 (Gildas Simon).

cf. *Les États-Unis*, coll. Prépas, A. Colin

Depuis l'affaire Sarah Balabagan*, personne n'ignore plus que de jeunes Philippines sont employées comme domestiques dans les émirats arabes. Cette affaire rappelle que le Moyen-Orient a été, à partir du boom pétrolier de 1974, l'autre grande destination des travailleurs émigrés asiatiques : ils étaient 250 000 au début des années 1970, 3,5 millions en 1990-1991 et peut-être 5 millions en 1994 (Gildas Simon).

Longtemps, les régimes communistes se sont opposés à l'émigration de leurs ressortissants, à l'exception des déplacements vers les « pays frères ». Jusqu'à la fin des années 1970, ces flux sont restés d'importance limitée. Dès cette époque, néanmoins, la Chine a nourri des flux importants de réfugiés quittant clandestinement le territoire de la République populaire *via* Hong Kong. Ces Chinois sont allés grossir la diaspora en Asie et aux États-Unis. C'est plus tard, dans les années qui ont suivi la fin de la guerre du Vietnam (1975), que le flot des émigrants politiques en provenance de l'Indochine communiste (Vietnam, Cambodge, Laos) s'est amplifié. Deux millions de Vietnamiens auraient quitté leur pays par vagues successives.

Entretemps, soit à partir de la fin des années 1970, le régime des sorties avait commencé de s'assouplir. C'est la Chine d'abord, à partir de 1978, qui a entrouvert la porte pour des départs de travailleurs sous contrat vers des pays communistes et le Moyen-Orient. Puis les mutations du contexte international, politique comme économique, dans les années 1980, ont accentué cette évolution vers « un désenclavement migratoire des pays communistes » (Gildas Simon). Après 1989, en Chine et au Vietnam, les plafonds annuels de départs autorisés ont été relevés. Ils sont de l'ordre de quelques centaines de milliers. La masse humaine de la Chine, le dynamisme démographique du Vietnam, font de ces deux pays des pôles virtuels d'émigration au potentiel énorme.

3.3. *Bref aperçu de la géographie des migrations*

Il faut distinguer les destinations extra-asiatiques des migrations intra-régionales.

Globalement, l'Asie orientale se comporte comme un pôle émetteur à l'égard du reste du monde. Les flux d'arrivée, en dehors des retours d'Asiatiques eux-mêmes, sont négligeables. Nous connaissons déjà les deux grands foyers d'accueil des Asiatiques : l'Amérique du Nord et le Moyen-Orient.

Depuis le début des années 1990, les migrants d'Asie orientale représentent 40 % à 50 % des entrées légales aux États-Unis et au Canada. Cette migration est à caractère familial, de longue durée, si ce n'est définitive. On sait que les Asiatiques, grâce à leur industrie, ont souvent réussi aux États-Unis, notamment dans le grand et le petit commerces.

La destination du Moyen-Orient est différente. Quantitativement, elle concerne moins les migrants de l'Asie du Pacifique que ceux de l'Asie du Sud (Inde, Pakistan, Bangladesh, Sri Lanka). Le seul groupe notable ici est celui des Philippins, estimé entre 800 000 et 1 million de représentants. Alors que la Thaïlande, le Vietnam et la Chine y auraient dépêché moins de 100 000 travailleurs chacun. L'autre différence avec l'Amérique du Nord tient à ce qu'il s'agit d'une simple émigration de travailleurs sous contrat, pour de courtes durées (de un à trois ans en moyenne). On ne peut pas parler véritablement d'établissement de l'immigré asiatique en ces contrées.

Les autres destinations sont minoritaires. L'Europe occidentale ne joue qu'un faible rôle, inférieur sans doute à celui de l'Amérique latine. Le cas de l'Australie est plus intéressant pour l'avenir. Longtemps fermé aux non-Européens, ce pays immense et vide s'est ouvert aux populations « non blanches » à partir de 1973, en abandonnant le slogan « *Keep Australia white* », ce qui n'a pas tardé à favoriser les Asiatiques. En 1992, ils ont représenté 60 % des admissions (Gildas Simon). En effet, le principe de réalité s'impose à Canberra. Comment un tel pays « au bord de l'Asie », qui effectue la moitié de son commerce avec elle, et qui est membre d'organisations communes aux pays de l'Asie du Pacifique, pourrait-il se fermer totalement aux hommes de cette partie du monde ? L'Océanie, le monde indien continental et océanique abritent également des communautés issues des « rivages asiatiques » du Pacifique.

Les flux migratoires intra-asiatiques ont pris une ampleur nouvelle avec les transformations économiques rapides qui affectent la région. Comme jamais auparavant, les Asiatiques sont de plus en plus nombreux à se diriger vers d'autres pays asiatiques. D'environ 200 000 en 1980, le nombre des migrants intra-régionaux est passé à plus de 1 million après 1990 et à 2,6 millions en 1995. De nombreux pays sont à la fois terre d'exil et terre d'accueil. La Corée du Sud ou la Thaïlande sont, à cet égard, exemplaires (voir tableau 32).

Tableau 32. Les migrations de main-d'œuvre en Asie du Pacifique (en milliers, 1996)

Pays	Travailleurs immigrés ressortissant d'un État de la zone et séjournant dans le pays	Ressortissants de l'État travaillant dans un autre pays de la zone	Comportement dominant Pays d'émigration (É) Pays d'immigration (I)
Birmanie (Myanmar)	nd	415	É
Brunei	50	nd	I
Chine populaire	nd	255	É
Corée du Sud	78	70	I, É
Hong Kong	311	nd	I
Indonésie	nd	686	É
Japon	500	18	I
Malaisie	1 100	138	I
Philippines	nd	547	É
Singapour	200	nd	I
Taiwan	240	nd	I
Thaïlande	600	372	I, É

Les nations riches – Japon, Dragons – ou relativement riches – Malaisie – constituent des foyers d'immigration. La Birmanie, la Chine, l'Indonésie, les Philippines (il faudrait ajouter Vietnam qui ne figure pas dans le tableau) sont des terres d'émigration. On peut discerner trois sous-champs migratoires régionaux : un sous-champ Asie du Nord-Est, polarisé par le couple Corée-Japon ; un sous-champ chinois, structuré par le triangle Chine côtière du Sud, Hong Kong, Taiwan ; et un sous-champ ASEAN. La géographie en archipels et péninsules, en bras de mer et détroits, du coin sud-est de l'Asie est propice à toutes les aventures et donne lieu à d'importants trafics de main-d'œuvre depuis les confins birmans de la Thaïlande jusqu'aux îles les plus reculées des Philippines et de l'Indonésie. Cet aspect des choses représente l'une des faces sombres de l'intégration économique et humaine en cours. Le brassage humain s'accomplit enfin, et de plus en plus, à travers des déplacements pour de courtes durées, qu'il s'agisse de séjours d'affaires ou touristiques, entre lesquels d'ailleurs les statistiques, le plus souvent, ne tranchent pas.

Conclusion

Avant de fréquenter l'Europe, les touristes japonais se sont initiés au tourisme international à travers des circuits asiatiques dont les hauts lieux sont Hong Kong, Bangkok, Manille ou Bali. Depuis, l'ouverture de la Chine a encore élargi les horizons touristiques. Aujourd'hui, la moyenne bourgeoisie coréenne ou taiwanaise, ou les nouveaux riches de la Chine accèdent à la consommation touristique et les déplacements de loisir ne cessent d'augmenter. À ces voyages d'agrément, il faut ajouter les voyages d'affaires. Avec la multinationalisation et la délocalisation dans la zone des firmes japonaises, coréennes, chinoises, etc., les cadres et dirigeants d'entreprises sont amenés à se déplacer sur toute la façade pacifique de l'Asie. Ces motifs nouveaux s'ajoutent à ceux initiés depuis longtemps par les impératifs du commerce. Tous ces va-et-vient, dans une région à la géographie morcelée et aux transports terrestres insuffisants, ont conduit à une croissance du trafic aérien deux fois plus rapide en Asie du Pacifique que dans le reste du monde. Autre signe des temps, le développement à un rythme supérieur à la moyenne mondiale, qui est de 9 % par an, du marché des télécommunications. Les investissements prévus en ce domaine sont gigantesques. « Câbler » 1,2 milliard de Chinois et, plus largement, équiper 2 milliards d'humains, voilà une perspective qui a de quoi faire fantasmer plus d'un géant des télécommunications.

Synthèses

1. Présent et avenir du transport aérien et des télécommunications

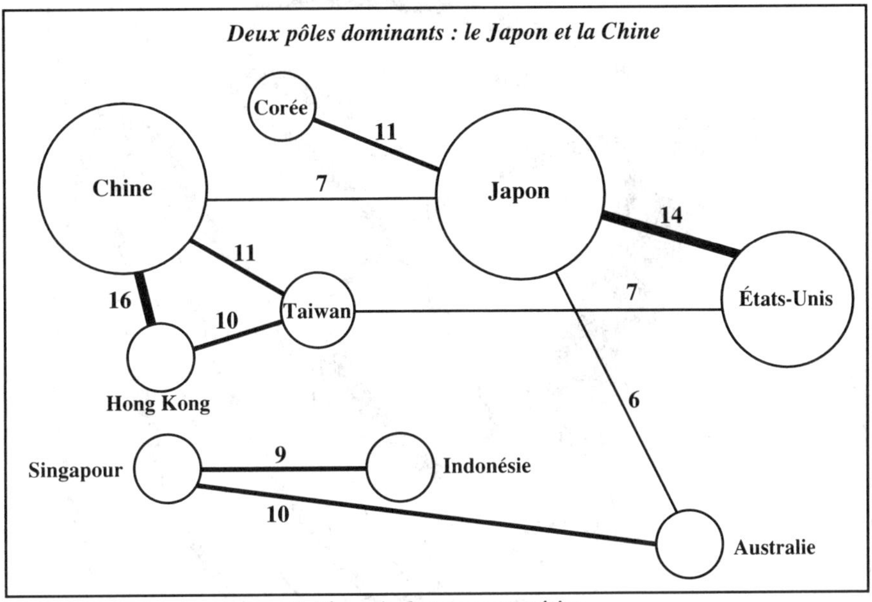

6. L'avenir du transport aérien.
Les principaux courants de trafic aérien en Asie orientale (2010, en millions de passagers).

Le trafic aérien passagers : situation présente et prévisions			
	1993	2000	2010
Asie du Pacifique	112	200	398
Reste du monde	206	284	390
Total	318	484	788

Nombre de passagers par an, en millions.

Télécommunications : investissements prévus entre 1995 et 2004

Pays	Milliards de dollars	Part de PIB
Chine	141	1,4
Indonésie	23	0,8
Corée du Sud	32	0,7
Malaisie	6	0,6
Philippines	7	1
Thaïlande	29	1,4
Autres	18	2,2
Total Asie orientale	256	1,2

Source : figure et tableaux extraits de *Atlas de l'Asie orientale*, Le Seuil, 1997.

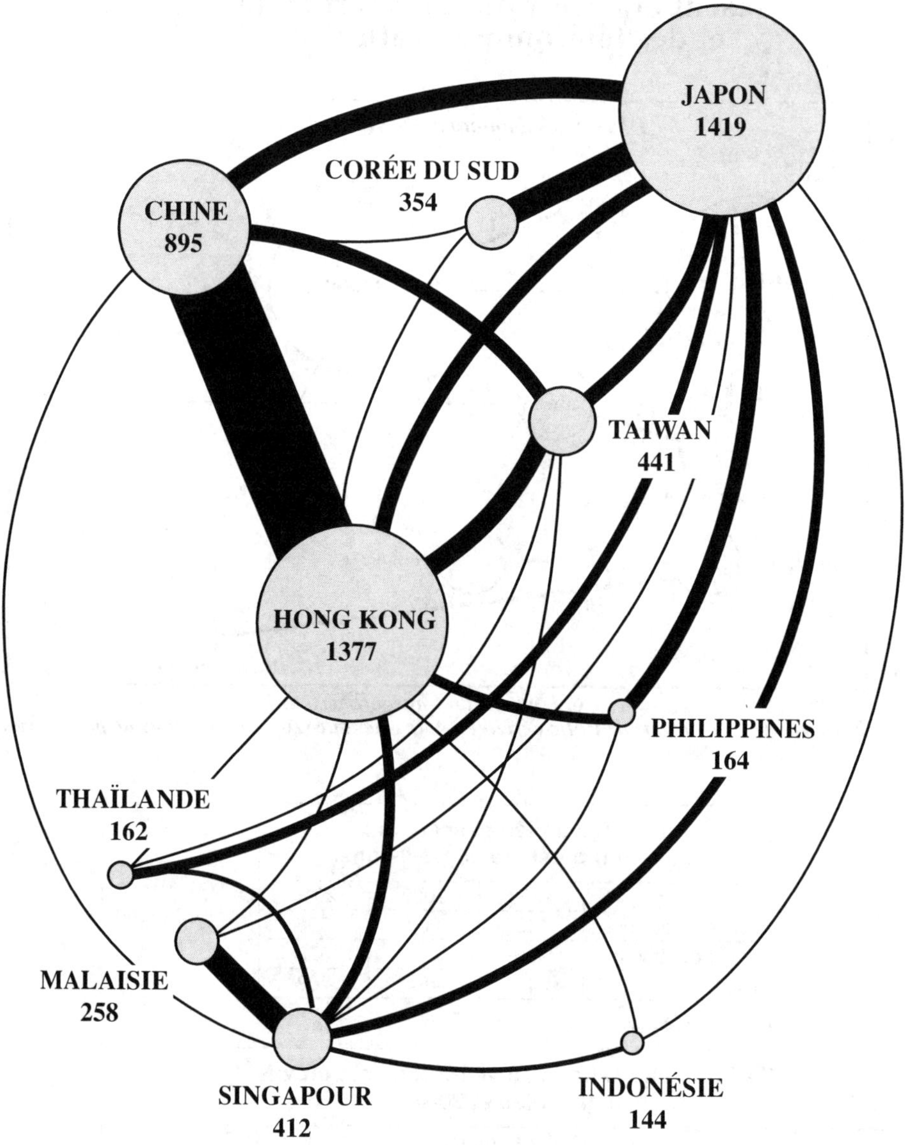

Nombres : millions de minutes.

Source : « Asia-Pacific Telecommunication Indicators », ITU Geneva, *Tiers-Monde*, n°147, 1995.

7. Flux téléphoniques : trafic international total par pays et flux intra-asiatiques (1993).

2. Le commerce extérieur : horizons géographiques

Tableau 33. Japon : principales destinations des exportations en 1995 (en %)					
Principaux clients en % du total	**Amérique**	**Asie du Pacifique**	**Europe**	**Autres**	**Non ventilés**
1. États-Unis	27,3				
2. Corée du Sud		7			
3. Taiwan		6,5			
4. Hong Kong		6,3			
5. Singapour		5,2			
6. Chine		5			
7. Allemagne			4,6		
8. Thaïlande		4,4			
9. Malaisie		3,8			
Reste de l'Union européenne à 15			11,2		
Totaux / Zones	27,30	38,20	15,80		18,70

Tableau 34. Hong Kong : principales destinations des exportations en 1994 (en %)					
Principaux clients en % du total	**Amérique**	**Asie du Pacifique**	**Europe**	**Autres**	**Non ventilés**
1. États-Unis	27,70				
2. Chine		27,50			
3. Allemagne			5,80		
4. Singapour		5,50			
5. Japon		4,70			
6. Royaume-Uni			4,60		
7. Taiwan		2,70			
Totaux / Zones	27,70	40,40	10,40		21,50

Tableau 35. Corée du Sud : principales destinations des exportations en 1993 (en %)

Principaux clients en % du total	Amérique	Asie du Pacifique	Europe	Autres	Non ventilés
1. États-Unis	22,10				
2. Japon		14,10			
3. Hong Kong		7,80			
4. Allemagne			4,40		
5. Singapour		3,80			
6. Taiwan		2,80			
7. Indonésie		2,50			
8. Inde				2,20	
Totaux / Zones	22,10	31,00	4,40	2,20	40,30

Tableau 36. Singapour : principales destinations des exportations en 1994 (en %)

Principaux clients en % du total	Amérique	Asie du Pacifique	Europe	Autres	Non ventilés
1. Malaisie		19,7			
2. États-Unis	18,8				
3. Hong Kong		8,7			
4. Japon		7			
5. Thaïlande		5,6			
6. Taiwan		4			
7. Allemagne			3,5		
8. Royaume-Uni			2,7		
9. Australie				1,4	
Totaux / Zones	18,80	45,00	6,20	1,40	28,60

Tableau 37. Taiwan : principales destinations des exportations en 1994 (en %)					
Principaux clients en % du total	**Amérique**	**Asie du Pacifique**	**Europe**	**Autres**	**Non ventilés**
1. États-Unis	26,20				
2. Hong Kong		22,90			
3. Japon		11,00			
4. Singapour		3,60			
5. Allemagne			3,50		
Totaux / Zones	26,20	37,50	3,50		32,80

Tableau 38. Malaysia : principales destinations des exportations en 1993 (en %)					
Principaux clients en % du total	**Amérique**	**Asie du Pacifique**	**Europe**	**Autres**	**Non ventilés**
1. Singapour		21,70			
2. États-Unis	20,30				
3. Japon		13,00			
4. Royaume-Uni			4,20		
5. Hong Kong		4,10			
6. Allemagne		3,70			
7. Thaïlande		3,60			
Totaux / Zones	20,30	46,10	4,20		29,40

Tableau 39. Thaïlande : principales destinations des exportations en 1993 (en %)					
Principaux clients en % du total	**Amérique**	**Asie du Pacifique**	**Europe**	**Autres**	**Non ventilés**
1. États-Unis	21,3				
2. Japon		16,8			
3. Singapour		11,9			
4. Hong Kong		5,2			
5. Allemagne			3,9		
6. Royaume-Uni			3,2		
7. Pays-Bas			3,1		
8. Malaisie		2,8			
Totaux / Zones	21,3	36,7	10,2		31,8

Tableau 40. Indonésie : principales destinations des exportations en 1994 (en %)					
Principaux clients en % du total	**Amérique**	**Asie du Pacifique**	**Europe**	**Autres**	**Non ventilés**
1. Japon		31,8			
2. États-Unis	13				
3. Singapour		9,4			
4. Corée du Sud		6,2			
5. Taiwan		4,1			
6. Pays-Bas		3,2			
7. Allemagne			2,9		
8. Hong Kong		2,5			
9. Royaume-Uni			2,5		
10. Arabie Saoudite				1,7	
Totaux / Zones	13	57,2	5,4	1,7	22,7

Tableau 41. Philippines : principales destinations des exportations en 1994 (en %)					
Principaux clients en % du total	**Amérique**	**Asie du Pacifique**	**Europe**	**Autres**	**Non ventilés**
1. États-Unis	36,8				
2. Japon		15			
3. Singapour		5,3			
4. Allemagne			4,9		
5. Hong Kong		4,8			
6. Royaume-Uni			4,7		
7. Pays-Bas			3,8		
8. Taiwan		3,4			
9. Thaïlande		2,7			
Totaux / Zones	36,8	31,2	13,4		18,6

Tableau 42. Chine : principales destinations des exportations en 1995 (en %)					
Clients en % du total	**Amérique**	**Asie du Pacifique**	**Europe**	**Autres**	**Non ventilés**
1. Hong Kong		24,18			
2. Japon		19,13			
3. États-Unis	16,61				
4. Corée du Sud		4,50			
5. Allemagne			3,81		
6. Singapour		2,35			
7. Pays-Bas			2,17		
8. France			1,88		
9. Italie			1,79		
10. Russie				1,06	
Totaux / Zones	16,61	50,16	9,65	1,06	22,52

Plan

Les « cinq Chines », Chinois de Chine, émigration chinoise

Introduction

cf. *clés* p. 81

L'héritage historique, depuis 1949, fait coexister, avec de fortes tensions, la République populaire chinoise (continentale et communiste) et la République de Chine (Taiwan). On peut aussi distinguer, depuis l'ouverture économique du monde communiste, une Chine continentale, oubliée de la croissance, d'une Chine littorale en pleine surchauffe.

Enfin, les Chinois ont émigré partout dans le monde à la recherche de travail : on parle à ce propos, un peu abusivement, de « diaspora » chinoise. La diaspora chinoise constitue donc une autre Chine en Asie comme en Occident.

1. Les différents territoires chinois : la République populaire chinoise, Hong Kong, Taiwan, Singapour où la population dominante est chinoise !

1.1. La Chine continentale et centrale où les Hans dominent le vide et les minorités

cf. *synthèse* p. 39

Elle représente un poids humain limité (15 % de la population) ; il s'agit d'agriculteurs, de pasteurs, de chameliers, des minorités (Mongols, Turco-altaïques, Tibéto-birmans) contrôlées par les militaires hans, les bureaucrates du Parti communiste chinois et les pionniers chinois des villes champignons minières et pétrolières.

1.2. La Chine littorale et centrale (celle du « socialisme de marché »)

Elle représente un effectif humain considérable dans les plaines, les vallées, le long du littoral (60 %° de la population). Mais ces populations chinoises du Nord et du Sud ne sont pas homogènes. Les « Hans cuits » (les « chinois civilisés ») du Nord sont les héritiers des mandarins, les lettrés du Nord, les agriculteurs sont des planteurs de blé ; alors que les « Hans crus » du Sud sont plus volontiers (et ils y ont été poussés par les hommes du Nord) des commerçants, des marins, des voyageurs ; la pauvreté des riziculteurs du Sud s'expliquait autrefois par un prélèvement excessif de la part des propriétaires fonciers ; mais, dans la Chine communiste, c'est l'État qui a continué à prélever ; si bien que ces régions sont celles de la diaspora chinoise hokkien et hakka.

cf. *carte* p. 180

1.3. Taiwan, 22 millions de Chinois capitalistes et efficaces

Le « territoire d'outre mer », la « province perdue », la « seconde Chine » : par deux fois les Chinois continentaux y ont imposé leur domination aux autochtones.

1.4. Singapour, le « Malte chinois » des Britanniques : (2 930 000 Singapouriens sur 3 200 000 habitants)

Aujourd'hui, dans cette terre malaise, la population chinoise contrôle le pouvoir (Lee Yuang Kwe qui a dirigé le pays est un Hakka). Les Malais, les Indiens, les Arabes exécutent les tâches les plus rudes, alors que les lois démographiques favorisent les femmes diplômées chinoises.

2. Atouts pour les pays d'accueil et pour la Chine, principaux bénéficiaires de leur propre esprit d'initiative : les Chinois de la diaspora !

Les Chinois de la diaspora dans le monde (22 à 23 millions de personnes), la cinquième Chine.

2. 1. Les Chinois de la diaspora en Asie (20 millions)

Tableau 43. Les Chinois de la diaspora dans le monde

Pays	Chinois d'origine	Dont Chinois de nationalité (%)	% de la population	Population totale (millions)
Japon	3 000	100		126
Corée du Sud	10 000 (chiffre officiel)	100		45
Vietnam	1 150 000	1,5	1,5	77
Philippines	1 345 000	4,1	1,8	72
Malaysia :	5 467 000	3,2	26,1	21
Thaïlande	6 179 000	6,2	10,1	61
Indonésie	7 775 000	23,1	3,8	201

2.2. Les Chinois de la diaspora hors d'Asie sont, au total, 2 à 4 millions

Les Chinois de la diaspora en Océanie : moins de 200 000 personnes.

Pays	Chinois d'origine	% de la population totale	Population totale (millions)
Australie	128 000	0,69	18,61
Tahiti	21 500	1,75	0,21
Nouvelle-Zélande	20 000	0,15	13,32

Les Chinois de la diaspora en Amérique : 1 800 000 dont :

Pays	Chinois d'origine	% de la population totale	Population totale (millions)
États-Unis	1 112 00	0,42	265,6
Canada	320 000 dont 13 % de nationalité chinoise	1,02	31,2

Ils sont nombreux à Hawaii, à Los Angeles, San Francisco, dans l'État de Washington (en 1996, cet État a élu le premier gouverneur asiatique des États-Unis d'Amérique).

Les Chinois de la diaspora en Europe : environ 580 000.

Pays	Chinois d'origine	% de la population totale	Population totale (millions)
France	210 000	0,35	58,4
Grande-Bretagne	240 000	0,41	58,8
Pays-Bas	72 520	0,46	15,5

Les Chinois de la diaspora en Afrique : environ 85 000.

Pays	Chinois d'origine	% de la population totale	Population totale (millions)
Île Maurice	35 000	3,18	1,100
Madagascar	15 000	0,09	15,200
Afrique du Sud	14 000	0,03	44,500
La Réunion	14 200	2,21	0,640

2.3. Les grands tycoons* *chinois aux sources de l'efficacité chinoise (des Hokkiens et des Hakkas)*

cf. *cours* p. 101, p. 109

Chang Yung Fa	Taiwan	Evergreen, Unyglory, Eva Airways.
Robert Kuok	Malaysia	Négoce des matières premières, sucre ; médias, TVB de Hong Kong.
Li Ka Shing	Hong Kong	Cheung Kong Co (télécoms), gestion portuaire à conteneurs (Hong Kong, Panama, Felixstowe), énergie, export-import, immobilier, distribution, caoutchouc.
Liem Sioe Liong	Indonésie	Groupe SIAM (agro-alimentaire, immobilier, finance).
Lucio Tan	Philippines	Bière, cigarettes, hôtels, immobilier, finance, agriculture, Philippines Air Lines.
Wa Kwong	Hong Kong	Magnat du pétrole.

Leur rôle économique est essentiel pour leur pays d'accueil, comme pour la Chine littorale, ouverte maintenant, qui bénéficie de leur savoir-faire et de leurs capitaux. Cette réussite leur attire souvent la vindicte des populations locales pauvres.

3. Ces migrants chinois viennent pour l'essentiel du Sud

3.1. Les gens du Guandong représentent environ 64 % des Chinois émigrés dont les Cantonais, 22 %, les Hakka, 18 % et les Chaozhou, 22 %.

3.2. Les autres provinces du Sud complètent la diaspora

Les gens du Fujian	25 %
Les gens de Hainan	2 %
Au total, les gens du Sud	91 %
Les autres provinces sont sous-représentées	9 %

La population de Hong Kong est cantonaise comme la population de Macao ; celle de Taiwan est originaire du Fujian.

3.3. Pourquoi sont-ils partis ?

Agriculteurs ou commerçants (ces statuts méprisés leur avaient été accordés par les mandarins du Nord), ils subissaient les violences d'un milieu naturel peu facile : une inondation dévastatrice tous les six ans au XIXe siècle et des sécheresses brutales tous les huit ans depuis le XVIIe siècle. Les avatars de l'histoire ont aussi contribué à cet exode : la riziculture très méticuleuse ne supporte pas les troubles politiques ; à partir de 1840, commence une émigration massive qui contribue à la construction du chemin de fer aux États-Unis, au développement des plantations d'ananas à Hawaii, à la construction des voies ferrées et des ports, au développement des plantations, des mines, en Asie du Sud-Est et dans tout l'Empire britannique, par exemple.

Conclusion

La présence de Chinois hors de la terre de leurs ancêtres revêt une grande originalité : ils se posent dans leurs pays d'accueil comme des modèles d'adaptation, de réussite sociale et citoyenne tout en s'intégrant peu à la population, (ce dont témoignent les « Chinatowns » américaines ou européennes), et ils ont constitué de vastes et solides réseaux familiaux.

cf. *cours* p. 107, 196

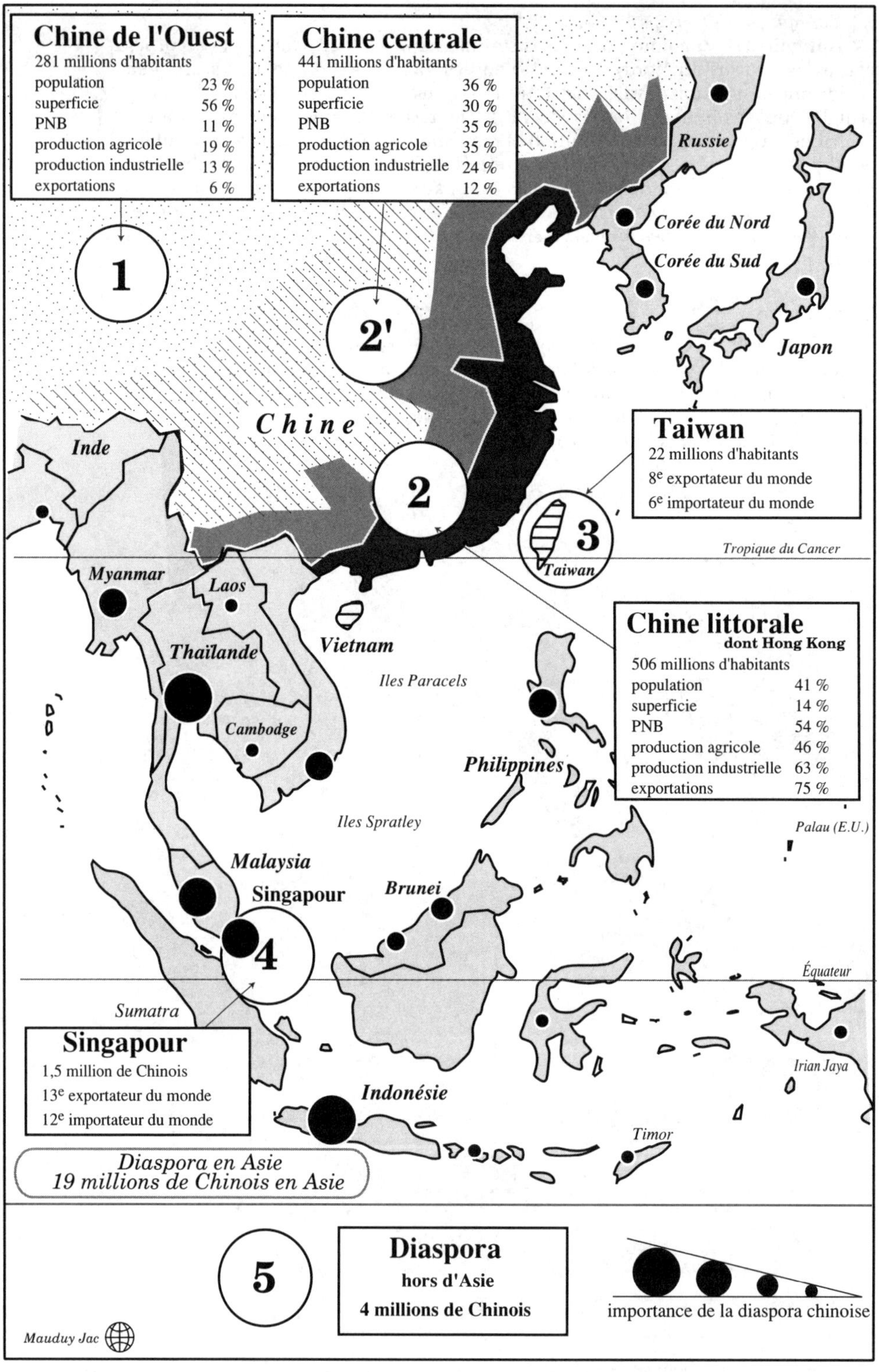

Les « cinq Chines ».

Clés et repères

Aide publique au développement (ADP) : s'oppose à l'aide privée ; financée directement par les États (aide bilatérale) ou par l'intermédiaire de leurs contributions auprès d'organismes internationaux (ONU, OCDE, Union européenne, etc. : aide multilatérale).

Balance des transactions courantes : balance qui réunit celle des marchandises et celle des invisibles.

Balabagan (Sarah) : jeune servante philippine aux Émirats arabes unis qui fut condamnée pour le meurtre de son employeur et finalement libérée sous la pression de l'opinion publique internationale.

Boat people : émigrés politiques asiatiques fuyant les régimes répressifs sur des embarcations de fortune.

Cheabols (jibulls) : conglomérats coréens.

Endaka : évaluation du yen sur les marchés dans les années 1980.

Eximbank : institution de crédit japonaise chargée de financer sur fonds publics des opérations commerciales.

IDE ou IEDP : investissements directs à l'étranger ; investissements étrangers directement productifs.

Commerce intrabranche : échange de produits similaires issus d'une même branche productive.

Commerce intrazone : commerce à l'intérieur d'une région géographique.

Commerce triadique : commerce entre les grands pôles de la triade.

JETRO (Japan External Trade Organisation) : organisme d'étude et de prospection à l'étranger pour favoriser le commerce japonais.

Maekawa : homme public japonais qui, dans un rapport de 1986, préconisait l'exportation de capitaux japonais vers le monde (pour recycler les excédents commerciaux) et l'augmentation des importations japonaises pour faire face à *l'endaka** et à la montée de la nippophobie.

NPI 1 : Dragons.

NPI 2 : Tigres.

Rideau de fer et rideau de bambou : image (de Winston Churchill) comparant la fermeture communiste stalinienne à « un rideau de fer s'abattant sur l'Europe » ; par analogie, on parle de « rideau de bambou » pour la fermeture imposée par les communistes asiatiques à la Corée du Nord, à la Chine et au Vietnam.

Sphère de coprospérité asiatique : slogan des impérialistes japonais qui, dans les années 1930, proposaient à l'Asie une unification (sous leur tutelle) permettant de « chasser les Blancs de l'Asie » et assurant la richesse des Asiatiques. Finalement, ce fut par la conquête coloniale conduite avec violence par le régime militaire expansionniste, jusqu'en 1942, que se réalisa un « empire japonais » éphémère.

Taux d'extraversion : part des exportations rapportées au PIB (en %).

Transport de porte à porte : service intégral de transport et d'acheminement d'une marchandise de la porte de l'expéditeur à celle du destinataire, pris en charge par un seul opérateur.

Transporteur logisticien : prestataire de services de transports assurant l'intégralité de l'acheminement par des moyens optimaux du moment.

Triade mondiale : États-Unis, Japon, Union européenne.

Chapitre 5

L'unité, un mythe ? Couples infernaux, hégémonismes, menaces et coopérations

Sujets

Les regroupements économiques en Asie ?
Les regroupements économiques autour du Pacifique ?
Les triangles de croissance en Asie ?
L'APEC, enjeu dans la lutte commerciale contre l'Union européenne ?
Les échanges suffisent-ils à assurer l'unité de l'Asie ?
Le rôle du Japon dans l'intégration de la zone asiatique ?
Existe-t-il toujours une voie chinoise de développement ?
L'héritage et les contentieux historiques du Japon à l'égard de l'Asie ?
Antagonismes et intérêts divergents en Asie de l'Est ?
Les puissances en Asie de l'Est ?
Corée du Nord – Corée du Sud ?
La réunification de la Corée ?
La réunification de la Chine ?
Chine – Vietnam ?
Atome et paix en Asie ?
La peur de l'armée populaire chinoise ?
Demain, un « leadership » chinois en Asie de l'Est ?
Quels leaders, quelle idéologie pour l'Asie ?
Les États-Unis peuvent-ils assurer le leadership en Asie ?
La réasiatisation et le retour « aux valeurs asiatiques », refaire l'histoire économique ?
La hiérarchie économique des pays d'Asie de l'Est ?

L'unité, un mythe ?

«… la pluie, le nuage, le soleil comme l'amertume, la vie, la rosée. »
Les Brindilles, proverbe chinois du XVe siècle.

Introduction. La problématique de la coopération

Les éléments d'unité d'hier à aujourd'hui se résument par des bribes de civilisation commune :
– sinité et réseaux de la diaspora chinoise,
– « civilisation du riz »,
– Bouddha et Allah,
– l'expérience de la sphère de coprospérité japonaise,
– la *Pax americana*.
Évidemment, l'aventure commune de l'industrialisation et du développement peut laisser croire à un monde uni. Il n'en est rien. S'associer ? Oui. Commercer, échanger ? Oui. S'unir ? Jamais ! (« S'associer oui, s'unir non », Philippe Richer). Dès lors, les questions de coopération et de regroupements sont posées. Si la coopération n'exige pas toujours une formalisation préalable, face à la montée des accords régionaux sur les autres continents, la question d'une organisation institutionnalisée est posée aux pays de la zone.

1. Les regroupements institutionnels

1.1. L'ASEAN, un enfant de la guerre froide

1.1.1. Un instrument de stabilité et de sécurité…

Dans le courant des années 1960, le centre de gravité du conflit Est-Ouest tend à se relocaliser en Asie. Le conflit vietnamien, désormais, après les crises de Berlin et de Cuba, cristallise pour longtemps la tension entre les blocs. C'est dans ce contexte que différents projets d'organisation se font jour dans la région. Certains, comme l'ASA* *(Association of South-Est Asia)* regroupant en 1961 Thaïlande, Philippines et Malaisie, seront sans lendemain, les litiges territoriaux entre les trois États étant trop aigus. Le Maphilindo* (Malaisie, Philippines, Indonésie), créé deux ans plus tard, sera tout aussi éphémère, il ne résistera pas à l'adhésion du Sabah à la Malaisie. En 1967, en pleine guerre du Vietnam, naît enfin l'ASEAN*. Doyenne des associations contemporaines d'États en Asie orientale au cours de ses trente années d'existence, elle a vu sa raison sociale évoluer. Il est clair que ce qui motive, en 1967, les cinq membres fondateurs (Indonésie, Malaisie, Philippines, Singapour, Thaïlande) est la volonté de réduire les tensions entre les pays adhérents, afin de présenter un front

cf. *synthèse* p. 204
cf. *plan* p. 207

uni face au risque communiste manifesté par la guerre du Vietnam. La coopération économique et commerciale apparaît alors comme un moyen d'établir la stabilité et la sécurité face aux menaces d'ingérence extérieure. Administrée par une conférence des ministres des Affaires étrangères, assistée ultérieurement par des comités spécialisés, l'ASEAN remporte ses premiers succès sur le terrain diplomatique. Elle s'est d'abord employée à désamorcer des conflits potentiels entre ses membres : revendication du Sabah par Manille, annexion du Timor oriental par l'Indonésie (1975) ou rattachement du détroit de Malacca aux eaux territoriales malaisiennes et indonésiennes (incorporation objectivement inquiétante pour Singapour).

La fin du conflit vietnamien et le désengagement américain après 1975 rendent impérieuse une relance de l'ASEAN. Réunis du 23 au 29 janvier 1976 à Bali, les dirigeants des cinq États signent un traité d'amitié et de coopération complété par une déclaration de concorde. L'organisation renforce ses structures à cette occasion : un secrétariat est chargé de suivre les travaux des cinq comités permanents créés depuis 1967 ; il est prévu de tenir des conférences ministérielles régulières dans les domaines économiques et sociaux (économie, travail, éducation…). Au plan économique, Bali en reste cependant aux déclarations d'intention. Néanmoins, à partir de 1977, des contacts réguliers s'établissent entre l'association et les pays industriels du Pacifique (États-Unis, Japon, Australie, Nouvelle-Zélande). Ces contacts s'étendent à la CEE à partir de 1978. En fait, ce sont encore et toujours les problèmes politiques qui dominent les préoccupations d'une ASEAN qui voit, par exemple, dans le dossier cambodgien, l'occasion de manifester son existence et sa ténacité. Et, de fait, au cours de la décennie 1980, l'ASEAN apporte une contribution plus qu'utile au règlement de la question cambodgienne. À la conférence de Paris d'octobre 1991, qui entérine le plan de paix de l'ONU, l'ASEAN est bien représentée puisque c'est l'un de ses membres, l'Indonésie, qui assure avec la France la coprésidence de la conférence.

1.1.2. … Puis l'édification d'une zone de libre-échange

En revanche, les années 1980 ne marquent guère de progrès dans la mise en œuvre d'une intégration économique concertée. Seul fait notable, l'admission du sultanat de Brunei en 1984. Cette panne contraste alors avec le décollage économique de la région. Il faut attendre le début des années 1990 pour voir enfin des initiatives sérieuses prises en ce domaine. C'est que, face à la montée des régionalismes institutionnalisés, en Europe (Grand marché et Union européenne) comme en Amérique du Nord (ALENA*), l'Asie du Sud-Est désire à son tour s'organiser. Le 28 janvier 1992, un traité de libre-échange est signé entre les partenaires à Singapour. L'AFTA* (ASEAN Free Trade Area) désigne cette nouvelle figure du régionalisme commercial. L'accord prévoyait initialement un désarmement douanier progressif entre les membres, devant aboutir, en 2008, à des tarifs *ad valorem** n'excédant pas 5 % sur tous les produits. Depuis, le délai à été raccourci à 10 ans (à compter de 1993) et l'échéance normale ramenée à 2003. En décembre 1995, à Bangkok, les associés ont décidé d'accélérer l'édification de cette zone de libre-échange en avançant à l'an 2000 la date d'application de la plupart des réductions tarifaires. Dans la foulée, un projet de reconnaissance et de défense de la propriété intellectuelle a été ébauché et un accord cadre sur la libéralisation des services a été ratifié. Toujours en 1995, année vraiment féconde, l'ASEAN a accueilli le 18 juillet un 7e membre : le Vietnam. Décidément, la guerre froide est bien enterrée. Cet élargissement en prépare-t-il d'autres ? Déjà, depuis 1992, le Laos et la Papouasie-Nouvelle-Guinée sont invités à la conférence annuelle ; le Cambodge est devenu observateur en juillet 1995. Ces pays étaient en réalité engagés dans un processus d'adhésion, tout comme le Laos et la Birmanie, d'ailleurs. Mais en juillet 1997, seuls ces deux derniers, Laos et Birmanie (Myanmar), ont obtenu de l'organisation un ticket d'entrée ferme. Le Cambodge, pourtant proche de l'admission mais de nouveau politiquement incertain en 1997, devra encore faire antichambre. De proche en proche, l'ASEAN finira-t-elle par rassembler toutes les nations du Sud-Est asiatique, voire de l'Asie orientale ? Nul doute que des obstacles ne manqueraient pas de se dresser contre un tel projet. L'impression qui prévaut, néanmoins, à l'approche du prochain millénaire, est que l'ASEAN a le vent en poupe, ce qui n'exclut pas certaines limites.

cf. *synthèse* p. 206

Ainsi, après trente ans d'une existence parfois difficile, l'ASEAN s'impose au milieu des années 1990 comme une institution incontournable de la triade mondiale. Indéniablement attractive, l'association pourrait bien être tentée de faire prévaloir son antériorité, sa cohésion et ses « réussites » pour « faire don » de ses structures et de son expérience à tout projet de « marché commun » asiatique. L'ASEAN grand rassembleur d'une Asie du Pacifique développée pour le siècle prochain ? Ce beau plan n'est-il pas, toutefois, doublement fragile ?

1.1.3. Une association qui reste fragile

Fragile du fait d'abord des faiblesses internes de l'ASEAN. Il faut bien mesurer qu'en droit, comme en fait, le niveau d'intégration de l'ensemble n'a rien de comparable avec celui qui prévaut dans l'espace de l'Union européenne. Malgré l'existence de trois accords fondamentaux dans le domaine industriel, à savoir l'accord de base sur les projets industriels (signé en 1980), l'accord de base sur la complémentarité industrielle (1981) et l'accord de base sur les co-entreprises industrielles (1983), qui offrent à la coopération entre membres un cadre juridique incitatif, les actions communes n'ont pas été à la hauteur des attentes. Une réalisation comme le triangle de croissance de Singapour, véritable archétype d'une forme de coopération régionale, se réalise en dehors de l'ASEAN. Fruit d'une initiative de la cité-État, elle n'implique que deux de ses voisins (Malaisie et Indonésie).

cf. *clés* p. 209

En dépit, par ailleurs, de l'importance du secteur agricole dans l'ensemble de ces pays (maximum : 28,7 % du PIB au Vietnam ; minimum : 11,9 % en Thaïlande), aucune espèce de politique commune ne se dessine et les produits agricoles sont tenus hors du dispositif de libre-échange. Ainsi, l'Indonésie a boudé la baisse jusqu'à 0 % des droits de douane d'ici l'an 2000 pour une quinzaine de produits agricoles (dont le riz). Ce n'est pas le seul accroc à la libéralisation des échanges. En effet, malgré la mise en place de la zone de libre-échange, les membres ont conservé la possibilité d'écarter des réductions tarifaires des produits jugés importants pour leur économie nationale. L'Indonésie, toujours elle, engagée sur 3 557 produits en 1995, en réservait encore 1 697. Péché de jeunesse ou effet pervers inhérent à toute mesure dérogatoire ? Toujours est-il que les partenaires ont eu tendance à allonger leurs listes de produits protégés. Par ailleurs, l'absence de tarif extérieur commun* (TEC) peut être à la source de détournements de trafics, au profit, notamment, d'une Singapour totalement libre-échangiste, et au détriment des États les plus protectionnistes dont les barrières seraient ainsi contournées. Ces ratés du libre-échange trahissent des faiblesses structurelles propres à la géographie économique de l'ensemble. En réalité, ces économies nationales ne sont pas encore parvenues à jouer de leurs complémentarités. Jusqu'à leur émergence industrielle, qui, Singapour exceptée, remonte à la décennie 1980, leurs exportations ont été dominées par les biens primaires. Une certaine similarité des produits (riz, pétrole, minerais, bois...) les rendait concurrents plus que complémentaires. L'industrialisation en cours peut permettre d'envisager un enrichissement du commerce intrarégional, avec un développement d'échanges intra-industriels sur le mode européen. Mais la diversification est encore insuffisante et, pour le moment, la part du commerce intrazone ne tend que vers les 20 % du total des échanges extérieurs des pays de l'ASEAN. On est loin des 60 %, minimum, de commerce européen intracommunautaire (61,3 % en 1992 dans la Communauté européenne à 12). Quant aux personnes et aux capitaux, ils ne bénéficient pas encore de la liberté de circulation accordée aux produits manufacturés. L'ASEAN fait donc figure d'institution très élémentaire comparée à l'édifice complexe qui supporte l'Union européenne. Les Asiatiques à qui l'on adresse cette remarque répondent qu'au moins ils se sont épargnés une dérive bureaucratique. Leur libre-échange souffre-t-il encore de nombreuses exceptions ? Préférant discuter de ce qui réunit plutôt que de ce qui divise, ils ne se risquent à aucun forcing pour les réduire, de peur de nuire à l'acquis et de compromettre l'avenir de l'unité. Pragmatiques, fidèles à une tradition asiatique bien ancrée, les « Anséates »* font prévaloir la recherche d'accords consensuels sur le formalisme de délibérations adoptables à la majorité simple, pondérée et/ou qualifiée.

Reste une critique qui ne peut être facilement repoussée : l'ASEAN est une association de « seconds couteaux » en Asie orientale, et ceci constitue sa deuxième fragilité. Sans même compter Hong Kong à présent – dont le sort désormais est lié à celui de la Chine – deux Dragons (Corée du Sud et Taiwan) restent à l'extérieur. Aucune des deux puissances asiatiques de la région, Chine et Japon, n'y est pour le moment admissible. Que penser d'une Communauté européenne qui se serait construite sans l'Allemagne, ni la France, ni le Royaume-Uni ? Certes, au sens strict, le Japon, la Corée, Taiwan et la Chine n'appartiennent pas à cet « angle de l'Asie »*, pour parler comme Élisée Reclus (1883) ou, plus près de nous, comme Paul Mus (1977). Si la Communauté européenne a fermé la porte au Maroc, en opposant à ce candidat à l'adhésion le fait qu'il n'était pas un pays du continent européen, est-il concevable, par analogie, de voir la République de Corée être déboutée d'une manifestation de volonté de rapprochement au motif qu'elle ne serait pas un pays du Sud-Est asiatique ? Si tel était le cas, l'ASEAN aurait déjà plus ou moins fait son plein et se condamnerait à rester un sous-ensemble. Se trouve, par là, posée la question de l'ensemble et abordée ainsi celle des menaces externes qui guettent l'ASEAN. Premier sujet d'interrogation : comment se situer vis-à-vis de l'APEC ?

1.2. *L'APEC, futur ensemble des ensembles ?*

1.2.1. Une réponse aux accords de commerce

L'Asia Pacific Economic Cooperation (APEC), ou Forum de coopération économique de l'Asie du Pacifique, est né en 1989 d'une initiative australienne, immédiatement soutenue par les États-Unis. Cet avènement concluait des discussions conduites depuis plusieurs mois par les gouvernements des pays de l'Asie du Pacifique et desquelles les Nord-Américains (États-Unis et Canada) avaient été tenus écartés. Car si les rencontres de la fin des années 1980 débouchaient sur l'apparition d'une nouvelle organisation, celle-ci n'avait pas initialement vocation à accueillir les pays de la future ALENA*. En effet, la montée des accords régionaux, en particulier la Communauté européenne et son acte unique préparant le grand marché de 1993 et l'accord de libre-échange États-Unis–Canada, avaient constitué les principaux motifs de la réaction des dirigeants de l'Asie du Pacifique. Dès lors, il était logique de ne pas inviter ceux qui avaient suscité un tel désir de se liguer. On sait déjà que la diplomatie américaine réussit sans trop forcer à déjouer ce danger d'exclusion. L'Amérique ne pouvait supporter de laisser l'influence économique japonaise sans contrepoids dans cette sorte de « club » qui menaçait d'exister sans elle. Les prétentions des États-Unis auraient pu tuer le projet dans l'œuf. Tel n'a pas été le cas. L'APEC a survécu aux équivoques de son avènement. Michel Fouquin en a livré les principales raisons dans *La Lettre du CEPII* de décembre 1995.

La thèse selon laquelle l'APEC constitue une tentative de réponse au marché unique européen et, au-delà, aux accords de commerce régionaux (au 1er janvier 1989, entrée en vigueur du traité de libre-échange États-Unis–Canada signé en octobre 1987) est confirmée. Plus largement encore, et dans le même registre de motivations, l'APEC serait le produit des craintes d'effondrement du système multilatéral des échanges internationaux qui s'expriment alors. Mais, plus que l'initiative, c'est l'intérêt positif que lui ont porté des nations en situations géographique et commerciale symétriquement opposées qui surprend. Les pays d'Asie, en raison même de leur stratégie de développement, si dépendants des marchés des pays développés pour leurs exportations, virent là un moyen de réduire les risques de fermeture de ces marchés et surtout du premier d'entre eux, celui des États-Unis qui, pour leur part, se réjouirent de l'occasion de pouvoir intégrer au moins l'un des regroupements qu'ils s'attendaient à voir naître dans cette partie du monde. L'APEC permettrait à l'oncle Sam d'obtenir de manière plus diplomatique l'ouverture des marchés asiatiques, son déficit avec la zone n'ayant cessé de se creuser au cours de la décennie. L'Amérique vit encore dans l'APEC l'opportunité de rallier des appuis dans les âpres négociations du GATT où la Communauté européenne présentait un front apparemment uni. Le Japon considéra, pour sa part, l'initiative australienne comme un moyen d'aborder ses différends commerciaux avec les États-Unis autrement qu'en tête à tête. Accusé de toutes les déloyautés, le Japon pourrait prendre à témoin de sa bonne foi des gouvernements asiatiques eux-mêmes en butte à des récriminations et des menaces de représailles américaines, pas toujours légitimes. Enfin, le pays promoteur, l'Australie, voyait là le moyen de mieux poursuivre deux objectifs : obtenir la libéralisation des échanges agricoles mondiaux en s'alliant aux États-Unis contre les Européens et les Japonais et accélérer son insertion dans le monde asiatique. Si l'APEC est « un mariage forcé », le principe de cette contrainte est, semble-t-il, l'intérêt bien compris des partenaires. À la date de sa création, en novembre 1989, l'APEC regroupait les six membres de l'ASEAN d'alors, ainsi que l'Australie, la Nouvelle-Zélande, le Japon, la Corée du Sud, les États-Unis et le Canada. Depuis, les trois Chines (République populaire chinoise, Taiwan, Hong Kong) en 1991, le Mexique et la Papouasie en 1993 et le Chili en 1994 ont rejoint l'APEC qui a décidé de ne plus accepter de nouvel adhérent avant 1997. En 1996, l'APEC compte donc 18 membres qui se partagent géographiquement entre l'Océanie, le continent asiatique et les deux Amériques (Nord et Sud).

1.2.2. Les principes de fonctionnement

Au fil des rencontres, l'institution s'est organisée. Jusqu'en 1992, quatre conférences ministérielles se sont succédé, à raison d'une par année civile. En novembre 1993, à l'initiative du président Bill Clinton, une première rencontre au sommet s'est déroulée à Seattle. Un deuxième sommet s'est réuni en novembre 1994 à Bogor (Indonésie). Le Japon a accueilli le troisième à Osaka en novembre 1995. Le quatrième, celui de 1996, s'est déroulé à Manille, toujours en novembre. Cette ronde des capitales traduit une formule de présidence tournante qui n'est pas sans rappeler l'Union européenne.

Au fil de ces réunions, l'APEC a tenté de préciser ses objectifs et ses moyens. Mais, comme aucun thème annuel n'est prédéfini, les ordres du jour sont restés largement livrés à l'initiative du pays qui assure la présidence. Quelques décisions ont néanmoins émergé. En 1991, la « déclaration de Séoul » précise l'objectif de base de l'organisation : l'engagement vers une plus grande ouverture commerciale et un accroissement de la collaboration économique. En 1992, en Thaïlande, l'organisation s'institutionnalise avec l'installation d'un secrétariat permanent à Singapour et l'établissement d'un groupe constitué d'experts pour établir une vision du commerce dans la région Asie du Pacifique, à l'horizon 2000. À Seattle, l'année suivante, les États-Unis obtiennent une déclaration de principe qui affirme « une communauté d'intérêts, d'objectifs et d'engagements partagés en faveur d'une coopération mutuellement profitable ». « Centrée sur le commerce et les investissements, cette réunion aboutit au soutien de l'APEC à la position américaine sur le GATT, à l'établissement d'une réunion annuelle des ministres des Finances des pays membres et à la volonté d'engager plus formellement le secteur privé, notamment dans les secteurs de l'énergie, des transports et du tourisme. » (Isabelle Miron de l'Espinay). À Bogor, en 1994, l'organisation, hormis son élargissement et l'adoption de la date de 2020 pour l'achèvement de la mise en place d'une zone de libre-échange (2010 pour les plus développés), ne marque guère de progrès, le thème des « ressources humaines », choisi par l'Indonésie, n'ayant pas spécialement motivé les Américains. La troisième conférence au sommet d'Osaka, en novembre 1995, a fait éclater les contradictions entre le pragmatisme asiatique et le juridisme, mêlé d'empressement, anglo-saxon. Au sein du compromis de façade sur lequel s'est conclue la réunion, le Japon est néanmoins parvenu à imposer la notion de flexibilité dans l'ouverture même des marchés. Le 25 novembre 1996, dans la baie de Subic, près de Manille, le sommet de l'APEC a avalisé le projet présenté par les États-Unis et appuyé par le Japon, d'aboutir, d'ici à l'an 2000, toujours suivant la règle de la flexibilité, à un accord sur un abaissement « substantiel » des tarifs douaniers dans le domaine de la technologie de l'information, un marché international de plusieurs centaines de milliards de dollars.

1.2.3. Une division verticale du travail

cf. *cours* p. 60, p. 154

Sur le plan de l'économie de production, Michel Fouquin considère que la zone « se caractérise par une division verticale du travail entre pays à niveaux de développement très disparates ». À un bout, des pays à très bas salaires, spécialisés dans des industries légères, encore protectionnistes, et dont les productions sont exportées vers les pays développés. À l'autre bout, des nations « postindustrielles », officiellement libre-échangistes, à industries *capital intensive* *, haut de gamme, *high-tech*, etc., nations tournées vers les services supérieurs, lesquels composent une part de plus en plus importante de leurs échanges extérieurs, mais affrontées aux pesanteurs systémiques des sociétés industrielles avancées, très contraintes par les impératifs de l'économie monétaire et financière. Entre ces extrêmes, du fait des progrès techniques continuels et de la remontée des filières poursuivie par les économies émergentes, les situations sont mouvantes. Ce composé n'a pas nui à l'intensification des échanges commerciaux entre ces pays, évolution amorcée spontanément bien avant la naissance de l'APEC et se prolongeant sous son ère. Il apparaît que l'institutionnalisation de la région a pris prétexte de cette réalité plutôt qu'elle ne l'a suscitée. Si le niveau moyen d'intégration est élevé, en termes de commerce international, certains membres le sont moins que d'autres. Ainsi, le Canada et le Mexique échangent très peu avec les pays asiatiques de la zone et ne sont apparemment intégrés que par le relais majeur des États-Unis. Ces derniers demeurent de loin la première destination des exportations de leurs partenaires de l'APEC. Le Japon, dont on a tant vanté le redéploiement asiatique, achemine encore 30 % de ses exportations vers les États-Unis dont il reçoit également une part notable de ses importations (23 %). Le Japon, à lui seul, a encore représenté la moitié du déficit commercial américain, sur la période 1990-1994. Nul doute que cet état de chose reste gros de contentieux. Les Asiatiques, dans ces conditions, ne sont-ils pas malvenus de continuer de craindre une « domination américaine », alors que le formidable marché de consommation représenté par la première économie du monde a tiré, et tire encore largement, une croissance et un développement basés sur la promotion des exportations. Le commerce des marchandises n'est pas le seul facteur de structuration « naturelle » de la zone, les mouvements de capitaux et la référence générale au dollar américain y contribuent grandement.

cf. *cours* p. 153

L'APEC repose donc sur des réalités économiques solides faites de complémentarités et d'échanges commerciaux intenses. Finalement, n'est-ce pas la figure qui devrait naturellement s'imposer dans cette partie du monde en digérant ou fédérant les organisations passées et présentes, à vocation plus locales ?

La volonté de libéraliser les échanges rallie tous les partenaires : en novembre 1995, c'était au tour de la Chine d'annoncer qu'elle projetait de ramener ses droits de douane moyens de 36 % à 23 % en 1996, au moment où les membres de l'ASEAN, nous l'avons vu, décident de raccourcir l'échéancier du désarmement douanier tout en élargissant la couverture pour inclure le secteur agricole (le Vietnam échelonnant son programme de libéralisation sur une période un peu plus longue). L'APEC devient un forum unique pour les pays en développement comme pour les pays industriels des rivages du Pacifique et, grâce à lui, la coopération s'étend à des domaines qui dépassent largement les questions commerciales, pour englober les flux financiers, les ressources humaines et l'environnement.

1.3. *Fragmentations et forces centrifuges*

1.3.1. Emboîtement et affaiblissement des ensembles

cf. *carte* p. 206

L'APEC est d'ores et déjà d'une architecture compliquée et la sous-régionalisation va bon train. Les pays d'Amérique, d'Asie et d'Océanie ont passé sur leurs continents respectifs des accords régionaux de libre-échange : ALENA, ASEAN-AFTA, ANZCERTA. À la manière des poupées russes, l'ASEAN, contenue entièrement dans l'APEC, contient elle-même l'EAGA* (*East ASEAN Growth Area* regroupant Brunei, les Philippines, l'Indonésie et la Malaisie), coquille plus ou moins vide pour l'instant. L'ALENA et l'ANZCERTA* s'emboîtent de même dans l'APEC. Toutefois, un certain nombre d'États qui ne sont pris dans aucun autre regroupement, le Japon, la Chine, Taiwan et la Corée, sont adhérents directs, si l'on peut dire. Pour ces derniers, la question de l'arbitrage entre leurs intérêts de nations et l'intérêt collectif incarné par l'APEC se pose encore de façon simple. L'affaire se complique pour les multi-appartenants : il faudra arbitrer entre trois, voire quatre lignes d'intérêt. Qu'est-ce qui est ou qui sera le plus vivant : les sous-ensembles ou l'ensemble ? Un « chauvinisme continental » ne prendra-t-il pas le pas sur une solidarité inter-pacifique ?

cf. *carte* p. 209

1.3.2. L'affirmation d'un courant panasiatique

Des tentations s'expriment, comme le montre l'initiative du Premier ministre de la Malaisie, le docteur Mahatir Mohamad qui, dès 1989, a émis l'idée d'un East Asia Countries Group ; regroupement des seuls pays asiatiques de l'APEC, mais s'organisant en dehors de celui-ci. En dépit de l'irritation des États-Unis et de l'accueil assez froid du projet par la Corée et le Japon, la Malaisie a réussi, lors de la rencontre de Kuala Lumpur d'octobre 1991, à imposer sous la dénomination EAEC (East Asian Economic Caucus), cette « réunion » comme un sous-groupe de l'APEC. La Malaisie et son Premier ministre, en pointe dans l'affirmation d'un courant panasiatique, en refusant de traverser le Pacifique pour se joindre à la réunion de Seattle en 1993, ne font sans doute que dire tout haut ce que d'autres, les Japonais, par exemple, pensent tout bas.

cf. *synthèse* p. 204

2. Coopération et synergies loco-régionales

2.1. La dynamique de croissance

2.1.1. La théorie

« Dans la dynamique générale de croissance, les décalages de développement entre pays voisins sont eux-mêmes à la base de synergies nouvelles, polarisant la région autour de quelques grands centres. » (Hugues Tertrais) Effectivement, tout se passe comme si les écarts de niveaux économiques et techniques, ouvrant ces différences de potentiel entre les lieux célébrés par le schéma d'Akamatsu, étaient autant de gisements, territorialement localisés, à mettre en exploitation à des fins de commune prospérité. Le niveau d'action et d'analyse change, il convient d'opter pour une échelle loco-régionale. C'est dans cette optique de coopération territoriale transfrontalière qu'a émergé l'un des derniers concepts à la mode en Asie : les triangles de croissance.

2.1.2. Le concept de triangle de croissance

cf. *carte* p. 209

Dans sa forme « pure », le triangle de croissance se veut une association de trois régions, relevant de trois souverainetés politiques différentes, présentant des aptitudes contrastées et, par là, complémentaires. Le modèle en est le triangle Riau (archipel indonésien), Singapour, Johor (État de la Fédération de Malaisie), sur lequel nous reviendrons. Le triangle de croissance repose sur la théorie des avantages comparatifs appliquée à des territoires contigus et différenciés.

Daniel Besson et Marc Lantéri expliquent que si un pays A dispose de capital et de savoir-faire, mais manque de main-d'œuvre, il peut être intéressant pour lui d'investir dans le pays B voisin, qui, lui, disposerait de terrains et de main-d'œuvre, mais manquerait des deux premiers facteurs. Pour passer du couple au triangle, il suffit de répartir entre trois l'inégalité des dotations factorielles. Le seul facteur strictement non délocalisable est l'espace physique, ou, si l'on préfère, les terrains. Il est en général admis que la ressource en main-d'œuvre est ensuite le moins mobile des facteurs, par opposition aux marchandises, au capital et aux informations. Selon les dogmes du libéralisme, dans une telle configuration, les avantages comparatifs et la division du travail vont permettre d'améliorer la production globale de l'ensemble, sous condition qu'il n'existe pas trop d'entraves réglementaires susceptibles d'altérer le fonctionnement optimal du système. L'initiative de Singapour s'est inspirée de ces principes.

2.2. Le triangle de Singapour

2.2.1. Le rôle essentiel de la cité-État

cf. *cartes* p. 116-119 p. 209

Le démarrage du triangle Johor-Singapour-Riau doit quasiment tout aux autorités singapouriennes. Si la tentative indonésienne de promouvoir son archipel de Riau en 1971 est restée sans résultats, c'est parce que Singapour n'a pas daigné s'y intéresser. Il a fallu attendre les années 1980 pour que la cité-État, de plus en plus contrainte dans son développement par le manque de place et de main-d'œuvre, prenne une initiative de coopération régionale avec ses deux voisins, la Malaisie et l'Indonésie. En 1989, elle crée l'*Economic Development Board* (EDB)* qui va prendre en charge l'opération. Les entreprises singapouriennes sont invitées à s'intéresser à l'île de Batam dans l'archipel indonésien de Riau, à quelques kilomètres au sud, pour y implanter des industries de main-d'œuvre. Pour ce faire, il n'y a même pas à traiter avec les autorités indonésiennes, d'où un gain de temps et de transparence. L'EDB se plaît à marteler cet avantage auprès des candidats. Plusieurs entreprises singapouriennes s'impliquent alors dans la gestion de zones industrielles et d'hôtels à Batam. L'affaire est lancée.

cf. *synthèse* p. 116-119 et *clés* p. 209

Lorsqu'on examine les lieux qui collaborent dans ce triangle, on trouve tous les ingrédients d'un « bon triangle ». Vers Johor, le sommet malaisien, des ressources en main-d'œuvre plus abondantes qu'à Singapour et mieux formées qu'en Indonésie. Les disponibilités en terrain sont encore réelles, même si les infrastructures commencent à être saturées. Les autorités de Malaisie ont donné un coup de pouce en mettant en place diverses incitations, exonérations fiscales et droits de douane réduits pour les intrants destinés à produire des biens pour l'exportation. Signalons que pour passer de l'île de Singapour à Johor, il suffit de franchir le *causeway*, ce pont routier et ferroviaire qui rattache physiquement la cité insulaire au continent asiatique. Vers Riau, la main-d'œuvre est abondante ; une immigration en provenance de Java évite toute tension entre l'offre et la demande de travail, malgré la croissance de l'activité ; les salaires sont bas et le restent. Plus qu'un sommet, Singapour, au centre de cette aire de coopération, avec ses infrastructures performantes, son marché financier actif, son environnement juridique des affaires sûr et non corrompu, constitue un pôle logistique doté des fonctions stratégiques d'une ville mondiale. Les firmes multinationales jouent le triangle en s'y installant d'abord, puis implantent, à l'instar de Thomson, une unité de production en Malaisie avant de se décider à aller en Indonésie, en raison de l'écart de rémunérations. Besson et Lantéri parlent, pour cette stratégie, d'une « délocalisation séquentielle ». Peut-on déjà en mesurer les retombées ?

cf. *cartes* p. 116-119

La difficulté d'évaluer l'impact de l'opération vient de ce que l'interactivité Johore-Singapour n'a pas attendu la formalisation du triangle pour connaître une forte intensité. En revanche, l'évolution de l'île de Batam peut avoir valeur de test. Or, ici, la population a fortement crû, passant de 6 000 personnes en 1973 à 110 000 en 1990 (Besson, Lantéri), en attendant les 700 000 prévues pour 2005. Comme cette croissance résulte des besoins liés à l'activité, on a une assez bonne estimation indirecte de l'accélération du développement. Par conséquent, le modèle semble fonctionner, ce qui n'exclut pas de possibles difficultés.

2.2.2. Trois risques pèsent sur l'avenir du triangle

Le triangle repose sur le maintien d'écarts salariaux entre l'archipel de Riau, Johor et Singapour. Mais son succès ne doit-il pas conduire à une élévation du niveau de vie de ceux qui y concourent ? Recourra-t-on à la force pour assurer la « discipline salariale » en Indonésie ? Tel est le risque social qui pèse sur l'affaire.

Le second « risque » est économique. En dépit des simplifications administratives et de la réduction des entraves, il demeure que l'aire triangulaire est formée de trois portions de territoires relevant de trois pays différents. À côté des hiatus physiques, bras de mer et détroits, il subsiste des formalités aux frontières pour les biens et plus encore pour la main-d'œuvre. Travailler sur les trois territoires occasionne des surcoûts. De plus, la saturation des infrastructures à Johor et leur déficience à Batam, obligent les entreprises qui s'installent à financer tout ou partie des équipements de base (électricité, logement, eau, etc.). Ajoutées aux frais de formation de la main-d'œuvre, ces dépenses d'installation conduisent à une rentabilité plus faible que prévu.

Le risque politique, enfin, tient à une sorte d'impérialisme de Singapour exercé sur l'ensemble, et mal supporté par la Malaisie. À Kuala Lumpur, on regarde l'expérience d'un œil critique : il ne serait pas toléré que seul un État de la fédération, Johor, en tire les bénéfices. Si tel était le cas, on serait en contradiction avec la politique ouvertement proclamée de redistribution des revenus. La volonté politique nécessaire au développement du triangle pourrait alors se dérober. Mais le concept reste séduisant et les projets ont fleuri.

2.3. *Au-delà des triangles, des pôles régionaux*

2.3.1. Des opportunités multiples en Asie de l'Est

Puisque la condition de base pour réaliser un triangle est de disposer de trois zones appartenant à trois pays distincts, les opportunités géographiques ne manquent pas dans cette partie du monde. La géopolitique de cet ensemble de péninsules et d'archipels partagés, de détroits resserrés, de pincements isthmiques, a généré un maillage des frontières compliqué qui multiplie l'interpénétration des souverainetés et les situations en vis-à-vis. Ce potentiel géographique a stimulé les imaginations. Suivant les ouvrages et les auteurs, on pourrait compter jusqu'à six ou sept triangles de croissance. Mais leur géométrie est variable et la terminologie qu'on leur applique mal fixée. On trouve ainsi des variantes à quatre ou six sommets : quadrangle de croissance Thaïlande, Laos, Myanmar (Birmanie) et Yunnan chinois et « hexagone d'or » formé en ajoutant aux précédents le Vietnam et le Cambodge (Miron de l'Espinay). Quant au vocabulaire, il mentionne tantôt des triangles de croissance, tantôt des zones de développement économique, tantôt des pôles ou foyers de croissance et/ou de développement. Enfin, comment qualifier l'aire internationale sous juridiction du comité Mékong* et concernée par le projet d'aménagement du fleuve ? Vallée, bande ou ruban ?

cf. *clés* p. 209

Les promoteurs de programmes de coopération régionale eux-mêmes, n'aident pas à clarifier les notions. Un projet tel que le triangle Sulawesi (Célèbes)–Est de Java–Kalimantan (majeure partie de l'île de Bornéo), soit trois régions de l'Indonésie, ne relève plus formellement du concept. Qu'on ne retrouve pas le caractère international en ce cas, passe encore, mais où seraient les avantages comparatifs porteurs de complémentarités et de synergies ? Il s'agit de trois régions aux ressources semblables, également en retard et enclavées. Il est à craindre que pas mal d'initiatives ne dépassent pas le stade d'une figure triangulaire tracée sur la carte. Dans le meilleur des cas, on peut espérer obtenir un effet de second ordre, consistant en la création de facilités d'échanges entre zones voisines, jusqu'ici fermées les unes aux autres.

2.3.2. Quelques grands centres régionaux en voie d'émergence

En revanche, on ne peut nier la constitution, plus ou moins spontanée, de quelques grands centres régionaux de développement qui polarisent une bonne part de l'économie de la façade pacifique de l'Asie. L'un des plus remarquables est celui de la Chine du Sud, en forme de triangle, dont les pointes auraient pour noms Taipei, Hong Kong et Canton. Ce pôle est actif ; il peut s'envisager à deux échelles différentes. À petite échelle, soit en plan large, nous sommes dans un système de relations internationales. Suivons Hugues Tertrais pour le décrire. Premier côté Taiwan–Hong Kong, séparés par une heure trente de vol, reliés par un véritable pont aérien : vingt-cinq rotations quotidiennes entre Taipei et la colonie. Ces deux partenaires ont largement délocalisé chez le troisième, la République populaire chinoise. Elle-même y a dépêché des dizaines de milliers de cadres et de techniciens. Les zones économiques spéciales de Shenzhen, Shantou, Xiamen, Zhuhai et l'île de Hainan, mises en place en Chine du Sud, sont à proximité : la majorité des entreprises qui s'y installent viennent de Hong Kong et ensuite de Taiwan. Mais, depuis quelque temps, des investissements chinois à Hong Kong et à Taiwan, directement (possibles sous conditions depuis janvier 1995) ou *via* Hong Kong, croisent le flux principal d'orientation inverse. « Entre la puissance technologique de Taiwan, le grand port d'éclatement de Hong Kong et la réserve de main-d'œuvre de la Chine, tout le monde parlant en gros la même langue, il y a là le creuset d'une puissance que l'échéance de 1997 ne contrariera sans doute guère » (Hugues Tertrais). À plus grande échelle, le delta de la rivière des Perles, sur lequel la souveraineté chinoise sera totale après la restitution en 1999 de Macao à Pékin, représente le noyau dense de l'ensemble. Inscrit entre Canton, Hong Kong et Macao, cet espace resté longtemps disparate, est devenu, depuis 1978, une vaste entité industrialisée et urbanisée. Le développement s'est opéré sans plan concerté à partir de la prospérité de Hong Kong et des villes champignons de Shenzhen et Zhuhai ; il tend à se diffuser à l'ensemble du delta. Un réseau de voies de communication, chemins de fer et routes, dessert aujourd'hui l'ensemble. On ne compte pas moins de cinq aéroports internationaux sur un espace inférieur à 10 000 km^2 (Île-de-France : 12 012 km^2) ; mais ceci ne fait que trahir un manque de concertation. La grande province chinoise du Guandong, forte de 67 millions d'habitants (c'est-à-dire presque dix millions de plus que la France), est en plein boom ; la croissance économique aurait atteint 15 % en 1995, quoique avec 12 % d'inflation. Elle réalise 10 % de la production de la Chine et lui fournit 40 % de ses exportations. Nous avons bien affaire à un foyer majeur de développement économique en Asie du Pacifique. Le retour à la Chine de Hong Kong va-t-il briser cette dynamique ? La perte de son caractère international à terme, n'affaiblira-t-elle pas la vitalité de l'ensemble, dont nous avons vu qu'elle se nourrissait de la fonction d'écran, entre la Chine et le monde, exercée par Hong Kong et de manière moindre par la colonie portugaise de Macao ? Il appartient aux autorités de Pékin de ne pas tuer cette poule aux œufs d'or.

cf. *carte* p. 121

cf. *carte* p. 131

cf. *synthèses* p. 116-119

Il faut parcourir quelque 23° de latitude et 3 200 km vers le sud, pour trouver un pôle économique comparable. Singapour, plaque tournante du commerce de l'ASEAN, en en réalisant la moitié polarise une bonne part de l'activité régionale. Port mondial, site industriel et place financière de tout premier plan, la *Global-City** n'a pas de concurrent dans le rôle d'animateur régional. Néanmoins, le poids économique et humain de ce foyer sud reste inférieur à celui qui est concentré autour de Hong Kong.

C'est au tour de Bangkok, aujourd'hui, de prétendre au rôle de grand centre intégrateur de l'Indochine. Son décollage, pour réel qu'il soit, reste fragile. La corruption, les difficultés récentes de son système bancaire et financier menacent ses ambitions. La mégapole thaï pourrait profiter de la réanimation du comité Mékong*.

cf. *carte* p. 138

Ces centres métropolitains sont les relais du miracle asiatique. Ils en constituent la vitrine. C'est par eux, avec les grands foyers métropolitains côtiers strictement nationaux du Japon, de la Corée et de Taiwan que l'intégration économique de la façade asiatique du Pacifique s'accomplit. Mais des ombres obscurcissent ces belles promesses. L'Asie du Pacifique reste un monde de dangers et de tensions politiques.

cf. *cours* p. 108

3. Contentieux et rivalités

L'Asie orientale est un monde de rivalités bilatérales et de couples infernaux. Couples infernaux que sont : Corée du Nord/Corée du Sud, République populaire chinoise/Taiwan, rivalités bilatérales entre Chine et Vietnam, Vietnam et Cambodge, Indonésie et Malaisie, etc., sans compter la compétition pour l'exercice d'un leadership dans la région.

3.1. Les réunifications en suspens

On trouve en Asie des États en double, héritages de la guerre, de la révolution chinoise et de la bipartition du monde au temps de la guerre froide : deux Corées, deux Chines ; et, pour mémoire, durant une vingtaine d'années, il y eut deux Vietnams. En Europe, la chute du mur et du communisme a amené les deux Allemagnes à n'en faire plus qu'une. Se dirige-t-on ici aussi vers des solutions de réunification ?

3.1.1. Premier dossier : Taiwan

La Chine, avec Hong Kong et Macao, a débuté un processus de récupération de ses terres irrédentes. Si les deux colonies reviennent dans le giron de Pékin suivant la légalité diplomatique, la réunification Taiwan–Chine populaire, à court terme, paraît relever de l'impossible (Jean-Pierre Cabestan), à moins que Pékin se laisse aller à user de toute la force nécessaire. Périodiquement, la République populaire se livre à des manœuvres d'intimidation, sa méthode favorite consistant à faire croiser une escadre dans le détroit de Formose, large de 135 km, et à lancer quelques missiles comme en juillet-août 1995 ou en mars 1996 à l'occasion des élections présidentielles à Taiwan ; ceci pour rappeler que l'unité fondamentale de la nation chinoise est la thèse officielle et que Taiwan n'est toujours rien d'autre qu'une province en état de sécession… provisoire.

cf. *carte* p. 123

De fait, depuis le 25 octobre 1971, ce sont les gouvernants de Pékin qui « sont les seuls représentants légitimes de la Chine à l'organisation des Nations unies » (résolution 2758). Taiwan, depuis, n'existe plus à l'ONU comme dans la plupart des organismes internationaux. Pékin veille au maintien de cette existence internationale tronquée et se fâche dès qu'un événement conduit à traiter Taiwan comme un État à part entière. En juillet-août 1995, alors que l'ASEAN accueillait le Vietnam (conférence de Brunei), par ses bruyantes manœuvres navales à quelques dizaines de kilomètres du nord de l'île, Pékin entendait bien signifier à Taipei, au moment précis où le Vietnam y parvenait, qu'elle ne devait même pas s'aviser à songer rejoindre un jour l'ASEAN.

Parallèlement, *business is business*, les relations économiques progressent. Longtemps, par le détour de Hong Kong, mais à présent directement aussi, un flux de marchandises et de capitaux lie les deux territoires. La richesse de Taiwan ajoutée à celle de Hong Kong et à la puissance de la République populaire chinoise portent les promesses d'une grande Chine… et « le monde tremblera ». En attendant, Taiwan se dote, grâce à ses devises, d'un armement sérieux : frégates et Mirages 2000-5 commandés à la France. Puissance de tir qui ne rendrait pas aisée toute tentative de débarquement dans l'île : les officiers de l'Armée populaire de libération de la Chine savent à quoi s'en tenir.

La Chine post-Deng Xiaoping, décédé en février 1997, reste le Sphinx de la zone. Ses objectifs sont peu lisibles : transition ou réformisme, capitalisme ou socialisme, force ou négociation ? La manière de récupérer Hong Kong ne laisse pas d'inquiéter. Après avoir choisi le futur chef de l'exécutif de la cité, un armateur milliardaire qui lui est dévoué, l'honorable Tung Chee-hwa, Pékin a fait désigner, le 21 décembre 1996, un conseil législatif provisoire qui lui est entièrement acquis et qui est appelé à se substituer à l'actuelle assemblée élue du territoire. Francis Deron a qualifié l'opération de « putsch législatif » (*Le Monde*).

3.1.2. Second dossier : les deux Corées

cf. *carte* p. 124-125

La Corée du Nord reste un lieu de tension. Possède-t-elle l'arme nucléaire ? Travaille-t-elle à se la donner ? C'est dans le contexte incertain de fin de règne et de succession du leader historique Kim Il Sung, décédé le 8 juillet 1994, que Pyongyang a déclenché une crise internationale en refusant de laisser inspecter ses installations nucléaires et en se retirant du traité de non-prolifération le 12 mars 1993. La réaction américaine a été vive, le règlement de la crise, dans lequel Washington a tenu à impliquer au maximum Séoul, est intervenu le 17 octobre 1994 avec l'accord international de modernisation du programme nucléaire de la Corée du Nord. À l'arrière-plan d'une telle crise se profile aussi la question de la réunification. Les deux pays vivent un régime de séparation aux termes de la convention d'armistice de Pan Mun Jon du 27 juillet 1953, toujours en vigueur. Les relations officielles s'en tiennent au minimum prescrit par cet accord. Régulièrement, des incidents de frontière font monter la tension. Comme l'année précédente, Pyongyang, en 1996, a soufflé le chaud et le froid. L'année s'est ouverte par l'infiltration d'un commando terrestre sur les lignes arrières sud-coréennes et s'est poursuivie, en septembre, par l'échouage accidentel d'un sous-marin espion sur la côte de Corée du Sud, à Kangnung, suivi d'un échange de tirs entre l'équipage et les soldats sud-coréens, causant la perte de vies humaines dans chaque camp. Or, en décembre, en présentant ses excuses pour l'incident du sous-marin, la Corée du Nord a accompli une ouverture diplomatique exceptionnelle qui pourrait déboucher sur l'acceptation des pourparlers quadripartites (deux Corées, Chine et États Unis) vainement proposés jusqu'ici par Washington et Séoul. Mais la réunification représente une autre paire de manches. Les dirigeants de Séoul ne sont pas si pressés de s'encombrer de ce « Jurassic Park » (Hugues Tertrais) du communisme. En 1994, le président sud-coréen Kim Young-sam a proposé une solution gradualiste de la question : d'abord coopération et réconciliation, puis construction d'une communauté économique, enfin union politique. Une Corée réunifiée, forte de 220 000 km^2 et de 70 millions d'habitants, associant les ressources du Nord, le potentiel industriel du Sud et l'ardeur nationale de tous les Coréens, changerait assez l'équation géopolitique en Asie du Nord-Est.

3.2. Les autres éléments d'insécurité

L'Asie orientale est donc une zone à risques. Trois autres familles de faits sont encore propres à entretenir des sentiments d'insécurité.
D'abord ceux liés à tout un ensemble conflictuel de revendications de territoires, principalement maritimes. Ceux résultant ensuite des tensions internes aux États, soit du fait de l'existence de mouvements régionaux séparatistes, soit du fait de l'hostilité régnant entre deux ou plusieurs communautés ethniques et/ou religieuses. C'est enfin la course aux armements de toute nature, que semblent vouloir se livrer les « puissances » de la zone, qui alourdit le climat général.

3.2.1. Îles, îlots et rochers disputés

L'Asie se noie dans le Pacifique, assure Braudel ; certes, mais peu à peu. L'Asie maritime a quelque chose d'égéen. Le continent s'émiette en archipels innombrables, en guirlandes d'îles géologiquement instables et politiquement disputées. Cette géographie est propice aux conflits de souveraineté sur le moindre des points émergés. L'enjeu véritable, le plus souvent, c'est la maîtrise d'étendues maritimes. Mais on ne peut revendiquer la mer riveraine que si l'on possède la terre émergée, d'où ces litiges autour du moindre récif. La tendance du droit de la mer (convention de Montego Bay-Jamaïque, 6-10 décembre 1982) à étendre les zones de souveraineté politique et économique des États riverains sur le plateau continental et les mers bordières, ainsi que leurs ressources, a contribué à envenimer les problèmes. On se contentera d'en énumérer quelques-uns.
Parmi ceux localisés en mer de Chine du Sud d'abord, les principaux concernent les Paracels et les Spratleys. Il s'agit de poussières d'îles rattachées pour l'essentiel au Vietnam au temps de la colonisation française, annexées par le Japon à la fin des années 1930, occupées temporairement par les nationalistes chinois entre 1946 et 1950, et laissées « sans maître » depuis que le Japon par le traité de San Francisco les a officiellement abandonnées. La question des îles Paracels oppose le Vietnam et la Chine depuis que celle-ci s'est emparée, en 1974, alors que le Vietnam était toujours divisé, de cet archipel jusqu'ici administré par Saïgon. Hanoï, capitale du Vietnam entretemps réunifié, a beau protester, la marine chinoise est pour le moment la plus forte. Les chicanes sur les Spratleys, archipel d'environ 700 îles et récifs répartis sur 180 000 km^2, et les îles Natuna qui le prolongent au sud-ouest, mettent aux prises pas moins de six États : la Chine, les Philippines, la Malaisie, l'Indonésie, Brunei et le Vietnam. Tous ces pays, à l'exception de Brunei, ont pris possession d'îles ou de récifs afin de marquer leurs revendications. L'intérêt stratégique de

cf. *cartes* p. 129, 133, 136 et 140

ces îles n'est pas la seule chose que les pays ont en vue. Le sous-sol du plancher de la mer de Chine méridionale recèle, en effet, des hydrocarbures. La solution exemplaire d'une exploitation en commun de ces ressources, ainsi qu'ont décidé de le faire la Thaïlande et la Malaisie en 1990 dans une zone jusque-là mutuellement contestée, ne semble applicable qu'aux pays membres de l'ASEAN. La Chine, avide de souveraineté exclusive et disposant de la plus puissante marine de guerre, ne semble pas prête à souscrire à de tels pacifiques partages et règlements.
Au large de l'Asie du Nord-Est, les contestations ont *a priori* une moins forte odeur de pétrole et sont plus circonscrites. La Corée et le Japon se disputent les droits sur les îles Tokdo (coréennes) ou Takeshima (japonaises). Ici, ce sont les zones de pêche qui constituent l'enjeu principal pour deux nations aux activités halieutiques importantes. Entre la Chine et le Japon, le différend porte sur l'archipel des Senkaku (japonais) ou Diaoyutai (chinois), à 170 km au nord-est de Taiwan. Ici, le conflit retrouverait comme un parfum de pétrole. Plus au nord, le Japon reste en butte à la mauvaise volonté russe à propos des Kouriles du Sud, ce qui nuit au développement de la coopération entre les deux pays. *Last but not least*, à l'extrême opposé, en mer des Célèbes, quasiment sous l'équateur, ce sont les Malaisiens et les Indonésiens qui se disputent des terres à peine émergées des flots, les récifs de Ligitan et l'île de Sipadan, entre Sabah (Malaisie) et Kalimantan (Indonésie). On comprend qu'un climat de paix armée, expression en réalité trop forte, puisse parfois être dénoncé par certains observateurs. L'effort d'armement de certains peut nourrir ce sentiment.

cf. *carte* p. 125

cf. *carte* p. 129

3.2.2. Course aux armements et menaces nucléaires en Asie de l'Est

Trois puissances nucléaires déclarées y déploient leurs forces : la Chine, la Russie, les États-Unis. Plus inquiétant, car entouré de mystère, est le programme nucléaire de la Corée du Nord. Il semble bien que celle-ci ait longtemps réussi à dissimuler des moyens de fabrication d'armes atomiques. La situation pourrait s'éclaircir, d'ici quelques années, si la Corée du Nord respectait les engagements de l'accord cadre qu'elle a signé en octobre 1994. Malgré les efforts de l'ASEAN, la concertation régionale sur la question de la prolifération des armes atomiques et des essais nucléaires n'est qu'à peine amorcée.
Les tensions internationales ne sont pas toujours bien séparables des troubles qui agitent la vie intérieure des États. L'histoire des relations internationales fourmille d'exemples de ces agitations intérieures attisées de l'extérieur, si bien que, très fréquemment, les troubles qualifiés d'internes n'en constituent pas moins une menace pour la paix entre les nations.

cf. *synthèse* p. 204

3.2.3. Les divisions internes

cf. *cartes* p. 130 p. 132-133

Rappelons d'abord que des groupes s'opposent au statut territorial qui est officiellement le leur. Les principales oppositions se rencontrent au Tibet et Xinjiang chinois, dans le Timor oriental en Indonésie, à Mindanao aux Philippines, avec le Front islamique de libération Moro*; tandis que des velléités autonomistes se manifestent dans les États de Sabah et de Sarawak en Malaisie. Les risques de déchirements ne comportent pas toujours une composante territoriale. La rupture de l'équilibre fragile établi en Malaisie entre les Bumiputra* (« princes du sol »), qualificatif

pour les différents peuples malais, et les Chinois (36 % de la population), conduirait inévitablement à de nouvelles émeutes raciales.
Un peu partout, la complexité ethnique et les coupures religieuses entre animistes, chrétiens, bouddhistes ou musulmans, sont des sources de tensions, d'autant plus que les hiérarchies socio-économiques reposent très souvent sur une base ethno-religieuse marquée. Enfin, il existe un dernier élément d'agitation interne dans certains pays : les mouvements communistes d'opposition armée. Avatars affaiblis de la guerre froide, aux Philippines le NPA *(New People's Army)* et au Cambodge les Khmers rouges font encore régner l'insécurité dans certaines parties de ces pays.

3.3. *La question du leadership*

L'exercice d'un leadership sur la zone constitue un ultime aspect touchant à ces questions, qui ne sont finalement que des questions autour de la domination. Les candidats possibles à moyen terme sont au nombre de trois : le Japon, la Chine et États-Unis ; la Russie semblant durablement hors jeu.

3.3.1. Les arguments du Japon

C'est *la* puissance économique de la région. Son PIB industriel est, selon certaines indications, supérieur à celui des États-Unis. Le Japon dispose de la richesse. Ses grands groupes ont un rayonnement mondial. C'est le pays qui aligne le plus grand nombre de firmes dans le classement des 200 premières mondiales : 62 contre 53 pour les États-Unis, 6 pour la Corée du Sud, 1 pour la Chine. Le Japon a constitué en Asie un réseau de filiales de grandes entreprises ayant elles-mêmes tissé des liens avec une nébuleuse de sous-traitants. Le MITI* soutient cet ensemble qui bénéficie des contrats liés à l'aide publique japonaise. Les capacités financières et le niveau d'expertise, également élevés, étayent la solidité de ce maillage.
Arguments contre : ce « géant économique », selon l'expression consacrée, n'est qu'un « nain politique » et son hégémonie économique doit se faire « discrète » (François Gipouloux) pour être tolérée. La « sphère de coprospérité »*, scellée par l'invasion des armées nipponnes lors de la Deuxième Guerre mondiale, a laissé des souvenirs cuisants. Les Japonais, qui ont pratiqué l'amnésie et sont loin d'avoir reconnu partout les atrocités perpétrées par leurs troupes d'occupation, ne sont pas les « bien-aimés » de l'Asie de l'Est. Voici qui empêche le Japon de prendre une grande initiative de regroupement régional asiatique. Sur ce plan, le Japon a décidé d'adopter un profil bas. Ceci laisse-t-il des chances à la Chine ?

3.3.2. L'éveil de la Chine à la puissance économique

« Quand la Chine s'éveillera, le monde tremblera », de Napoléon à Peyrefitte la formule a fait florès. Si personne ne conteste la croissance récente de l'économie chinoise, les avis divergent sur sa pérennité et ses effets. Certains insistent sur les résultats spectaculaires de l'économie chinoise depuis la nouvelle voie, inaugurée par Deng Xiaoping à la fin de 1978. Ce dernier avait fait sourire lorsqu'il avait annoncé le quadruplement du PIB avant l'an 2000. Or, la performance est d'ores et déjà accomplie. Pas plus contestable que le mode de conversion au taux de change monétaire, la conversion du PIB chinois en milliards de $, selon la méthode des parités de pouvoir d'achat (taux de change PPA), le situe au deuxième rang mondial en 1995, avec 3 503 milliards ($ constants de 1990), derrière les États-Unis (6 226), mais devant le Japon (2 430). Ces performances macroéconomiques que les taux de croissance exceptionnels vont gonfler ces prochaines années, font prédire une Chine première puissance économique mondiale au XXIe siècle. À ces résultats, il convient d'ajouter le dynamisme des réseaux chinois de la diaspora, concentrés sur le négoce et la banque, qui investissent à tours de bras dans les provinces maritimes de la Chine du Sud et à Shanghai. Le *Conference Board* américain, un organisme d'études proche des milieux patronaux, écrivait en 1993 : « La Chine va dépasser rapidement le Japon comme leader économique de l'Asie. » Mais ce pronostic a ses contempteurs qui s'appliquent à relever les faiblesses de la Chine.

cf. *plan* p. 176

Le développement chinois accumule les déséquilibres. Ce développement spectaculaire, largement tiré par les exportations et poussé de plus en plus par l'investissement étranger, ne suffit pas pour moderniser le pays en profondeur. L'économie reste duale et les inégalités sociales se sont creusées. Quelques nouveaux milliardaires et quelques centaines de milliers de salariés d'entreprises collectives, mixtes ou étrangères, « bien payés » ne peuvent faire oublier les 350 millions de pauvres dénombrés par la Banque mondiale. L'agriculture et la paysannerie, après avoir été les premiers à profiter de la politique de modernisation et de libéralisation entamée en décembre 1978, sont à présent à la traîne. D'une manière générale, un écart se creuse entre quelques villes et espaces côtiers et le reste de la Chine. Les IDE sont dominés par des objectifs de rentabilité à court terme. Peu de transferts de technologie en découlent. Il en résulte un faible effet d'entraînement sur l'industrie nationale. C'est la logique de l'atelier qui dominerait le fonctionnement d'entreprises internationales travaillant essentiellement pour l'exportation. Il est vrai qu'une bonne part du boom des exportations s'explique ainsi. Si bien que la Chine se trouve fortement dépendante de l'extérieur pour son secteur moderne et exportateur. Or, devant cette ébullition capitaliste, il existe une carence des mécanismes régulateurs et redistributifs. Le transfert aux autorités locales de l'essentiel du pouvoir économique n'a fait qu'accentuer ce caractère éclaté du développement chinois actuel, en même temps qu'il a suscité une bureaucratie locale et l'un de ses corollaires, la corruption. Peut-on encore parler d'*une* économie chinoise aujourd'hui ? N'a-t-on pas affaire à un puzzle mal assemblé de morceaux d'économie devant lequel l'État central a abdiqué ? Ce manque d'ajustements et de coopération entre ces multiples sphères économiques pose finalement le problème de la stratégie de développement à long terme. Après les voies maoïste et post-maoïste de développement, la Chine actuelle serait comme dans une « non-voie ». Le monde chinois des années 1990 est paradoxal : les indicateurs économiques sont mirifiques mais « le milliard de Chinois ne consomme guère plus que les 21 millions de Taiwanais » (Jean-Louis Rocca). La Chine se renforce économiquement en se modernisant, mais, ce faisant, elle augmente sa dépendance. Les réseaux chinois sont actifs, ramifiés et solidaires, mais la société chinoise est de plus en plus éclatée. L'État est autoritaire, volontiers despotique et répressif, il est néanmoins faible et ne semble plus en mesure d'imposer une voie de développement. Comment un tel pays actuellement (mais peut-être provisoirement ?) si dépourvu des volontés convergentes indispensables à la réussite de l'entreprise, pourrait-il demain placer sous sa tutelle l'économie de la région ?

cf. *clés* p. 91-92

Conclusion. Le troisième larron : les États-Unis ?

Entre une Chine aveugle et un Japon partiellement paralytique, on ne voit toujours que les États-Unis, le grand voisin de la rive opposée, pour exercer ici les classiques effets de domination et d'organisation d'une puissance intégrale. Depuis 1983, les flux transpacifiques sont supérieurs aux flux transatlantiques… Et pour cause ! L'Amérique n'a cessé d'ouvrir généreusement son marché à ce monde d'exportateurs. Un monde que la présence américaine indispose et rassure tout à la fois. Le Japon n'attire pas la sympathie et la Chine inquiète, « l'impérialisme américain » est finalement plus supportable. Les tenants du *US go home* font figure de nostalgiques. C'est le démantèlement des bases américaines et le départ des *marines* qui, aujourd'hui, sauf au Japon, soulèvent des protestations et provoquent des inquiétudes !

Synthèses

1. L'ASEAN, animateur de la vie internationale : les forums

Introduction

Il faut mettre à l'actif de l'ASEAN les forums que l'organisation a suscités et qui tendent à devenir des structures permanentes de dialogue et de concertation. Philippe Richer en a dressé un tableau complet.

1. L'ASEAN et les « partenaires du dialogue »

Un premier forum s'incarne dans la conférence annuelle dite postministérielle, car elle se tient après la conférence interministérielle des ministres des Affaires étrangères, qui réunit les pays de l'ASEAN et leurs « partenaires du dialogue » (Union européenne, États-Unis, Japon, Canada, Australie, Nouvelle-Zélande et Corée du Sud). Sont traitées « des questions économiques d'intérêt régional ou mondial (tarifs douaniers, nouvelles règles du commerce international, problèmes de développement, etc.) et des problèmes d'actualité (Afghanistan, Cambodge, Timor, adhésion à l'ASEAN, essais nucléaires dans la zone) » (Ph. Richer).

2. L'ASEAN et la sécurité régionale

En 1993, l'ASEAN a été à l'origine d'un nouveau forum, dit « forum régional sur la sécurité », qui a réuni à Bangkok, en 1994, les « partenaires du dialogue », des observateurs du Laos, du Vietnam, de la Papouasie-Nouvelle-Guinée, de la Chine et de la Russie. S'ébauche ainsi une sorte d'équivalent de la conférence sur la sécurité et la coopération en Europe (CSCE) issue des accords d'Helsinki de juillet-août 1975. Le principe d'une réunion annuelle a été retenu. Au cœur des ordres du jour présents et futurs de cette instance, la dénucléarisation du Pacifique Sud et, plus largement, les questions de défense, de sécurité et de paix. Mais les puissances invitées ont ravi la vedette à l'organisateur qui se trouve relégué « en bout de table » comme lors de la rencontre sino-américaine de Brunei, en juillet 1995, dans le cadre, justement, du second forum régional.

3. Les relations bilatérales de l'ASEAN

C'est afin de rencontrer un à un ses partenaires que l'ASEAN recourt encore à la formule du forum. Depuis 1977, un forum Japon-ASEAN et une conférence interministérielle ASEAN–États-Unis fonctionnent régulièrement. Avec les États-Unis, les rencontres, qui ont lieu tous les deux ans, ont constitué des occasions de dures négociations sur les relations commerciales entre les deux parties.

Avec l'Union européenne, le climat des discussions n'est pas plus serein, surtout lorsque la question des quotas d'exportation des textiles est abordée. Mais, tant bien que mal, la collaboration a marqué des points. Dès 1974, la Communauté européenne a appliqué son tarif extérieur commun (TEC), déjà globalement bas, à tous les membres de l'ASEAN, sans contrepartie. Quelques accords de coopération ont suivi depuis. L'entente règne apparemment puisque la rencontre de Karlsruhe en 1994 a présenté la coopération Europe–ASEAN comme « un élément central de relations entre l'Europe et l'Asie du Pacifique », tandis que l'ASEAN y était désignée comme le « porte parole de l'Union européenne en Asie du Pacifique ».

L'Australie et la Nouvelle-Zélande entretiennent aussi des contacts « personnels » avec l'association. Le forum annuel avec l'Australie remonte à 1974. La coopération économique n'est pas extrordinairement fructueuse, mais l'ASEAN voudrait voir l'Australie jouer quelque peu les contrepoids, par ses investissements, face à l'hégémonie financière du Japon dans la région. La présence très affirmée de l'Australie dans un Cambodge convalescent n'est pas fait pour déplaire à l'organisation. Avec la Nouvelle-Zélande, plus tardivement venue aux rencontres périodiques, l'objectif reste le développement des échanges commerciaux.

Conclusion

Ainsi que le souligne Philippe Richer, « seules deux puissances industrielles – la Russie et la Chine – ne sont pas engagées dans des dialogues institutionnalisés avec l'ASEAN ». Cependant, si les volontés de Pékin restent toujours énigmatiques, la Russie a montré sans ambages sa sympathie pour l'association en cherchant à établir des liens bilatéraux et en émettant le vœu de devenir un « partenaire du dialogue ». Taiwan, Hong Kong et la République démocratique populaire de Corée apparaissent plus nettement en marge de ce réseau de coopération. Il est vrai que leurs situations géopolitiques sont bien particulières.

2. Conseils, forums et regroupements en Asie

	ASEAN	EAGA	APEC	EAEC	CERC	PECC
Australie			+		+	
Birmanie	+ (1997)					
Brunei	+	+	+	+		
Cambodge	– / +					
Canada			+			+
Chili			+			+
Chine			+	+		
Corée du Sud	x		+	+		
Corée du Nord						
États-Unis			+			+
Hong Kong			+			+
Indonésie	+	+	+	+		+
Japon			+	+		+
Laos	+ (1997)					
Malaisie	+		+	+		+
Mexique			+	+		
Nouvelle-Zélande			+		+	
Papouasie - Nouvelle-Guinée	– / +		+			
Pérou	+			+		
Philippines	+	+	+	+		
Russie				+		
Singapour	+		+			
Taiwan			+	+		
Thaïlande	+		+	+		
Vietnam	+ (1995)					

NB : + = Membre
–/+ : pour l'ASEAN, candidats à l'adhésion qui disposent d'un observateur (Cambodge, Papouasie). La Corée du Sud, associée à certains travaux de l'ASEAN, y dispose d'un statut spécial.
Les dates des adhésions les plus récentes à l'ASEAN sont indiquées.
Les sigles de la première ligne sont décodés dans les mots-clés ci-après, p. 211 et 212. On relève l'isolement maximum de la Corée du Nord.

Plan

L'ASEAN est-elle un marché commun ?

Introduction

Les regroupements régionaux vont bon train. Pour les désigner, à l'instar de Claude Berthelot, on parle de marchés communs. La formule a alors une valeur générique. Pourtant, la plupart des organisations, à l'exception notable de l'Europe, ont dépassé le stade de la zone de libre-échange. Qu'en est-il de l'ASEAN ? L'expression « marché commun », entendue cette fois dans son acception rigoureuse et technique, convient-elle pour cette association d'États ? L'ASEAN ambitionne-t-elle d'en devenir un ?

1. Qu'est-ce qu'un marché commun ?

1.1. Une réalité économique

Une réalité dont la motivation fondatrice est économique, même si elle ne peut totalement s'y limiter.

1.2. Une union douanière

Une union douanière avec un TEC (problème de Singapour).

1.3. Un espace où la concurrence est harmonisée

Dans l'acception avancée, type grand marché européen issu de l'acte unique de 1986, un marché commun est plus qu'un territoire douanier, c'est un espace où les règles de la concurrence tendent à être harmonisées (fiscalité, normes, réglementations) ; ce qui revient à une égalisation des conditions de concurrence.

2. À l'aune de ces critères, l'ASEAN n'est pas un marché commun

2.1 Absence de dispositions commerciales

Motivée par des considérations politiques l'association n'a pris aucune disposition commerciale sérieuse avant le début de la décennie 1990.

2.2 Une zone de libre-échange

À partir de 1992, l'ASEAN opte pour une zone de libre-échange suivant la formule libérale des organisations économiques régionales, type ALENA, soit ni union douanière, ni marché commun.

2.3 Un désarmement douanier incomplet

Le désarmement douanier lui même, bien qu'il soit avancé par rapport au calendrier initial, risque de demeurer incomplet (produits agricoles et produits « protégés »).

3. L'ASEAN peut-elle devenir un marché commun ? Y gagnerait-elle ?

3.1. Le frein du pragmatisme oriental

Un certain pragmatisme (oriental ?) a jusqu'ici conduit les partenaires à éluder ce qui divise pour privilégier ce qui réunit. En limitant le projet, le consensus est plus sûrement au rendez-vous.

3.2. Des économies qui n'en ont pas besoin

Pour des économies spontanément en synergie et déjà vigoureusement croissantes, vouloir institutionnaliser plus avant l'intégration conduirait-il à de meilleurs résultats ?

plan • 5

3.3. La conduite de projets communs

Un dispositif hétéroclite au sein duquel les formules de coopération basées sur des accords cadres permettent la conduite de projets communs.

Conclusion

Figure attractive ayant fait la démonstration de son intérêt diplomatique, l'ASEAN, si elle n'est pas un marché commun et n'ambitionne pas de le devenir, est néanmoins plus qu'une simple aire de libre-échange.

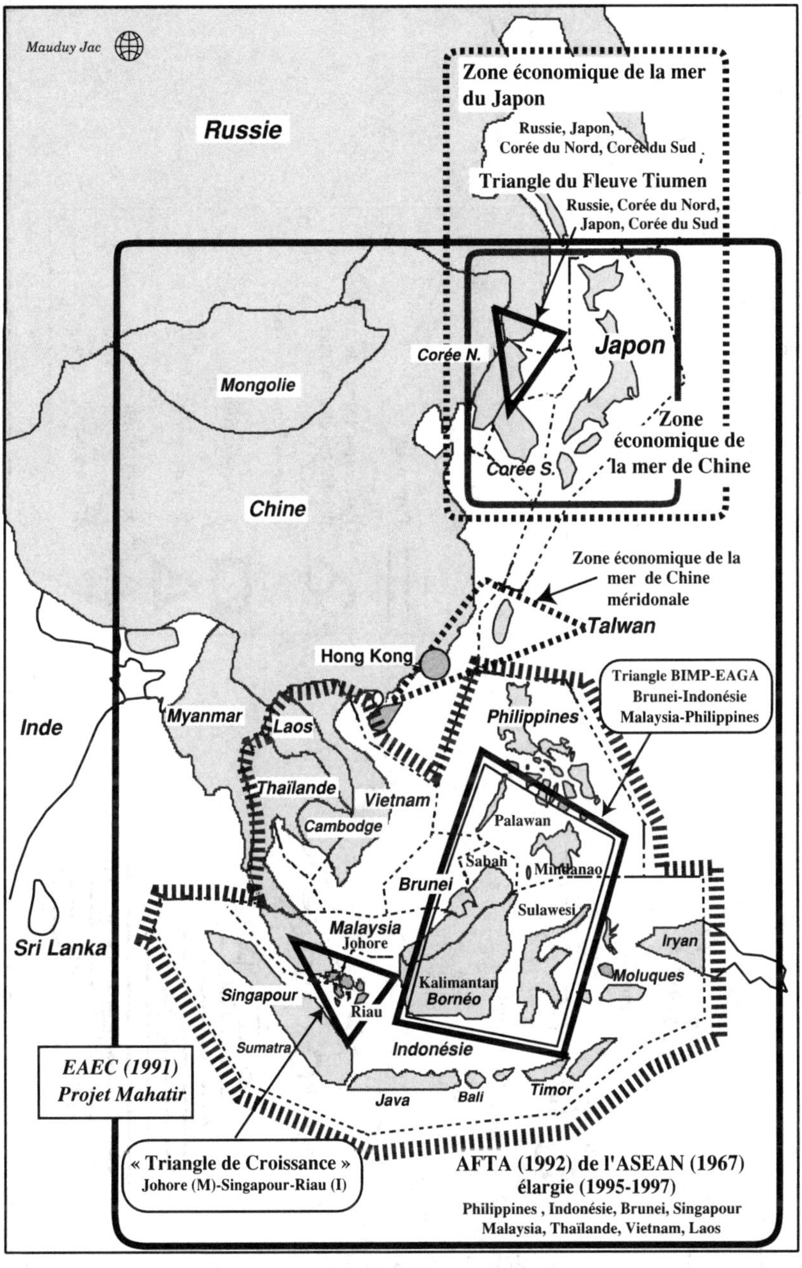

Les Ententes et Associations économiques en Asie de l'Est.

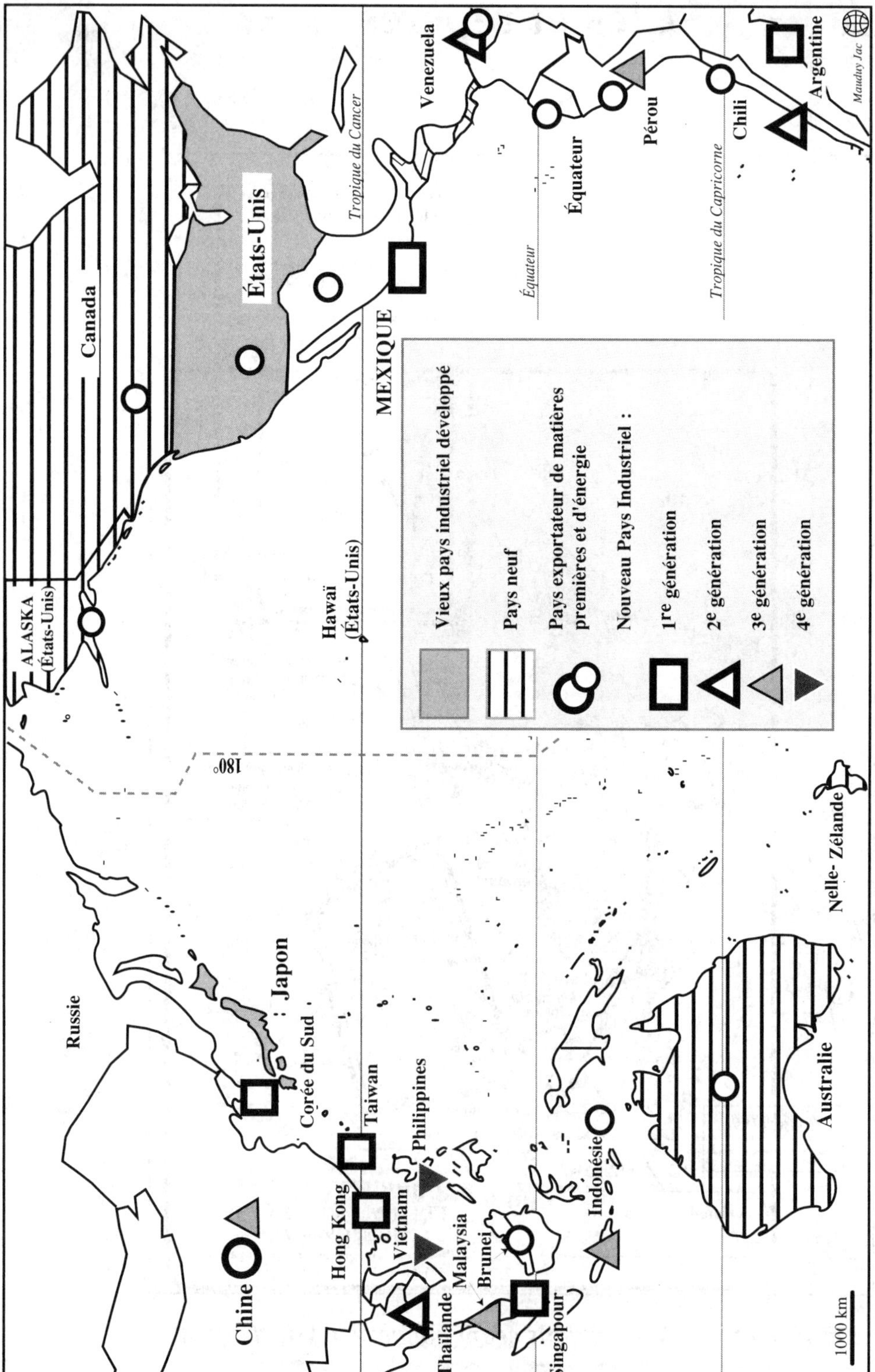

Une typologie économique autour du Pacifique.

Mots clés

Ad valorem : au prorata de la valeur. Se dit pour des droits ou tarifs douaniers qui se calculent comme un pourcentage de la valeur déclarée.

AFTA : voir *ASEAN Free Trade Area.*

ALENA (Association de libre-échange nord-américaine) : pour plus de détails sur cette institution, on se reportera au livre de cette collection consacré aux États-Unis.

ANASE ou ANSEA (Association des nations de l'Asie du Sud-Est) : sigles correspondant à des dénomination françaises de l'ASEAN (Association des nations de l'Asie du Sud-Est ou Association des nations du Sud-Est asiatique).

(L') Angle de l'Asie : désigne l'Asie du Sud-Est. L'angle sud-oriental de la masse continentale eurasiatique, selon l'expression d'Élisée Reclus, reprise par Paul Mus dans *L'Angle de l'Asie*, 1977.

ANSEA : voir *ANASE.*

« **Anséates** » : pays membres de l'ASEAN. Expression libre et non brevetée. La proximité phonétique avec Hanséates est plutôt bienvenue.

ANZCERTA (*Australia New Zeland Closer Economic Relations Trade Agreement*) : regroupant l'Australie et la Nouvelle-Zélande. Dénomination parfois réduite à CER. Accord commercial de rapprochement économique qui remonte à 1983.

APEC (*Asia-Pacific Economic Cooperation*) : ou forum de coopération économique de l'Asie du Pacifique.

ASA (*Association of South-East Asia*) : a regroupé Thaïlande, Philippines et Malaisie en 1961, n'a quasiment pas fonctionné.

ASEAN Free Trade Area : accord commercial de libre-échange des pays de l'ASEAN. Les dispositions essentielles remontent à 1991 même si c'est en 1978 que l'ASEAN a inauguré cette politique commerciale.

ASEAN (Association of South-East Asian Nations) : sigle correspondant à la dénomination anglo-saxonne de l'association des nations de l'Asie du Sud-Est.

Bumiputra (princes du sol) : dénomination pour les divers peuples malais de la Malaisie.

Capital intensive : à intensité de capital. Se dit des activités dont le facteur de production dominant est le capital sous toutes ses formes (machines, procédés, technologies). S'oppose à *labour intensive*, qui s'applique aux activités de main-d'œuvre.

CERC : voir *ANZCERTA.*

Comité du Mékong : constitué en 1957 par la commission économique et sociale de l'Asie et du Pacifique des Nations unies. Objectif : l'aménagement « international » du fleuve.

CEAP (Coopération économique des pays d'Asie du Pacifique) : dénomination française pour APEC.

EACG (*East Asia Countries Group*) : projet de regroupement des seuls pays asiatiques de l'APEC, mais s'organisant en dehors de celui-ci. Initiative du Premier ministre de la Malaisie, le docteur Mahatir Mohamad, en 1989 (Voir aussi *EAEC*).

EAEC (*East Asian Economic Caucus*) : ce regroupement des pays asiatiques de l'APEC dérive de l'initiative malaisienne de 1989 (voir ci-avant) ; c'est sous cette appellation que le Premier ministre de Malaisie a réussi à la faire admettre comme un sous-groupe de l'APEC en 1991.

EAGA (*East Asian Gravsh Area*) : Regroupe Philippines, Indonésie et Malaisie. Une entente économique peu active, voire inexistante.

EDB (*Economic Development Board*) : organisme public singapourien s'occupant de planification économique et d'aménagement du territoire.

FILM (Front islamique de libération Moro) : issu d'une scission du FNLM en 1978, ce mouvement de sécession des populations musulmanes de Mindanao (Moros) dispose d'une branche armée.

FNLM (Front national de libération Moro) : fondé en 1969 par Nur Misuari. A choisi de négocier avec Manille depuis 1992, tandis que le FILM est resté dans l'opposition armée.

Global City : littéralement ville mondiale... C'est ainsi que Singapour, cité-État par excellence, aime à s'évoquer.

MAPHILINDO : regroupement de la Malaisie, des Philippines et de l'Indonésie, créé en 1963. Il sera tout aussi éphémère que l'ASA et ne résistera pas au conflit Indonésie-Malaisie à propos de Bornéo, entre 1964 et 1966.

MITI : sigle anglais pour le ministère japonais de l'Industrie et du Commerce international *(Ministry of International Trade and Industry).*

PECC (*Pacific Economic Cooperation Conference*) : créée en 1980, cette instance réunit des hommes d'affaires, des universitaires et des hommes politiques de dix-huit pays.

Sphère de coprospérité : formule utilisée par les dirigeants japonais dans les années de guerre (Arita 1940, Tojo 1941) pour désigner ces régions de l'Asie et de l'Océanie devant « naturellement » passer sous leur influence, dans le cadre du « nouvel ordre asiatique » tel qu'envisagé par le camp de l'Axe, aux termes du pacte tripartite du 27 septembre 1940. Pour la partie qui fut occupée par les armées nipponnes et se traduisit par une mise en coupe réglée de ses ressources au seul bénéfice du Japon, la notion de « coprospérité » n'eut aucune espèce d'apparence. Les rancunes et la méfiance ont persisté.

TEC (tarif extérieur commun) : il distingue la zone de libre-échange de l'union douanière, du fait qu'en ce cas les pays membres adoptent les mêmes tarifs douaniers à l'égard des pays tiers (extérieurs à l'accord).

Terres irrédentes : expression issue de l'italien et signifiant littéralement *terres non rachetées*, c'est-à-dire restées en dehors de l'unification italienne au siècle dernier et revendiquées par les patriotes de la péninsule. Par analogie, Hong Kong, Macao et Taiwan pour Pékin, qui soutient la thèse de l'unicité de la Chine.

Conclusion

Les thèmes favoris de notre temps sont l'économie de marché, l'intensité des échanges et la mondialisation. L'Asie du Pacifique paraît les décliner avec bonheur. Sa réussite semble bien le fruit de son adhésion à ces valeurs, poussées d'ailleurs par la grande nation du rivage opposé. Si la prophétie du président Théodore Roosevelt qui, voici près de cent ans, proclamait : « le XXIe siècle sera le siècle du Pacifique », est en passe de s'accomplir, ses compatriotes et héritiers n'y auront pas été pour peu. Mais, de l'autre côté de l'eau, l'humanité asiatique accrochée depuis des millénaires à ses rivages, y aura tout autant contribué. Dans l'aire du Pacifique, ce n'est décidément pas le grand trou d'eau qui compte, mais bel et bien les rivages.

Pour finir, entrons dans les paradoxes et les beautés des âmes asiatiques.

- Selon le Bouddha : « Il n'existe que des agrégats vides. L'être et le moi sont impermanents. Rien n'existe vraiment, tout n'est qu'illusion. La douleur est un incendie qui dévore le monde. » « La soif s'éteint, s'éteint aussi l'attachement à soi, par l'instinction de l'attachement, le devenir s'éteint, par l'instinction du devenir la naissance est abolie. Une fois la naissance abolie, s'éteignent aussi vieillesse, mort, souffrance, plainte, douleur, chagrin et désespoir. »
  Samyutta Nikâya, II, 86.
- Selon le satori zen, « toutes choses sont vanités » : « Un vieux marécage. Une grenouille y saute ! Oh ! Le bruit de l'eau. »
- Selon Lao Tseu : « Une salle remplie de bronze et de jade ne peut être regardée par personne ; la richesse et les honneurs accompagnés d'orgueil, entraînent le malheur. » *Tao-Tö-King, Le Livre de la voie et de la vertu.*
- Et enfin, quelques haïku de Matsuo Basho (1644-1694) :

Parfois les nuages reposent
les gens
de regarder la lune.

Un piment
mettez-lui des ailes
libellule rouge.

ou de Kikaku :

Une libellule rouge
ôtez-lui les ailes
un piment

Bibliographie

1. Ouvrages généraux comportant des réflexions utiles pour comprendre l'Asie

Boniface (P.) (dir.), *L'année stratégique*, Iris-Arléa, 1997, 303 p.

Brasseul (J.), *Les nouveaux pays industrialisés*, collection « Cursus », Armand Colin, Paris, 1993, 186 p.

Brunel (Sylvie), *Le sous-développement*, collection « Que sais-je ? », n° 3165, PUF, Paris, 1996, 127 p.

Brunel (Sylvie), *Le Sud dans la nouvelle économie mondiale*, collection « Major », PUF, 1996, 406 p.

Carfantan (Jean-Yves), *L'épreuve de la mondialisation*, Le Seuil, Paris, 1996, 362 p.

Dumont (G.-F.), *Les migrations internationales*, SEDES, Paris, 1995, 223 p.

Durand (Marie-Françoise), Lévy (Jacques), Retaillé (Denis), *Le monde espaces et systèmes*, Presses de la fondation nationale des sciences politiques et Dalloz, 1re édition, Paris, 1992, 565 p.

Hatem (F.), *Les multinationales en l'an 2000*, collection « Économie Poche », n° 28, Economica, Paris, 1995. 111 p.

Lafay (Gérard), *Comprendre la mondialisation*, collection « Économie Poche », n° 29, Economica, Paris, 1996, 112 p.

Sautter (C.), *La France au miroir du Japon. Croissance ou déclin*, Odile Jacob, Paris, 1996, 295 p.

Simon (G.), *Géodynamique des migrations internationales dans le monde*, PUF, Paris, 1995, 429 p.

Teulon (François), *La nouvelle économie mondiale*, collection « Major », PUF, 3e édition, Paris, 1997, 453 p.

2. Ouvrages généraux sur l'Asie

Antheaume (Benoît), Bonnemaison (Joël), Bruneau (Michel), Taillard (Christian), *Asie du Sud-Est. Océanie, Géographie universelle*, sous la direction de Roger Brunet, Belin Reclus, Paris-Montpellier, 1995, 480 p.

Beaujeu-Garnier (Jacqueline), Gamblin (André), *Le quart Nord-Ouest du Pacifique*, DIEM, SEDES, 1992, 212 p.

Bouteiller (Éric), Fouquin (Michel), *Le développement économique de l'Asie orientale*, collection « Repères », n° 172, La Découverte, Paris, 1995, 119 p.

De Montbrial (Thierry), Edin (Jacques) (dir.), *Régionalisation des échanges : le mythe d'une Asie autonome*, Ramses 90, Dunod, Paris, 1989, p. 253 -278.

Godement (François), *La renaissance de l'Asie*, Odile Jacob, Paris, 1996, 425 p.

Joyaux (François), *Géopolitique de l'Extrême-Orient*, Éditions Complexe, Bruxelles, 1991, t. I : 226 p., t. II : 226 p.

Lasserre (Philippe), Schütte (Hellmutt), *Stratégies pour L'Asie-Pacifique*, Dunod, 1996, pour l'édition française, 326 p.

Lorot (P.), Schwob (T.), *Singapour, Taiwan, Hong Kong, Corée du Sud, Les nouveaux conquérants*, 3e édition, Hatier, Paris, 1992, 167 p.

Paulet (Jean-Pierre), Mor (Isabelle), *L'Asie et la croissance*, collection « Histégé », Ellipses, Paris, 1996, 220 p.

Pelletier (Philippe), Gentelle (Pierre), *Chine, Japon, Corée*, Géographie universelle, sous la direction de Roger Brunet, Belin Reclus, Paris-Montpellier, 1994, 480 p.

Trolliet (Pierre), *La diaspora chinoise*, collection « Que sais-je ? », n° 2879, PUF, Paris, 1994, 126 p.

Wang (Nora), *L'Asie orientale du milieu du XIXe siècle à nos jours*, collection « U », Armand Colin, Paris, 1993, 407 p.

3. Ouvrages sur l'Asie du Sud-Est

Certains ouvrages, au-delà de leur titre, traitent de l'Asie orientale plus largement *.

Besson (D), Lantéri (M), *ANSEA, la décennie prodigieuse. Essai sur le développement en Asie du Sud-Est,* La Documentation Française, 1994.

Blanadet (Raimond), *L'Asie du Sud-Est. Nouvelle puissance économique,* Presses universitaires de Nancy, 1992, 319 p.

Chaponnière (Jean-Raphaël), *La puce et le riz. Croissance dans le Sud-Est asiatique**, Armand Colin Actualité, Armand Colin, Paris, 1985, 207 p.

Koninck (Rodolphe), *L'Asie du Sud-Est,* collection « Géographie », Masson, Paris, 1994, 317 p.

Moreau (M), *L'économie de l'Asie du Sud-Est,* collection « Que sais-je ? », n° 769, PUF, 1996, 127 p.

Mus (Paul), *L'Angle de l'Asie,* Hermann, Paris, 1977, 272 p.

Richer (Philippe), *L'Asie du Sud-Est,* collection « Dominos », Flammarion, 1996, 125 p.

Tertrais (Hugues), *Asie du Sud-Est, le décollage**, Le Monde Éditions et Marabout, Paris, 1996, 208 p.

4. Monographies par pays

Bervas (Alain), *La Chine, nouvelle frontière de l'Asie,* Ellipse, 1995, Paris, 126 p.

Bianco (Lucien), *La Chine,* collection « Dominos », Flammarion, Paris, 1994, 125 p.

De Beer (Pierre), Rocca (J.-L.) , *La Chine à la fin de l'ère Deng Xiaoping,* Le Monde Éditions et Marabout, Paris, 1995, 210 p.

Gentelle (Pierre), *L'état de la Chine,* La Découverte, Paris, 1989, 456 p.

Larivière (Jean-Pierre), Sigwalt (Pierre), *La Chine,* collection « Géographie », Masson, Paris, 1991, 154 p.

Larivière (Jean-Pierre), *Les Chinois,* collection « Géographie », Masson, Paris, 1994, 154 p.

Balaize (Claude), *La péninsule coréenne,* Géographie d'aujourd'hui, Nathan université, Paris, 1993, 191 p.

Dorléans, (Bernard), *L'Indonésie, les incertitudes du décollage économique,* Les Études de la Documentation Française, Paris, 1992, 197 p.

Cayrac-Blanchard (Françoise), « L'Indonésie au XXe siècle », *Encyclopædia Universalis,* Paris, 1990, vol. 12, p. 204-215.

Delvert (Jean), Devillers (Philippe), Lombard (Denys), « Malaisie », *Encyclopædia Universalis,* Paris, 1990, vol. 14, p. 342-359.

Regnier (Philippe T.), *Singapour et son environnement régional,* PUF, 1987, 258 p.

De Koninck (Rodolphe), *Singapour, un atlas de la révolution du territoire,* Territoires, Reclus, Montpellier, 1992, 128 p.

Blanadet (Raimond), *Singapour et la Malaisie,* collection « Géographie d'aujourd'hui », Nathan université, Paris, 1993, 172 p.

Chardonnet (Jean), *Taiwan, un miracle économique,* Éditions industrielles et commerciales, Paris, 1988, 351 p.

Gamblin (André), *Taiwan, la victoire du dragon,* SEDES, Paris, 1992, 271 p.

5. Encyclopédies et atlas

Jan (Michel), Chaliand (Gérard), Rageau (Jean-Pierre), *Atlas de l'Asie orientale,* Le Seuil, Paris, 1997, 223 p, 102 cartes, 64 tableaux et graphes.

Encyclopædia Universalis.

La bibliographie ayant été limitée aux ouvrages, les auteurs tiennent néanmoins à dire leur dette à l'égard des publications périodiques suivantes :

Accélérations (Crédit Lyonnais) ; *Afrique contemporaine* (DF) ; *Alternatives économiques* ; *Atlaséco* ; *Bilan économique et social* (Le Monde) ; *Écoflash* (CNDP) ; *Conjoncture (97)* ; *Économie et statistiques* (INSEE) ; *Économie internationale* (CEPII) ; *Hérodote* ; *Images économiques du monde* ; *L'année stratégique* ; *L'information géographique* ; *La documentation photographique* (DF) ; *La lettre du CEPII* ; *Les chiffres du monde* (Encyclopædia Universalis) ; *Problèmes économiques* (DF) ; *Problèmes politiques et sociaux* (DF) ; *Ramses* (Ifri) ; *Revue Tiers-Monde* ; *Sciences Humaines.*

À l'égard des auteurs suivants :

Besson D. ; Chaponnière J.R. ; Fabry N. ; Gipouloux F. ; Hochraich D. ; Hugon Ph. ; Lantéri M. ; Miron de l'Espinay I. ; Rocca J.L. ; Shi Y. ; Trotignon J. ; Trouvelot S.

À l'égard des organismes suivants :

Banque mondiale ; CEPII ; CFCE ; CNUCED ; OCDE ; OMC (http://www.unicc.org/wto/homefra.htm) ; ONU ; PNUD.

Index

Tables

Clés et repères

Synthèses

Plans

Tableaux

Schémas

Cartes

98

Photocomposition et photogravure :
NORD COMPO
59650 Villeneuve-d'Ascq

Masson & Armand Colin Éditeurs
34 bis, rue de l'Université, 75007 Paris
N° 1587/1
Dépôt légal : octobre 1997

Achevé d'imprimer sur les presses de la
SNEL S.A.
rue Saint-Vincent 12 – B-4020 Liège
tél. 32(0)4 343 76 91 - fax 32(0)4 343 77 50
octobre 1997 - 8357